神经经济管理研究系列专著

管理决策：
脑科学视角下的新解读

沈　强　金　佳　胡林枫　Richard Ebstein　著

国家自然科学基金面上项目（71971199）
国家自然科学基金管理科学部专项（71942004）　资助出版
国家自然科学基金青年科学基金项目（72002202）

科学出版社
北　京

内 容 简 介

本书主要从三个部分进行了系统论述，分别是研究工具与方法、个体决策、社会决策。本书从神经科学这一国际前沿的视角出发，对管理决策及其机制进行系统解读与分析。第一部分为研究工具与方法，主要介绍神经科学视角下管理决策使用到的理论与方法，包括功能磁共振成像技术、脑电技术、眼动追踪技术及遗传学等知识的系统介绍和说明；第二部分主要在个体决策层面，介绍跨期决策、风险决策、动机、强化学习的内容；第三部分以社会决策为主题，主要讨论共情与决策、信任、公平、从众、社会折现等议题。

本书可供神经经济学、神经管理学、决策神经科学领域的教师与研究生以及对神经科学与管理决策的交叉领域感兴趣的普通读者参考阅读。

图书在版编目（CIP）数据

管理决策：脑科学视角下的新解读/沈强等著. —北京：科学出版社，2022.12

（神经经济管理研究系列专著）

ISBN 978-7-03-067090-8

Ⅰ.①管… Ⅱ.①沈… Ⅲ.①管理决策-研究 Ⅳ.①C934

中国版本图书馆 CIP 数据核字（2020）第 242746 号

责任编辑：魏如萍/责任校对：樊雅琼
责任印制：张 伟/封面设计：有道设计

科学出版社 出版
北京东黄城根北街 16 号
邮政编码：100717
http://www.sciencep.com

北京中科印刷有限公司 印刷
科学出版社发行 各地新华书店经销

*

2022 年 12 月第 一 版　开本：720×1000　1/16
2022 年 12 月第一次印刷　印张：12 3/4
字数：250 000

定价：138.00 元
（如有印装质量问题，我社负责调换）

神经经济管理研究系列专著编委会

主　编　　马庆国

副主编（以下按姓名拼音首字母顺序排序）

　　　　　戴伟辉　范伯乃　罗跃嘉　牛东晓　潘　煜
　　　　　饶培伦　宋之杰　汪　蕾　张效初　周晓林

编　委（以下按姓名拼音首字母顺序排序）

　　　　　陈亚盛　褚建勋　崔学刚　付辉建　古若雷
　　　　　黄玉晶　金　佳　李　健　李建标　李永周
　　　　　李志宏　刘　超　马　靓　孟　亮　莫　赞
　　　　　饶恒毅　尚　倩　沈　强　沈惠璋　汪京强
　　　　　王翠翠　王风华　王求真　王小毅　王益文
　　　　　吴建辉　薛澄岐　叶　航　于晓宇　乐　为
　　　　　张国萍　张书华　周晓宏　周欣悦　朱露莎

神经经济管理研究系列专著
总　　序

人类探索世界，总是自觉地遵循"采用先进技术与工具的原则"。

各个领域的科学家都会尽快把先进技术与工具用于本领域研究，推动对本领域的客观规律的认知发展。例如，用显微镜探知微观世界，从放大倍数不断提高的光学显微镜，到电子显微镜，只要更高放大倍数的清晰的显微镜一出现，研究微观世界领域的学者，不论是材料学领域的学者、还是生物学领域的学者，都会迅速采用先进的工具，研究本学科领域的问题，形成本学科的生长点，甚至产生新的学科分支。例如，放射性技术进入考古学，极大促进了考古学的发展；电子显微镜进入生物科学，产生了分子生物学；射电望远镜进入天文学，产生了射电天文学；透射电镜促使了纳米材料科学与材料工程技术的发展；基于芯片与数据处理技术的第三代基因测序仪，把完成一个人的基因测序时间从 6 个月缩短到了 10~15 分钟，等等。反过来，只要有可能，人们就会基于对科学规律的新的认知，制造新的研究、生产和服务的工具，提升科学研究的效率、社会生产和社会服务的效益/效率与安全性，创造新的消费产品，创造或扩大社会消费，提升社会消费的方便性、有趣性和愉悦性。例如，智能手机和折叠屏智能手机都创造了新的消费，而折叠屏的智能手机+6G 通信，就有可能替代有线电视。

运用先进技术和工具（装置），研究<u>可能用其做研究的领域</u>中的问题，是人类科学技术进步的客观规律之一。

用神经科学与技术装置，研究<u>那些可以用其研究的经济学问题</u>、研究<u>那些可以用其研究的管理学问题</u>，也不过如同其他学科领域的科学家所做的一样，自然地遵循了"采用先进技术和工具的原则"。

2002 年 12 月 8 日，弗农·史密斯在获诺贝尔经济学奖的题为"经济学的构建主义与生态理性"的演说中，专门用一节来解释神经经济学（Neuroeconomics）。他说，神经经济学关注研究的是，大脑内部的工作机理与经济活动中的如下三个方面中的行为的关系，这三个方面的行为是，个体决策中的行为、社会交换中的行为，以及经济制度（如市场制度）中的行为。

实际上，管理学中所涉及的行为，相对于经济学，种类更多，范围更宽，更贴近具体的操作层面，从神经（及其相关的生理信息）来解读行为，具有更为广阔的研究领域。

通俗地说，**神经管理科学就是运用神经科学与技术，研究管理科学中的、那些可以用神经科学来研究的问题**。

哪些管理科学的问题可以用神经科学与技术来研究呢？首先，从根本上说，至少，研究对象中直接包含人的管理学的分支领域（如营销学、人力资源管理学、领导科学、行为决策学等），都可以用神经科学来研究。其次，那些在研究的对象中，虽然不直接包含人，但包含了人的活动结果的领域，例如，物流运输领域（物流运输方案）、生产计划领域、证券交易领域、成本与价值管理领域等，也可以用神经科学的手段来研究。由于其所研究的对象包括了人的决策和行为的结果，因此就有可能把决策和行为结果的信息，与决策者和行为者的脑神经活动信息（甚至与神经活动有关联的更低层次上的生理信息，如神经递质、递质的受体、激素等活动的信息）关联起来，在更高、更综合的层面上，研究包含多层信息的新型模型与相互关系的规律，提升所管理的系统的效益、效率与安全。

以下所说的管理科学的领域和问题，都是指那些"可以用神经科学来研究的学科领域和问题"。

神经管理学（Neuromanagement）**的较为严格和较为完整的定义**，大致可以表述为："运用神经科学理论方法与技术（包括仿脑计算技术），**研究**管理科学的问题及其内在机制，**发现**新的管理学规律，**提出**新的管理理论，用于经管活动，**提高**相应活动的效益、效率与安全"的科学体系。

也就是说，**神经管理学的研究涵盖了三大领域**。

（1）与人的行为相关的管理学**理论研究**。此类研究以**实验室**研究为主，管理现场研究为辅。实验室研究的主要工具，是神经科学的测量工具，例如，功能磁共振设备，脑电图采集设备，功能近红外光谱成像设备，脑磁图设备，正电子断层扫描设备，以及通过电刺激或磁刺激的方式暂时干预所照射脑区正常工作的设备（如经颅磁刺激仪、经颅直流电刺激仪、经颅交流电刺激仪器等），还有许多与神经活动有关的体表生理信号的采集设备，例如，眼动仪、睡眠仪、多导生理仪、心电仪等。

（2）与生产、建设、施工等有关的操作作业与指挥作业管理的**应用研究**。此类研究以作业**现场**研究为主，实验室研究为辅。在应用研究中，也往往包含深刻的理论问题。研究的主要工具有可穿戴的脑电、皮电、肌电、心率、呼吸、眼动等数据的采集设备。按照不同的应用现场的特征，这类设备的穿戴方式，正在被积极开发中，例如，头盔式、安全帽式、手表/手腕式、眼镜式、耳塞式、背心式等。

（3）与神经/生理/心理活动相关的**计算方法研究**。例如，**神经计算、认知-情感计算、仿脑计算/类脑计算等领域的研究**。

这里，神经计算领域包含两个方面（两个方向）的研究。一是用神经科学以外的计算方法，如统计分析计算方法、优化计算方法、非线性微分方程方法（如混沌动力学方程方法）以及机器学习方法，来处理神经科学里的数据（例如功能磁共振数据，电生理数据等），研究神经科学与认知神经科学的问题。二是依据脑神经工作的原理，设计新的计算方法，来解决神经科学以外的问题（如，工程计算问题、语音识别问题等）。早年的人工神经网络计算方法、图像识别的神经卷积计算方法，就是模仿大脑工作原理而设计的方法。这方面的方法，又称为"类脑计算/仿脑计算方法"，它们已经属于人工智能算法的领域了。

认知-情感计算也包括两个方面（两个方向）的研究。一是学习人的情感和认知，让机器（计算机）具有情感能力（以助力创造与决策）。最早提出情感计算（Affective Computing）的美国麻省理工学院的皮卡特教授的主要意图，就是通过算法赋予计算机情感。认知计算（Cognitive Computing）的概念，本质上可以追溯到 20 世纪 50 年代（1956 年信息科学会议上提出的概念），也就是人工智能概念提出的时间。另一个研究方向，是处理所测量到的人的神经与其他有关生理活动的数据（特别是非接触式测量得到的数据；目前非接触式测量得到的主要是体表和体态数据，如表情数据、行走的体态数据，以及相应的红外成像数据等），计算识别出人的认知-情感状态（这对于在有关场所的暴恐分子的识别、抑郁发作的驾驶员的识别，具有重要意义）。

类脑/仿脑计算，就是尽可能地从脑科学的进展中受到启发，产生信息处理的新方法，发展人工智能的算法。

为了进一步从管理学的视角，来深入理解神经管理学，就需要关注**神经管理学的如下分支领域（但不限于如下分支领域）**。

以下，在每个分支领域中所陈述的、用神经科学手段来研究的管理科学或管理工程问题，都是从不同层面、不同视角，对相应领域所包括的主要问题的举例，而不是为神经管理学的有关领域设定边界。

1. 神经决策学领域

神经决策学，研究决策行为、决策效果和决策认识/情感是**如何关联于相应决策中的神经活动的**；相比于它们之间的相关关系，神经决策学更关注它们之间的因果关系。

神经决策学用神经科学的手段研究如下领域和方面的决策问题：

个体决策、群体决策、社会决策三大领域的各类决策问题；

信息冗余情景下的决策，突发事件下的决策，特殊环境下的决策（例如，高寒、湿热、高噪、幽闭等环境下的决策）；

不同情绪与心情状况下的决策，睡眠缺失下的决策，亚健康下的决策，某些常见的、不同程度病患者的决策（如不同程度的阿尔茨海默病患者、癫痫患者、糖尿病患者、抑郁症患者等的决策问题）；

阈上感知与阈下感知决策；

不确定决策（如风险决策），跨期决策，公共管理决策，效用决策、价值决策，从众与反从众决策；

基于随机选择模型的决策等决策问题。

此外，神经决策学还研究双脑（电脑、人脑）混合决策；

以数学模型计算结果为参考值的<u>决策调整过程</u>与神经机理；

机器学习人脑决策（与人工智能相关的决策），无人机的仿脑自主决策，自动驾驶与专用机器人的仿脑决策，等。

2. 神经营销学/<u>消费者神经科学</u>领域

用神经科学手段来研究，营销学领域的如下问题：

一定信息背景下的消费者购买倾向，一定现场环境下的消费者购买决策，一定舆情环境（如口碑环境）下的购买决策；

研究不同事件所诱发的情绪下的消费心理与购买决策；

全球或区域重大事件背景或非常规重大事件背景下的消费心理与购买决策（例如新冠疫情下的、战争环境下的、经济衰退下的、气候灾变下的消费心理与购买决策特征及其神经机理等）；

消费者对品牌的神经感知，及与其关联的购买决策；

消费者对广告设计的神经响应与企业广告策略；

消费者对体验性产品与享乐性产品的购买决策，对奢侈品的购买决策，食品安全与消费者的购买决策，对多指标对象（如对房产）的选择决策等诸多类型的消费决策的神经机制；

支付方式对消费影响的神经机制；

电子商务中的网店商品介绍的相关要素（如商品的陈列、描述、价格、已经购买商品的使用者的评价等要素），对消费购买意愿的影响，等。

3. 神经信息系统领域

神经信息系统的研究，是围绕"各类与信息系统有关的人（如设计者、维护者、管理者与用户）"展开的。由于信息系统可以大致划分为两大类：与生产、工作、学习相关的系统，以及与消费、娱乐相关的系统（当然，有的系统可以同时具有这两类系统的部分功能），因而，信息系统的用户也可大致分为相应的"生产性"与"消费性"两大群体。相对于信息系统的用户，信息系统的设计、维护与管理者是较小的专业性群体。对于一个个体而言，可以属于上述的一个群体，也可以同时属于上述的两个群体。

神经信息系统研究的**第一个方面**，是围绕**信息系统本身**展开的。它以<u>用户对所使用的信息系统的神经感知</u>（例如，有用性感知、易用性感知、安全性感知等）为基础，来识别相应**信息系统本身**的效率、效益、安全性与友好性；并基于此，改进信息系统的设计与功能；这里的信息系统，有如微信系统、头条系统、抖音系统、支付系统、网购系统、金融投资系统、生产控制系统，以及诸多的 APP 所关联的系统等。

神经信息系统研究的**第二个方面**，是围绕信息系统的**设计者、维护者和管理者**展开的。例如，它研究这几类人应具有的心理素质与神经特征（如，很强的自控力，就是保护信息系统的技术秘密和用户的有关信息所必须具备的素质，研究具有这样素质的人的神经特征），对选拔合适的人进入设计、维护和管理岗位，具有重要的意义。

神经信息系统研究的**第三个方面**，是围绕信息系统对用户个体相应活动的影响展开的。其基本方法是，通过<u>信息系统使用者</u>的行为和相应的神经活动的数据，<u>研究信息系统对使用者</u>的生产、工作（如决策）、学习类活动的效率的影响，研究其对消费、娱乐类活动的愉悦感等的影响，进而研究这些影响发生的科学问题；例如，大量功能相近的信息系统所带来的<u>信息过载</u>，是如何影响<u>使用者决策</u>的科学问题，在大量重复的、一致和不一致的信息下决策的科学问题等。

神经信息系统研究的**第四个方面**，是围绕信息系统的使用是如何改变<u>人与人之间的相互理解与情感</u>而展开的。它包括个体与个体、个体与群体、群体与群体之间的<u>相互理解与情感交互</u>的影响；研究这种交互是如何改变<u>个体与群体对所议论问题的认知与理解</u>的；进而研究<u>信息系统的使用</u>是如何产生<u>正或负的社会效益</u>的。

4. 神经工业工程、神经生产管理、神经工程管理与神经作业管理相关领域

神经工业工程、神经生产管理、神经工程管理与神经作业管理，是彼此存在重叠、又有明显差异的几个领域。首先，值得注意的是，在生产作业、工程作业中，我们正处在脑力劳动加速替代体力劳动的时代，因此，相应的管理学科也正处于向"以脑力劳动为中心的科学管理"转换的阶段。如何建立以脑力劳动为中心的科学管理的基本理论与方法，是时代转换中的、首要的、也是最重要的基本问题。

其次，由于智能技术的发展，生产（工程）作业中的智能机器不断更新，人与机器的关系正在发生前所未有的巨大变化。人在生产（工程）作业中、对机器和作业环境的神经感知、对问题的判断和处置，变得越来越重要。已经显现出它的划时代的转折意义。

从数千年的人类生产劳动方式的历史来看，我们正处于千年未曾有过的改变之中。神经工业工程、神经生产管理、神经工程管理与神经作业管理的重要性，日益上升。在这几个相关的管理领域之中，不仅要关注不同作业环境对作业人的神经感知与判断决策的影响，还要关注作业人对机器工作状态的感知，反过来，也要关注智能机器对作业人与环境的感知，也就是，作业人与智能机器的相互感知与协调问题。

因此，这几个相关领域所涉及到的重要的问题主要有：

基于不同的可穿戴设备在不同作业场景，采集作业者的神经及其他相应生理活动数据，研究人-机-环系统的效率与安全问题；

在作业中的神经感知和作业行为层面，研究不同类型的（生产与工程建设的）作业场景（特别是不同作业环境）下的工效问题；例如，不同作业环境（厂房内的、野外的、地下的、高空的、水面的、水下的、失重的、超重的、闷热的、高噪声的、震动的作业环境）对作业者操作的精准性的影响，以及对其判断环境变化与机器运行问题的正确性与及时性的影响；

既研究高脑力负荷（如复杂设备的操作）下的脑力疲劳机理与作业设计和工艺设计的改进问题，也研究低脑力负荷环境（如自动化生产中的屏幕监控作业）下的脑力疲劳机理与作业设计和工艺设计的改进问题；

研究基于双力（体力与脑力，特别是脑力负荷）的人-机工程问题；

研究基于双力（特别是脑力负荷）的、生产线布局、工位设计与改进、工艺工装设计与改进问题；

研究基于作业者神经感知和脑认知能力的、智能生产装置的设计与改进问题；

研究基于用户神经感知的产品设计问题、建筑设计问题；

研究基于双力（特别是脑力负荷）的、生产管理、工程管理，作业管理，安全管理问题；

研究在生产线上实时感知作业者的亚健康状态的脑与其他相关生理信息的采集技术与计算方法，进而研究相应生产作业管理问题；

研究不同睡眠状况影响作业效率的神经机理，研究作业中实时感知作业者的困倦状态的技术与相应的作业管理问题等。

5. 神经创新与创业领域

创新与创业是两个有关联、有重叠、又有明显差异的领域。创新促进创业，创业必须创新。神经创新与神经创业的关系，也是如此。其主要研究的方面与问题，示例如下：

创新思维的神经机理，如顿悟、被启发、来灵感以及大脑的分析性思维的神经机制；

进行渐进性创新和突破性创新的神经过程的异同；

学习与记忆对创新作用的神经机理；

群体创新的神经机制，如群体创新氛围提升创新效率的神经机制；以及基于此神经机制研究的创新环境的创造；

创新组织形态、组织制度、绩效考核制度影响群体创新的神经机理；以及基于此的创新组织与考核制度的改进问题；

在神经科学层面的创新与创业动机研究、创新与创业冲动研究；

创新与创业训练和大脑的可塑性；

创业者的神经特质，创业机会的来源与创业机遇敏锐感知的神经机理；

从神经科学层面，研究创业前景预感，创业风险感知、创业的时间窗口感知与竞争性的感知；

创业决策的有关研究，如理性分析后决策、情绪决策与直觉决策的神经机理研究；

创业失败的忍耐的神经特质（创业韧性的神经特质）研究；

创业者与非创业者以及不同类型的创业者之间的神经特质的比较研究；

创业过程与创业绩效管理（创业组织，创业人才管理，创业技术管理，创业资金筹措，创业绩效管理等），其中大部分问题，都可以用神经科学的手段来研究。

创业环境包括制度环境、政策环境、社会文化环境、金融环境（如风险投资环境）、技术创新环境、人才与教育环境等，是创业学必须研究的问题。神经创业学主要从神经感知视角，来研究这些环境是如何影响创业相关人员的（例如，创业者、风险投资者等相关人员）。相当多的创业环境的科学问题，可能不是神经创业学的范畴。神经创业学的研究标的，覆盖不了创业研究的全部标的。

6. 神经组织行为学领域与神经领导科学领域

一般而言，神经领导科学是神经组织行为学的子领域，但由于它的重要性，神经领导科学常常被独立为一个领域来研究，该领域的海外学者组建了独立的神经领导科学的研究团体。

神经组织行为学从脑神经科学的视角，主要研究（但不限于研究）组织行为学中的如下**五个方面**的问题：**领导、团队、组织公平、组织变革、人才选拔**（尤其是特别素质型人才的选拔）。由此，发现其中的新的规律。

在**神经领导科学方面**，主要用神经科学方法来研究：领导特质理论，领导行为理论，领导情境理论，变革型领导，领导力与领导风格，以及领导力开发等问题。

在神经科学与**团队合作**的交叉**方面**，主要研究团队合作、团队认同感、团队互动、团队氛围起作用的神经基础（如镜像神经元的独特作用，以及强化镜像神经元的训练方法问题；又如，面对团队共同利益的群体的伏隔核和腹内侧前额叶等脑区的活动）；由此可以产生一些特别有用的、有别于观察法和问卷调查法的、神经科学测量方法，例如，对"团队认同感"的神经及其他有关生理活动的标记的测量；

在**组织公平方面**，主要研究：公平感知的神经基础，不公平破坏性的神经机理；神经组织学视角下的分配公平、程序公平、交互公平等问题；从行为、心理、生理（特别是神经活动）三个层面，获取员工对自己的或对他人的不公平的感受数据，有助于管理者较为彻底地及时发现员工的不公平感受，有针对性地调整政策，提高员工的公平感和满意度。

在**组织变革方面**，主要研究：组织变革参与者的不同真实态度的神经表征，例如，在组织变革中所涉及到的人的情感、行为与相应的神经生理活动等；组织变革中的氛围如何影响个体的神经机理；发现**隐性反对者**的神经科学方法（所谓隐性反对者，是指那些在征询对组织变革方案的意见时，反馈为"没意见"，却在执行时成为阻碍组织变革的个人和群体），及时发现组织变革的隐性反对者，做好工作，有利于避免组织变革的失败。

在人才的现场选拔方面（特别是特殊人才的现场选拔方面），以往的现场选拔，有专注于身体状态的（如招收飞行员），有专注于技能的（如招聘数据的保存与系统维护人员），有专注于情商的（如面试如何处理人际中的"两难问题"），也有专注于有关知识的（如公务员考试），还有专注于模拟紧急现场中的表现的（例如，考官组观察水面舰船的"指挥官候选人"如何应对来自天空、水面、水下袭击的），而神经组织行为学对人才的现场选拔，不仅重视行为（表现），而且注重相应表现的<u>神经和其他相关生理</u>活动，揭秘瞬间的、或者隐性的素质（例如数据维护人员的、与信息保密关联的"自我控制"的素质，紧急状态下"指挥官"或"飞行员"瞬间生理反应所对应的素质等）。

此外，神经组织行为学通常还包括有关行为动机、业绩考核、激励、晋升政策与相关行为的神经机理研究。

7. 神经会计学、神经财务管理、神经金融管理领域

会计学、财务管理（Corporation Finance）、金融学是三个明显不同而又有明显交叉的领域。会计学本身就不仅限于会计制度和会计准则，还包括了财务会计、管理会计、审计等内容，而财务会计又与财务管理交叉，财务管理涉及投资（包括证券投资），又与金融学交叉，因而，与之相应的神经会计学、神经财务管理、神经金融学，也是三个明显不同而又有明显交叉的领域。

会计学的研究以**会计制度**、**会计准则**和**会计行为**为研究对象，以解释和预测会计实务为目标；而**神经会计学**则是研究相关会计活动的**主体的决策与行为及行为结果，是如何关联于相应的神经/生理与心理活动的**；研究的目的是发现规律，解释和预测会计实务，减少偏误、减少作假、减少舞弊，更有利于反映资金的活动，有利于实施高效的管理。

会计原则和会计制度的形成本质上依赖于人的认知模式，因而从认知神经科学视角研究该问题，不仅具有理论意义，也具有实践意义。例如，不断改进对上市公司财务信息披露的规定，就是要尽可能在客观披露财务信息的同时，消除诱导投资者"误判"的诱导效应（框架效应就是一种误导效应），而这种诱导效应，就与认知模式有关。

例如，有关上市公司财务信息的披露问题，同一财务报告，可以使一些人阅读后抛售该企业股票，同时又使另一些人阅读后决定买入该企业的股票，就可能反映了不同认知模式的影响。

神经会计学不仅对比研究会计实务活动中的规范行为与做假账等舞弊行为的神经活动的差异特征，而且，还重点研究会计实务中的容易引起分歧问题的认知神经科学特征。例如，一笔较大费用是否列入待摊费用以及摊销期问题，存货跌价准备金问题，应收账款是否转给对方做短期融资问题，固定资产折旧率问题等，都容易改变当年财务报表中的利润多寡，容易在不同利益相关人员之间引起分歧，如在领导与被领导、会计师与审计师、股东与经营者之间发生分歧；研究在这些问题上发生分歧时，决策行为、决策心理与相应神经活动的相互关系，有利于预测相关当事人的行为，有利于推断决策的合理性。

此外，神经会计学还研究审计师与会计师在面对负面证据时的神经活动的差异等问题。

财务管理主要研究，企业的资金和资产在生产和服务中的管理问题，也就是，有关企业的资金和资产的管理决策、管理行为与管理效果问题；其目的不仅是服务于企业的运营计划，保证企业生产、项目建设、服务运转所需的资金，而且要提高资金与资产的使用效率与效益，促使企业持续良性发展。

这里所述的企业的项目建设主要是指，扩大再生产项目，装置与设备的更新项目，产品与服务的升级或转型项目等；所述的企业资金与资产，主要包括现金、应收款、存货、短期票据与证券等流动资产，以及厂房、土地、设备等不动资产。

在预计到企业运营将面临资金不足时，财务管理的一项重要任务是筹资；当企业运营中（在安全备付之外）有现金余额时，财务管理的另一项重要任务就是理财，以获得更多的收益，如购买债券、基金、股票之类的金融投资。

而上述所有**财务管理的任务**的实现，都是由**相应的决策者和执行者**来完成的。如果说，财务管理所面对的对象，是企业的资金与资产，**研究的任务**是如何管好企业的资金与资产；那么，**神经财务管理**所面对的对象，则是管理财务的决策者和执行者，**研究的任务**则是管理财务的人员在做财务管理决策时的行为、行为时相应的神经（包括其他相关生理）与心理活动，以及它们与财务管理效果之间的关系，揭示在不同情绪、不同氛围（如产品交易市场氛围、金融投资氛围等）、不同压力下的财务决策的神经和其他相关生理活动的规律，预测可能导致的后果，并基于不同特质的财务决策人的认知特征，制定预防错误的工作流程以及及时纠正错误的规定。例如，研究财务管理人员对企业财务风险的感知，面对风险时财务决策的神经（包括其他相关生理）与心理过程（注意，这不是个人得失的风险决策，而是对"他人负有责任"—对企业负有责任—的风险决策），以及决策者个人心情、金融市场恐慌情绪等因素，对财务决策的影响的神经机理等。

金融管理主要研究，金融市场（货币、债券、基金、股票、期货、期权等市场）中，在不同趋势、不同氛围、不同政策，以及国内外不同经济与社会环境下，个人投资者、群体投资者，以及对某群体负责的投资者的行为，进而研究管理金融市场的制度与规则。

神经金融管理则主要研究，金融市场中各种身份的投资者在复杂国内外环境中的投资行为，是如何关联于其神经与其他相关生理活动的，从这种相互关联的规律中，解释有关金融现象，例如"金融异象"是如何发生的，甚至预测有关投资者的投资行为，并基于此，研究金融市场管理的改进问题。

举例而言，神经金融学研究的主要问题可以有：投资者理性与非理性交易行为的神经机理，金融泡沫与投资者情绪相互作用的神经表征，风险与模糊条件下金融决策的神经管理模型，金融市场投资者"买卖身份瞬间转变"的认知与情感基础，理性决策与情感决策瞬间转换的神经活动模型，金融买卖的后悔感知与后续决策的关系模型（指包含神经活动变量的模型），与投资决策行为关联的神经活动特征，金融投资中的有限理性与框架效应的神经基础，所披露的上市公司财务报表与非财务信息影响个体决策的神经机制，投资者对上市公司年报信息的加工和处理模式之认知神经学基础，金融市场中的羊群效应（从众行为）与反从众行为的神经基础，政府及监管部门发布的信息引起不同类型投资者反应差异的神经特质，以及易受股评人观点左右的投资人的神经特质等。

基于上述研究，进而研究金融市场管理制度与规则（如信息披露规则）的改进。

就神经管理学的分支而言，还有如下领域，是可以而且应当用神经科学的理论与方法来研究的：如，财政（Public Finance）管理、公共管理（Public Administration）等领域的问题；又如，"旅游管理""休闲管理（包括文学、艺术和美学方面的欣赏）"等领域的问题；再如教育管理方面特别是与儿童成长相关的行为与脑科学问题；还有，决策科学中的哲学问题，商业活动中的伦理问题，工程哲学问题等。

总之，管理学中一切与人的行为以及行为结果有关的问题，本质上都是可以用神经科学的理论与方法来研究的。

在研究管理学有关问题时，所使用到的"神经科学领域"的知识，不仅仅有"神经回路"、电生理过程，脑功能区域（如功能核团），还可能涉及神经递质、递质的受体，甚至基因；同时，也涉及高于神经活动层面的认知心理过程、情绪心理过程，乃至行为过程。

从研究的视角来看，神经管理学就是要研究这些不同层面的活动之间的相关关系，如有可能，就研究其间的因果关系。

具体而言，神经管理学的研究涉及到如下四大层面数据之间的关联研究：

（1）行为与行为后果层面的数据。

（2）与行为关联的心理（情感与认知）活动层面的数据。

（3）与行为和心理关联的神经活动，以及与神经活动相关的生理活动的数据。

这里，与相应神经活动相关的生理活动的数据包括：眼部的活动数据（如注视点的注视时长、瞳孔大小变化的数据)，表情与微表情的变化数据，以及呼吸、血压、血氧含量、心率、皮电、肌电、体表温度场等变化的信息。

而与行为和心理关联的神经活动的数据包括：大脑功能区和/或功能核团的活动(如神经环路)，神经递质与受体应答等的信息。

还有神经元及亚神经元层面的相应的活动数据、神经元活动中的电化学变化过程的数据等不同尺度的神经活动的有关数据。

(4) 基因遗传与表观遗传层面的数据。

对于神经管理学领域中任何一个具体问题而言，其研究并不是都必须包括4个层面的全部关联关系；事实上，在大多数神经管理学研究的项目中，仅研究包含第1层在内的两层或三层之间的关系，例如，层1与层2，层1与层3，层1与层4，层1、层2与层3，层1、层2与层4，层1、层3与层4的关联关系(当然也可包括第1层至第4层的全部关联关系)，目的是更深刻地理解经济管理层面的行为与行为后果的发生机理，预测行为与行为后果的变化。需要正确理解的是，上述各层的研究对象，都可以是(而且通常是)相应层中的局部要素。

在自然科学与技术科学的理论中，常常涉及到"用系统的下层次对象的属性和特征，来解释上层次对象的属性、特征与变化规律"。其实，神经管理学的理论也包含这样的构成(即下层解释上层的理论)。但神经管理学认为，要透彻地理解包含第1层在内的两层或三层或四层之间的关联关系，特别是深入理解最上层的行为与行为后果的特征和属性，不仅需要自下而上的理解，也需要自上而下的分析，是一个双向思考的过程。

另外，**从神经管理学的研究工具、研究方法和方法的应用视角**，丛书还应包括以下方面的研究：

神经管理学研究方法规范体系，神经计算/认知计算理论与方法，情感计算理论与方法，仿脑计算/类脑计算方法与人工智能方法在神经管理学研究中的应用，频繁应用于神经管理学研究的统计方法系列(如各类方差分析、各类相关分析、各类回归分析、一般线性模型、主成分分析、独立成分分析、贝叶斯分析、聚类分析与判别分析等)；

功能磁共振成像设备与分析技术、脑电图与事件相关电位和时频分析技术、功能近红外光谱设备、正电子断层扫描设备以及可穿戴式的脑机接口设备等神经成像设备及分析技术，在经济管理研究中的应用；

眼动仪、多导联生理仪、睡眠仪等多类生理信息采集设备在经济管理研究中的应用；

经颅磁刺激、经颅直流电刺激、经颅交流电刺激等神经调控设备与技术在经济管理研究中的应用；

虚拟现实与增强现实技术，在经济管理研究中的应用；

以及，有关生物标记物（Biomarker）技术在经济管理研究中的应用等（例如抑郁症患者的生物标记物的获取研究，有利于对"关乎到众多人生命"的驾驶员的管理）。

神经管理学的研究与发展具有划时代的意义。它是从以体力劳动为中心的科学管理，过渡到以脑力劳动为中心的科学管理的关键重点领域。

神经管理学，必将成为未来管理学的主体构成之一。

虽然我国是最早较为系统地提出和论述神经管理学的国家，同时也是相应研究成果在国际上较为突出的国家之一，但是，从提出神经管理学 15 余年以来，我国在神经管理学领域的学术论著出版方面却落后了。据不完全统计，迄今为止国际上出版的与神经管理学相关的著作已经有 30 余本，而我国还比较少。希望本系列专著的出版，能够促进我国该领域学者进一步归纳与总结自己的研究成果，使得我国在神经管理学领域的著作方面，跻身世界前列。

马庆国

2022 年 2 月

于杭州求是村

序　　言

随着自然科学技术的快速进步和更新迭代，特别是神经成像技术的发展，神经科学与管理决策相交叉的学科领域的研究，取得了长足的发展。神经科学与相关人文社会科学的交叉学科领域，亦蓬勃兴起。自 2006 年我在浙江大学组建国内首个神经管理学实验室以来，已经十五年有余。很欣喜地看到，经过在这个领域的持续深耕与探索，我过去培养的研究团队和博士研究生，已经取得了不少成绩，一些成员也成了这一领域的研究骨干，本书作者沈强教授在神经决策领域、金佳教授在消费决策与神经科学的交叉领域、胡林枫博士在消费者神经科学领域，都取得了显著的成果，并在本学科内产生了广泛的学术影响。由于这个学科相对还比较年轻，管理学科和其他相关学科的一些学者可能对这一新兴的交叉学科，还缺乏深入的、系统性的认识。因此，2017 年，由国家自然基金委管理科学部、生命科学部、信息科学部与政策局联合主办的主题为"神经管理学的理论、方法与应用"第 187 届的双清论坛在杭州召开，并探讨了该研究方向的未来前沿。2019 年，在国家自然科学基金委的大力支持下，"神经科学驱动的管理决策与应用创新研究"专项项目立项（由五个相当于重点项目、彼此关联的项目所组成的项目群），我受命协调该专项项目群的各个项目，并主持了五个子项目的一个项目"神经科学驱动的管理决策基础理论与方法研究"，目前正在积极推进该项目的研究工作。

利用神经科学的研究工具与方法来研究管理决策问题，是管理决策发展中的一次重要的变革，虽然目前已经取得了较为丰硕的成果，但如今市面上还缺乏专业的著作，来系统地介绍该领域的研究成果和发展动向。此次，沈强、金佳、胡林枫和国际著名的行为遗传学家 Richard Ebstein 教授联合撰写的《管理决策：脑科学视角下的新解读》一书，对这一领域做了很有意义的工作。该书立足于管理决策的研究问题和管理实践，从神经科学的视角出发，对所论述的研究问题进行了系统梳理、总结，提出了自己独到的见解，有利于推动管理决策与神经科学交叉领域的进一步发展。首先，本书对几种主流与前沿的研究方法，如功能磁共振、脑电的事件相关电位、眼动、遗传学等，作了较为系统的介绍，让读者对如何恰当地使用这些研究方法开展管理决策研究，有一个较为清晰的认识。该书聚焦于个体与社会决策，从理论建模与实证研究两个层面，分别对个体决策中涉及的跨期决策、风险决策、动机与强化学习，社会决策中的共情、信任、公平、从众和社会折现领域的主要研究进展，进行了梳理和回顾，讨论了相关研究主题的前沿进展，提出了创新性的学术见解，分析了其未来发展的路径与方向。希望该书的出版，能给有志于从事本交叉学科的业内同行和研究生提供参考、启发深入的思考与研究，推动与国际同行的互动、合作与交流，促进该学科的进一步发展。

马庆国

2022 年 3 月 10 日

目 录

第 1 章 绪论 1
1.1 管理决策与神经科学 1
1.2 实验研究的整体流程 4
1.3 神经科学的研究工具与方法 6
1.4 管理决策的研究主题 6
参考文献 7

第一篇：研究工具与方法

第 2 章 功能磁共振成像 11
2.1 fMRI 原理与发展沿革 11
2.2 fMRI 的实验设计 13
2.3 fMRI 数据分析处理 16
参考文献 26

第 3 章 事件相关电位 28
3.1 事件相关电位的发展历史 28
3.2 事件相关电位的技术优势和缺点 28
3.3 脑电数据的采集 29
3.4 脑电数据的测量 29
3.5 事件相关电位成分 30
3.6 电极介绍 34
3.7 脑电数据处理流程 35
3.8 脑电实验数据采集与分析规范 39
参考文献 41

第 4 章 眼动追踪技术 43
4.1 眼动追踪概述 43
4.2 眼动的核心指标 44
4.3 决策的眼动追踪研究 46
4.4 眼动追踪技术与神经科学测量技术的融合 48
参考文献 49

第 5 章　管理决策的遗传基础 ·· 52
5.1　研究背景 ·· 52
5.2　管理决策与遗传学研究发展 ··· 52
5.3　管理决策与遗传学发展展望 ··· 58
参考文献 ·· 59

第二篇：个体决策

第 6 章　跨期选择 ··· 65
6.1　跨期选择的定义 ·· 65
6.2　跨期决策理论 ··· 66
6.3　跨期选择研究模型 ··· 67
6.4　跨期选择的研究现状 ·· 70
6.5　跨期选择的神经科学研究 ·· 72
6.6　研究展望 ·· 74
参考文献 ·· 75

第 7 章　不确定性下的决策 ··· 77
7.1　风险决策行为理论的发展 ·· 77
7.2　风险-价值的风险决策模型 ··· 86
7.3　风险决策研究展望 ··· 89
参考文献 ·· 89

第 8 章　工作动机 ··· 92
8.1　动机与激励 ·· 92
8.2　内在与外在动机 ·· 93
8.3　动机的自我决定理论 ·· 94
8.4　动机的认知科学研究 ·· 95
8.5　动机测量的主要脑电指标 ··· 100
8.6　工作动机小结与展望 ··· 102
参考文献 ··· 103

第 9 章　强化学习与决策 ·· 105
9.1　强化学习的发展改革 ·· 105
9.2　强化学习模型 ··· 106
9.3　强化学习的神经科学研究 ··· 108
9.4　强化学习小结与展望 ·· 111
参考文献 ··· 112

第三篇：社 会 决 策

第10章　共情与决策 ·· 117
   10.1　共情的定义 ·· 117
   10.2　共情的神经与内分泌机制 ······································ 118
   10.3　共情的模型 ·· 121
   10.4　共情调节的模型 ·· 124
   10.5　共情和利他行为 ·· 126
   10.6　共情研究小结与展望 ·· 127
   参考文献 ··· 128

第11章　信任研究 ·· 131
   11.1　信任的定义 ·· 131
   11.2　信任的测度 ·· 131
   11.3　信任的认知神经科学研究 ······································ 133
   11.4　信任研究小结与展望 ·· 137
   参考文献 ··· 137

第12章　公平研究 ·· 140
   12.1　公平研究概述 ·· 140
   12.2　公平研究的实验范式 ·· 142
   12.3　公平研究现状 ·· 144
   12.4　公平研究小结和展望 ·· 151
   参考文献 ··· 152

第13章　从众研究 ·· 157
   13.1　从众研究概述 ·· 157
   13.2　从众研究的理论视角 ·· 159
   13.3　从众的研究现状 ·· 160
   13.4　从众研究小结与展望 ·· 168
   参考文献 ··· 169

第14章　亲社会经济决策——社会折现 ·································· 172
   14.1　社会折现的定义 ·· 172
   14.2　社会折现模型 ·· 172
   14.3　社会折现的影响因素 ·· 173
   14.4　社会折现的神经科学研究 ······································ 177
   14.5　社会折现小结与展望 ·· 178
   参考文献 ··· 178

第1章 绪　　论

1.1　管理决策与神经科学

在管理学的发展史上，每一个"大师级"创新成果的产生，基本上都与相应研究范式和研究方法的创新紧密相连。近几个世纪以来，管理学思想和范式经历了三次重要的变革。第一次是在亚当·斯密（Adam Smith）的"经济人"和弗雷德里克·泰勒（Frederick W. Taylor）的"科学管理"等思想的推动下产生的。20世纪40年代，冯·诺伊曼（von Neumann）和摩根斯坦（Morgenstern）在《博弈论与经济行为》（*Theory of Games and Economic Behavior*）一书中公理化了期望效用理论：在"理性经济人"的框架下，认为决策者的决策满足完备、可传递、连续、独立等公理，即能实现期望效用最大化，并在此基础上构建了决策科学的理论大厦。然而，进入20世纪下半叶，随着生产力的进一步发展，人们开始逐渐认识到建立在"经济人"假说下的管理决策理论的局限性。特别是"埃尔斯伯格（Ellsberg）悖论"和"阿莱悖论"等理论的提出，对期望效用理论体系中的独立性、传递性等公理是一种挑战。由此，管理学思想和范式迎来了第二次变革。

在第二次变革中，赫伯特·西蒙（Herbert Simon）教授在引入心理学的思想和理论之后，首次提出人是"有限理性"（bounded rationality）的观点。他认为人的决策目标是追求"满意"，而非"利益最大化"，提出了用"社会人"取代"经济人"。从20世纪70年代起，卡尼曼（Kahneman）和特沃斯基（Tversky）教授通过系统的研究，发现在管理场景和生活中存在着种种偏离于理性假设的、可预期的决策行为，进而开创了行为科学与行为决策的研究新领域。特别是发表在 *Econometrica* 的关于不确定性条件下决策行为的"前景理论"的论文，通过回答人们在真实的决策行为中观察到的风险规避、损失规避、禀赋效应等现象，成功解释其对期望效用中的"独立性"公理提出质疑的"阿莱悖论"。在前景理论的基础上，卡尼曼将管理决策的效用根据不同的阶段分为"决策效用"（decision utility）和"体验效用"（experienced utility）（Kahneman et al., 1997），这使学者对决策行为的形成有了全新的认识。

近年来，人们对行为科学的研究已经不满足于采用常规的问卷调研或行为测验等方式来获得相关的数据结果，而是希望能够深入地揭开管理决策行为背后的"黑箱"。同时，神经科学技术，尤其是近年来无创神经科学技术的发展，使得我们可以利用无侵入性的技术，来观察和研究管理决策者的大脑活动及各类心理、生理指标，往往能够更加精细地刻画人们内心真实的心理活动。因而，采用行为测验与神经科学手段相结合的方式来挖掘人们管理决策行为背后的机制已然成为当前管理学研究的新趋势。换而言之，管理学思想和范式正在经历由神经科学驱动的第三次变革。正如成功预言2008年金融危机的诺贝尔奖获得者罗伯特·希勒（Robert J. Shiller）教授所言，神经科学正在改变我们关于人类如何决策的看法，这些发现也将不可避免地改变我们对于经济、社会如何运转的看法，神经决策（decision neuroscience）领域的革命即将到来。

从21世纪初开始，神经科学与脑科学技术的应用范围逐渐扩展到社会科学特别是管理学、经济学领域，产生了新的交叉学科，如社会认知神经科学、神经经济学、神经营销学等。在这些研究领域内，也产生了一系列令人瞩目的研究成果。2004年，来自纽约大学的保罗·格莱姆齐（Paul W. Glimcher）教授出版了《决策、不确定与大脑：神经经济学的科学》（*Decisions, Uncertainty, and the Brain: The Science of Neuroeconomics*）一书，系统介绍了该学科领域的学科方向。2005年，由明尼苏达大学的阿尔多·鲁斯蒂奇尼（Aldo Rustichini）教授主持，在 *Games and Economic Behavior* 出版了该领域的第一个专刊。国际顶尖的学术期刊 *Science*、*Nature*，都有持续增长的相关研究论文发表。管理学国际顶尖期刊如 *Management Science*、*Journal of Marketing Research*、*Journal of Consumer Research*、*MIS Quarterly* 等都有相关研究论文发表。特别需要指出的是，包括 *Science*、*Nature Neuroscience*、*Journal of Marketing Research*、*MIS Quarterly*、*Games and Economic Behavior*、*Current Opinion in Behavioral Sciences*、*Biological Psychiatry* 等自然科学和管理学、经济学的一流学术期刊都出版了关于消费决策、信息系统、博弈行为等相关主题的专刊，旨在进一步推动神经科学在相应领域的研究与应用，并取得了丰硕的成果（表1-1）。

表1-1 学术期刊神经管理决策专刊总结

年份	杂志	主题
2005	*Games and Economic Behavior*	神经经济学
2010	*MIS Quarterly*	信任与神经科学
2010	*Journal of Economic Psychology*	神经决策学
2010	*Science*	决策与神经科学
2012	*Journal of Consumer Psychology*	神经生理学对品牌的洞见
2012	*Leadership Quarterly*	领导力的生物学基础
2014	*Journal of Management Information Systems*	神经科学与信息系统

续表

年份	杂志	主题
2014	*Nature Neuroscience*	聚焦决策
2015	*Current Opinion in Behavioral Sciences*	神经经济学
2016	*Journal of Marketing Research*	神经营销学
2017	*Journal of Business Ethics*	商业伦理和神经科学
2018	*European Journal of Marketing Research*	神经科学与消费决策
2019	*Organizational Research Methods*	组织神经科学

在该研究领域出现至今的 20 余年间，经济学和管理学领域的研究学者在调查问卷、焦点小组等研究方法的基础上，通过尝试使用神经科学的技术手段，客观记录大脑在决策前、决策时刻以及决策后的活动模式，打开大脑这个决策"黑箱"。这对管理学领域的研究颇具意义并受到相关学者广泛关注。2003 年，国际神经经济学会组建并自此每年召开国际会议，吸引了来自管理学、经济学、神经科学、心理学等多个学科领域的专家参加。从 2012 年开始，此会议期间也有神经营销学和消费者神经科学的专题论坛。2009 年开始，每年在奥地利召开神经信息系统的年度国际论坛。截至目前，哈佛大学商学院、麻省理工学院斯隆商学院、加州理工学院、宾夕法尼亚大学沃顿商学院、加州大学伯克利分校哈斯商学院、法国欧洲工商管理学院、加拿大多伦多大学 Rotman 商学院等国际知名学府，都已经设立专门的研究中心致力于该跨学科领域的研究。

2006 年，我国学者在《管理世界》上发表论文，首次阐述了将认知神经科学引入到管理学研究中，运用神经科学的研究方法，在管理学领域开展学术研究的理念。该论文系统梳理了神经科学领域的研究方向，例如神经科学驱动的管理学研究在决策、工业工程、营销学等领域的应用，即运用神经科学的理论方法与技术，研究管理学的问题及其内在机制，发现新的管理规律，提出新的管理理论。从 2008 年开始，由我国学者发起号召的"神经管理学与神经经济学国际会议"已经成功举办八届，吸引了国内外该跨学科领域的知名教授和专家参加，在国际上享有广泛声誉，本书第一作者有幸作为第一届会议的秘书，参与首届会议的发起。2016 年，中国管理科学与工程学会成立了"神经管理与神经工程研究会"二级分会。2018 年，中国技术经济学会成立了"神经经济管理专业委员会"二级分会。国内的高校包括浙江大学、清华大学、北京大学、上海交通大学、北京师范大学、浙江工业大学、上海外国语大学、福州大学、华侨大学等商学院和相关研究机构也纷纷建立神经科学与管理、神经科学与决策、神经科学与经济的专业实验室。

管理决策领域的神经科学研究，从逻辑上来讲，依然是管理决策的重要组成部分，是利用了神经的研究工具，来开展管理决策研究。整体的流程如下，由于神经实验需要应用神经科学的设备，目前的研究主要采用线下的方式来进行。随着可穿戴式设备的发展，未来线上实验也将成为一种可能。本书主要关注目前神经科学中几种主要的研究工具和方法，根据个体和社会决策区分不同的决策类型，并对目前的最新进展展开综述。

1.2 实验研究的整体流程

研究人员根据神经科学研究工具的特点，开启实验设计到完成实验数据分析的整个流程，如图 1-1 所示。

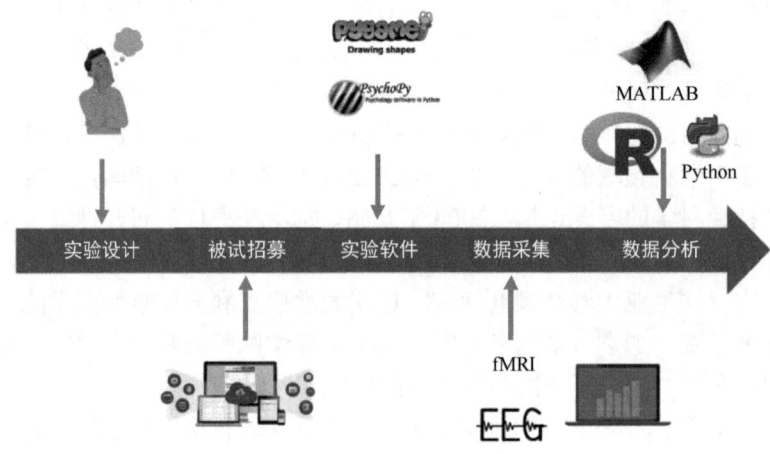

图 1-1 实验流程

主要包括实验刺激的准备，被试样本的招募，行为与神经科学数据的采集和实验数据的分析几个步骤。

一、实验设计。这是开展整个神经科学视角下的管理决策研究最为核心的部分。一个研究的成败，实验设计是核心，并且行为部分的设计是一个研究成功与否的关键。因此，开展管理决策领域的神经科学研究，首先需要掌握行为实验研究方法的基本要领。然后根据所研究的管理决策问题，针对性地选择具体的神经科学工具，并结合神经科学工具的具体特点，准备相应的实验素材。

二、被试招募。其中，实验被试的招募可以利用实验被试的采集平台进行搜集，例如国际上使用类似于经济学实验在线招募平台（Online Recruitment System for Economic Experiments, http://www.orsee.org/web/）这样的实验采集平台招募和管理实验被试。

三、实验软件。这也是相对重要的一个环节，例如可以使用商用软件如 E-Prime、Presentation 或开源工具如 Psychtoolbox、PsychoPy 等编写实验刺激（详细的软件信息见图 1-2）。其中，大部分开源工具需要一定的编程基础，例如 Psychtoolbox 主要基于 MATLAB 软件，Pygame、PsychoPy 主要基于 Python 软件。当然目前也有一些工具提供了对初学者友好的可视化动态交互版本，例如 PsychoPy 本身提供了图形化的界面，苏州大学的张阳老师开发了基于 Psychtoolbox 的 PsychoBuilder。

- 商用
  - E-Prime
  - Presentation
  - Psychostudio
  - Inquisit
  - DirectRT

开源
  - Psychtoolbox
  - PsychoPy
  - Jspsych
  - PsyToolkit

图 1-2　实验软件整理

关于实验刺激准备，有一点特别需要指出的是，由于需要采集神经科学的数据，因此需要考虑行为刺激和神经数据之间的同步性，这一点无论是使用功能磁共振成像、脑电、眼动，还是多导生理记录仪，原理都相类似。

四、数据采集。这是非常重要的一环，无论是神经科学的实验，还是行为学的实验，数据采集的数据直接决定了整个实验的成败，需要特别引起重视。

五、数据分析。在数据采集的基础上，需要对数据进行分析和解读。对于实验行为数据的分析，可以参考实验设计与统计相关的书籍。在目前管理决策计算建模流行的今天，借鉴管理学、行为经济学、心理学、计算机科学等领域模型思路，进行计算建模，是目前方兴未艾的一个研究领域。理论部分可以参考相关的理论书籍，如 Camerer（2011）的行为博弈论，Sutton 与 Barto 合著的《强化学习》（*Reinforcement learning: An Introduction*，第二版，2018）。而对于参数的估计，可以使用最大似然法和贝叶斯的估计，详细可以参考对应的专业书籍，如 Moffatt 的《实验计量学：实验经济学的计量经济学》（*Experimetrics: Econometrics for Experimental Economics*，2016）。关于最大似然估计可以参考专业的计量经济学书籍，关于贝叶斯估计可以参考贝叶斯的相关书籍，使用到的工具主要流行的有 JAGS（https://mcmc-jags.sourceforge.io/）和 Stan（https://mc-stan.org/）。在行为建模的基础上，要进一步与神经科学的数据建立起联系，观察神经科学与行为数据之间存在的关联。

1.3 神经科学的研究工具与方法

神经科学的工具主要包括两类，一类是神经科学或者广义的电生理数据的采集，主要包括功能磁共振成像、脑电、脑磁图、正电子发射型计算机断层显像（positron emission computed tomography，PET）、近红外、多导生理仪和眼动等，并可以基于时间分辨率和空间分辨率的优劣进行分类（详见第2章图2-1）。另一类是大脑神经认知状态操纵的研究工具，如经颅电刺激、直流电刺激、脑损伤病人、药物等。本书主要对目前管理决策领域几种比较常用的研究工具——功能核磁共振、事件相关电位（event-related potential，ERP）、眼动和遗传研究方法进行介绍（图1-3）。本书主要从几种常用工具的基本原理、数据分析的基本流程和数据结果的解读等几个方面开展讨论。

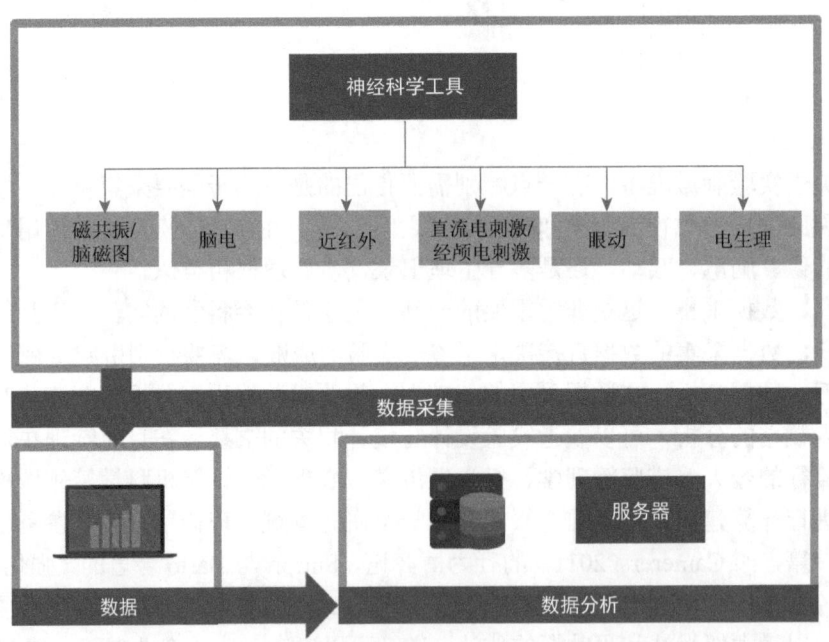

图1-3　神经科学的研究工具和平台

1.4 管理决策的研究主题

本书基于管理决策的场景是否与他人存在交互，将管理决策的研究主题区分为个体决策与社会决策（图1-4）。在个体决策方面，主要针对管理决策中的跨期决策、风险决策、动机和强化学习几个主题展开讨论。在社会决策方面，主要针对共情、信任、公平、从众和社会折现几个主题开展讨论。

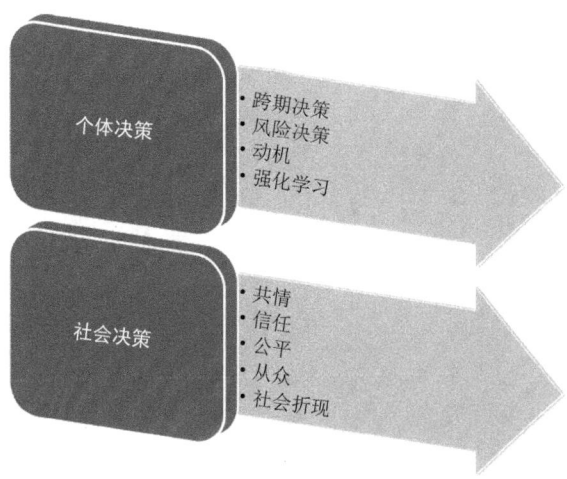

图 1-4　神经管理决策的研究主题

参 考 文 献

马庆国，沈强，李典典，等. 2009. 社会神经经济学：社会决策和博弈的神经学基础. 浙江大学学报（人文社会科学版），39（2）：53-63.

马庆国，沈强，李典典，等. 2010. 经济决策的神经化学与遗传基础. 科学通报，55（32）：3089-3096.

马庆国，王小毅. 2006a. 从神经经济学和神经营销学到神经管理学. 管理工程学报，20（3）：129-132.

马庆国，王小毅. 2006b. 认知神经科学、神经经济学与神经管理学. 管理世界，（10）：139-149.

余荣军，周晓林. 2007. 神经经济学：打开经济行为背后的"黑箱". 科学通报，52（9）：992-998.

Camerer C F. 2011. Behavioral Game Theory: Experiments in Strategic Interaction. Princeton: Princeton University Press.

Glimcher P W. 2004. Decisions, Uncertainty, and the Brain: The Science of Neuroeconomics. Cambridge: MIT Press.

Kahneman D, Wakker P P, Sarin R. 1997. Back to Bentham? Explorations of experienced utility. The Quarterly Journal of Economics, 112（2）：375-406.

Moffatt P G. 2016. Experimetrics: Econometrics for Experimental Economics. London: Red Globe Press.

Sutton R S, Barto A G. 2018. Reinforcement Learning: An Introduction. 2nd ed. Cambridge: MIT Press.

von Neumann J, Morgenstern O. 1947. Theory of Games and Economic Behavior. 2nd ed. Princeton: Princeton University Press.

第一篇：研究工具与方法

第 2 章 功能磁共振成像

2.1 fMRI 原理与发展沿革

2.1.1 神经影像学概述

众所周知，人脑是我们人体最为重要的器官，也是目前世界上已知最为复杂的功能系统。因此，对于人脑功能的探索无疑是非常重要而有意义的工作。从人们知道大脑是思维的器官开始，便对探索它的机制产生了浓厚的兴趣。例如，德国解剖学家弗朗茨·加尔（Franz Gall）在 19 世纪提出了颅相学（phrenology），认为颅骨的形状可以反映一个人的人格特质，这在当时风靡一时。虽然这一学科后来被弗朗索瓦·马让迪（François Magendie）等证实为伪科学，但其隐含的思想如大脑皮质定位等，客观上促进了后来神经科学的发展。当今，不同学科领域的科研工作者，都对大脑的功能开展了系统的研究，其中心理学家研究大脑的思维包括大脑产生高级认知活动（学习、思维、语言、记忆、情感等）的机制，神经科学家研究大脑的结果和功能，临床科学家研究大脑相关疾病的机理以及预防和治疗方法。而作为本书所关注的主题——管理学，则更加关注与管理决策功能相关的大脑活动及神经认知机制。自 20 世纪 90 年代功能磁共振成像（functional magnetic resonance imaging，fMRI）被首次发明以来，神经成像领域发展迅猛，各种相关领域的科研工作者从不同角度展现了人脑在静息、不同任务功能状态下大脑活动的神经信号和特征，也为理解人的管理决策行为提供了一个强大的认知神经科学工具。本章将紧紧围绕 fMRI 这一神经成像的研究工具，从该工具的基本原理、优缺点、基于该工具的基本实验设计方法等方面出发，并以基于 MATLAB 的 SPM 12 软件为例，讲述 fMRI 数据分析的基本流程。接下来将以管理决策研究中几种常见的决策任务为例，讲述如何利用 fMRI 进行管理决策研究的基本思路。最后简要讨论目前新兴的多体素模式分析方法及其在管理决策研究中的前景。

如图 2-1 所示，从时间和空间两个维度来看，神经科学的研究工具在过去的几十年间获得了长足的发展（Sejnowski et al.，2014）。有一些技术可以帮助我们了解单个神经元的属性，有一些技术可以通过光学成像提供单个脑区的功能信息。总的来说，脑功能成像技术需要记录以下三个特点：①可以记录大脑某些方面的生理指标，这一指标可以是直接的（行动本身导致的），也可以是间接的（神经元活动的代谢结果）；②可以收集大脑功能过程中与性能相关的数据，即在生物体大脑运作时可以有针对性地进行信息处理；③可以在二维或三维空间中用图像的方式显示结果。

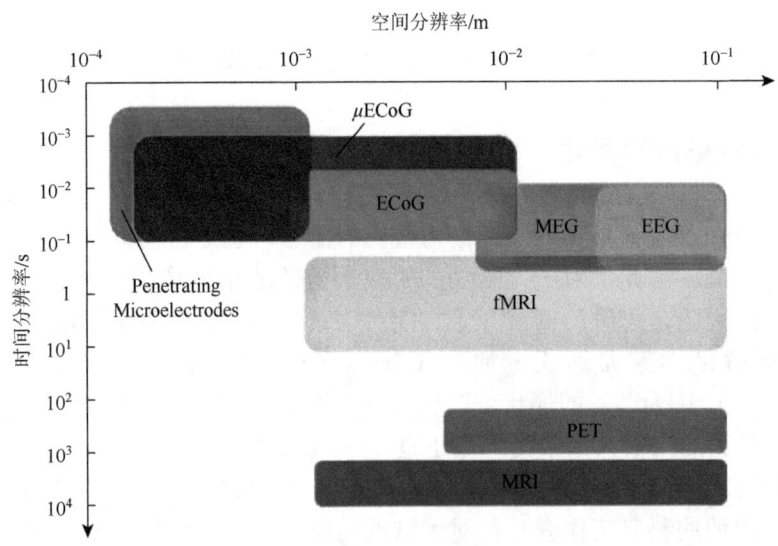

图 2-1　神经科学的研究工具和手段（Thukral et al.，2018）

在理解人类大脑的认知行为和研究脑功能映射方面，已经有许多研究方法和工具，如正电子发射断层显像（positron emission tomography，PET）用于检测大脑的功能状态，脑电图（electroencephalogram，EEG）和脑磁图（magnetoencephalography，MEG）通过检测大脑对诱发刺激响应的电信号或磁信号，高时间分辨率地检测大脑的功能状态。近红外光谱仪和基于可见光的时间分解反射光谱仪，通过光学的方法检测神经活动引起的脑血流和代谢改变。不同的方法，各有优缺点，在研究大脑及其功能时，可以基于研究问题的需要，采用相对应的研究工具，不同的工具互为补充（图 2-1），展现大脑的认知功能，包括本书的主题——管理决策的认知神经机制与认知功能。

fMRI 是目前非常主流的包括管理决策在内的社会科学、自然科学研究大脑功能的一种神经成像工具，其基本原理是利用磁共振成像来测量大脑神经元活动所引发的血流动力学的变化，该研究方法最早由 Ogawa 等在 1990 年首次报告（Ogawa et al.，1990）。作为一种非侵入性的神经成像技术，能够对特定皮层的大脑活动进行准确、可靠的定位，空间分辨率达到毫米级，时间分辨率达秒级（图 2-1）。随着磁共振技术的发展，磁共振的场强从 1.5 T 到 3 T，目前已经开始尝试在人体上使用 7 T 甚至高达 10.3 T 场强的磁共振，而德国、中国和韩国正在尝试研发 14 T 的设备（Nowogrodzki, 2018）。高场强的设备可以实现更强的信噪比，更精细地刻画大脑的微细结构。例如，3 T 的设备的空间分辨率大概在 1 mm，而 7 T 的设备可以达到 0.5 mm。目前，医疗临床上使用的主要是 1.5 T 和 3 T 场强的设备，在 fMRI 领域主要使用 3 T 场强的磁共振设备开展成像研究。

2.1.2 fMRI 原理

从质量上来说，大脑大约占人体总重的 2%，但相对于人体的基础代谢率，人脑大约消耗了人体 20%的总能量。因此，大脑作为我们人体的"司令部"，也是一个"耗能大户"。同时，大脑没有类似于肝糖原这样的储能物质，几乎主要依靠人体的葡萄糖来提供能量，并通过血液循环来加以补充。fMRI 的原理，是局部脑区的功能活动，引起相应区域血液动力的应答，在短暂的缺氧后，这种应答表现出供多于求的现象，过多的含氧血红素位于活动脑区的位置，从而导致去氧/含氧血红蛋白的比例改变，其中含氧血红蛋白为抗磁性的，而缺氧血红蛋白为顺磁性的。由于局部脑区活动导致的血液中含氧/去氧血红蛋白的浓度变化，被功能核磁共振的 $T2^*$ 像捕捉到，称为血氧水平依赖（blood-oxygen-level-dependent, BOLD）的神经信号，是 fMRI 的核心测量指标（Logothetis et al., 2001）。因此，fMRI 技术通过采集全脑 BOLD 信号的变化而获得大脑局部血液中血流与氧气消耗的情况，从而间接反映局部大脑功能活动的程度。例如，当手指按键运动时，我们可以观察到大脑运动区的激活（Turesky et al., 2018）。fMRI 探测的是血管血流信号，其时间分辨率为秒级（图 2-1）。

2.2 fMRI 的实验设计

2.2.1 管理决策研究的基本思路和框架

在管理决策的神经成像研究中，与传统的行为实验研究的思路相类似，正确地提出一个研究问题是非常重要的。因此，这里我们想强调，要开展管理决策的神经成像研究，首先就需要打下扎实的行为实验研究的基础。在后面的章节我们将会提到，给定特定的研究主题，我们研究的问题是什么？例如，为什么人们会表现出损失规避（loss aversion）的行为，背后的认知加工机理是什么？即对于管理学领域的研究者而言，我们关心的是特定的管理决策行为的认知加工过程与神经机制，或者我们希望通过认知神经科学的研究工具来重新理解和审视管理决策问题。如图 2-2 所示，这一过程可以分解为不同层次的研究假设：①管理决策心理过程的假设，②神经活动的假设，③血流动力学的假设，即第一步是我们想要回答的问题，第三步是我们实际观察到的数据，即 BOLD 信号变化的信息。因此，在实验设计的过程中，我们需要意识到我们想研究的管理决策的研究问题与实际我们观察到的神经数据之间存在的不同层次的间隙（gap），这是用好神经科学这一研究工具的关键。

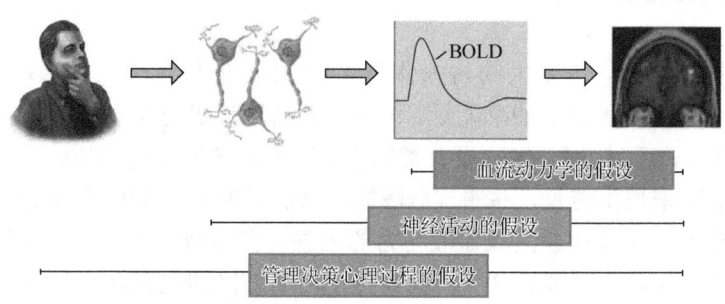

图 2-2　管理决策的假设（Huettel et al.，2014）

2.2.2　实验设计中的刺激任务

1. 实验刺激任务分类

fMRI 这一研究工具，如图 2-3 所示，可以从三个方面来考察大脑的认知功能。一是静息态，即被试在没有完成具体实验任务的情形下，大脑的活动模式是怎么样的，这一状态下的大脑活动称为静息态网络（default mode network）（Raichle，2015），主要包括腹内侧前额叶、后扣带回、楔前叶、角回等脑区。这些脑区的活动特征在一定程度上可以反映一个人的特质，例如 Canessa 等（2017）的研究发现，损失规避与大脑左侧纹状体与右后侧的岛叶的活动相关。静息态是目前研究非常热门的一个话题，我国学者在这方面也做出了重要贡献。在管理决策的场景下，利用这一工具的一大优点是在开展磁共振数据采集的过程中，不需要考虑实验设计和实验刺激，仅仅需要考察静态状态下的大脑活动。因此，在一定程度上与基于体素的形态测量（voxel-based morphometry）分析的思路相一致，用个体内不同脑区之间与个体间的异质性来考察人的特质，特别是与管理决策特质之间的关联。关于这一方法使用的最新建议可参考 Gonzalez-Castillo 等（2021）的研究。二是区组设计与事件相关设计，这是目前管理决策、认知神经科学等领域的主要研究方法。三是自然场景下的认知神经机制，这是目前相对新兴的一个研究领域，观察对于自然刺激（naturalistic stimuli），如电影片段、短视频内容等场景下的大脑活动应答。这一实验思路的好处是可以考察真实的管理决策场景下的认知功能活动，具有比较好的外部效度（external validity），但由于认知刺激的复杂性，目前还面临不少的挑战。对这一领域感兴趣的读者可以参考 Sonkusare 等（2019）的综述论文。

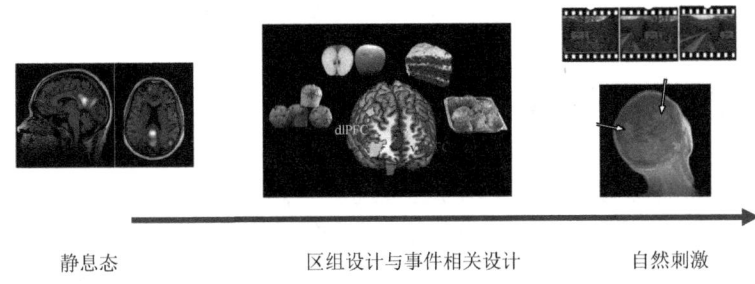

图 2-3　实验设计中的刺激任务

2. 区组设计与事件相关设计

在 fMRI 研究中，如上所述，任务态的实验设计主要包括区组设计（block design）或者事件相关设计（event-related design）两种。

区组设计，顾名思义就是按照区组一个模块一个模块地呈现实验刺激，考虑到 fMRI 秒级的时间分辨率，早期的很多实验采集都用区组设计的方法来实现。即通过实验组与控制组，或者实验组与实验组按组块分整块呈现，来对比两者之间存在的差别。例如，我们想考察大脑对于不同产品的加工，我们可以先呈现一组水果的照片，再呈现一组电子产品的照片，来进行比较。区组设计的一个很大的优点是设计简单，刺激效应强，数据分析简便，容易进行不同条件之间的对比，容易观察到实验效应。

考虑到管理决策任务的复杂性和多元性，事件相关设计是管理决策中常用的一种实验设计方式。读者可能会联想到利用脑电工具的事件相关电位，事实也是如此，fMRI 中的事件相关电位就是受到了脑电实验设计的启发（Huettel et al.，2014）。该类型设计背后的一个假设是：在不同时间点发生的事件的神经活动可以进行分离。在这里，诱发大脑活动的刺激称为一个事件（event）。在一个管理决策任务中，单个试次中可以包含多个事件，连续的事件之间的间隔称为刺激间隔（inter-stimulus interval，ISI）。由于事件相关设计能够考察各种情形的决策，因此受到了包括管理学、心理学等领域学者的广泛青睐。其优点是可以考察实际的认知决策任务，方便进行实验中需要考虑的平衡和降低实验的疲劳效应等，更方便基于事后的分析来对事件进行分类。缺点是相对于区组设计，事件相关设计的统计力会更小一些，对实验设计提出了更高的要求。并且在实验设计方面，要考虑高效地分离不同的事件，需要对当前事件前后的 ISI 进行随机变化（jitter），方便更高效识别出想观察的实验效应。关于设计的优化等相关信息可以参考 Dale（1999，https://surfer.nmr.mgh.harvard.edu/optseq/）。

2.3　fMRI 数据分析处理

2.3.1　数据分析的基本原理

　　fMRI 的血流动力学响应有两个主要特点，这两个特点决定了数据的分析方法。一是血流动力学响应较慢。神经活动也许仅持续几毫秒，但血流量达到其峰值需要 5 秒左右，然后在 15～20 秒返回至基线。二是血流动力学响应可以大致看作线性非时变系统（Cohen，1997；Dale，1999）。对较长时间的神经活动的响应可以转化为不同时刻短时间神经活动引起的响应之和。得益于这一线性关系，就可以采用卷积运算将特定神经活动的时间序列转化成预期的血流动力学时间序列，从而建立统计模型。

　　在 fMRI 的数据分析方面，目前国际主流的 fMRI 分析软件包括伦敦大学学院（University College London）开发的统计参数图（Statistical Parametric Mapping，SPM）（https://www.fil.ion.ucl.ac.uk/spm/，Friston et al.，1995），牛津大学开发的 FMRIB 软件库（FMRIB Software Library，FSL）（https://fsl.fmrib.ox.ac.uk/fsl/fslwiki）和美国国立卫生研究院开发的功能性神经图像分析（Analysis of Functional NeuroImages）（https://afni.nimh.nih.gov/），以及基于 Python 平台的 nipy（https://nipy.org/）等，商用软件如 BrainVoyager（https://www.brainvoyager.com/）。这里我们以 SPM 软件为例，介绍如何利用磁共振分析软件开展基于 BOLD 信号的 fMRI 数据处理分析。

　　由伦敦大学学院功能成像实验室（Functional Imaging Laboratory）的 Karl Friston 和同事开发的 SPM 已经成为最广泛使用的开源 fMRI 软件。20 世纪 90 年代初，最初开发的 SPM 是用于分析 PET 数据的，后开始用于 fMRI 数据分析，目前该软件可以用于 fMRI、PET、SPECT（single-photon emission computed tomography，单光子发射计算机断层成像术）、EEG 和 MEG 的数据分析，目前最新版本为 SPM 12。SPM 是基于 MATLAB 软件开发的，可以在 Windows、Mac OS、Linux 等不同的计算机平台运行。SPM 功能强大，为广泛的用户构建了强大的生态系统，其相关课程的幻灯片和视频资料可以在官网课程（https://www.fil.ion.ucl.ac.uk/spm/course/）中找到。另外，第三方作者们还开发了许多工具包扩展其功能，详细信息可以在官网扩展（extensions）查阅（https://www.fil.ion.ucl.ac.uk/spm/ext/）。对于有兴趣基于 SPM 进行 fMRI 数据分析的读者，也可以通过官网提供的数据进行数据分析练习（https://www.fil.ion.ucl.ac.uk/spm/data/）。

相关术语：

基于 fMRI 采集到的数据是包含了三维的空间信息和一维的时间信息的四维数据（图2-4）。

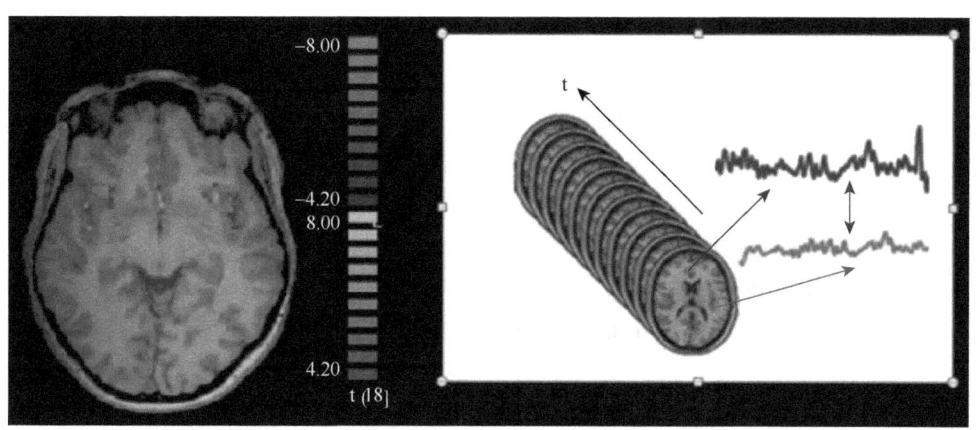

图 2-4　功能磁共振成像

资料来源：https://blricrex.hypotheses.org/ressources/fmri

T1 像，即大脑的三维结构像；

T2*像，即平面回波成像（echo-planar imaging），也就是采集的功能像；

Session，指的是一个实验从被试开始实验到结束的整个流程；

Run，一个实验可以包含多个组，是被试单次完成实验任务的长度，一般的管理决策任务往往会包含多个 Run；

Volume，完成扫描一个大脑的数据，即需要一个 TR（time of repetition，重复时间）的时间，例如 2 s；

Slice，即一个大脑在水平层面被分割的层数，如 40 层；

体素（Voxel），即功能磁共振数据的基本单位，如 3×3×3，即长宽高各为 3 mm，这就是 fMRI 的空间分辨率；

成像可见范围（field of view，FOV），例如 FOV = 192 mm，单个体素在水平面的长和宽各为 3 mm，则在水平位，每一个 Slice，可以分割为 64×64 的矩阵，再乘上层数如 32 层，即单个 Volume 包含的所有的体素为 64×64×32，共计 131 072 个。

2.3.2 fMRI 数据处理流程

基于任务态的 fMRI 数据处理的过程可分为数据转换、预处理、个体水平的建模以及组水平的统计几个阶段。其中，预处理主要包括时间预处理和空间预处理两个部分。

1. fMRI 数据的预处理

基于 SPM 为例的 fMRI 数据分析具体包括以下步骤。

1）数据格式转换（convert）

将原始的 DICOM[①]文件转换为 NIFTI[②]格式，可以用 SPM 或者其他第三方软件如南卡罗来纳大学 Chris Rorden 团队开发的软件工具 MRIcron（https://people.cas.sc.edu/rorden/mricron/index.HTML）。

2）时间预处理

时间层矫正（slice timing）：校正图像不同层之间的时间差异。

3）空间预处理

（1）头动校正（realignment）：将序列中的图像和第一帧图像进行对齐，以校正由于轻微的头动造成的信号变化。

（2）配准（coregistration）：将结构像与功能像进行对齐。

（3）分割（segmentation）：将结构像数据分割为脑灰质、脑白质与脑脊液。

（4）标准化（normalise）：将所有功能像对齐到同一个标准空间，如 MNI 空间。

（5）空间平滑（smooth）：用高斯核（Gaussian kernel）进行空间滤波，提高信噪比。平滑核的大小一般设置 2~3 倍 Voxel 大小。

4）个体水平的一般线性建模

对 BOLD 信号，在每一个被试的个体水平，进行一般线性建模。

5）组水平的统计建模

对步骤四获取的个体数据，在所有样本的组水平进行建模。

6）数据的可视化展示

可以基于 SPM 自带的功能或者第三方软件如 xjView 进行可视化的展示和结果输出（https://www.alivelearn.net/xjview/）。

关于预处理部分，Esteban 等（2019）开发了一个自动化的工作流程 fMRIPrep,

---

① digital imaging and communications in medicine，医学中的数字成像和通信。

② Neuroimaging Informatics Technology Initiative，神经影像信息技术倡议。

来专门针对预处理的部分进行批量化、自动化的处理。一方面，基于标准化的流程使得基于该流程的可重复性得到保证，另一方面，作为标准化流程的"黑箱"操作，对于没有神经成像相关背景的学者也更加友好，可以相对标准化地完成预处理部分的工作，从而把主要精力用于实验设计相关部分分析与思考，详细的资料可参考 Esteban 等（2019）的研究。

2. 个体水平广义线性模型分析

fMRI 中的一般线性模型的逻辑与计量经济学中回归模型的逻辑相类似，如整体分类个体水平分析与组水平的分析，即先对单个被试进行分析获取感兴趣的实验条件，然后再进行组水平的分析。这里的一个关键点是理解设计矩阵，即 SPM 软件中的 design matrix（图 2-5，图 2-6，图 2-7）。这一一般线性模型的因变量为 BOLD 信号（包含三维的空间和一维的时间信息，图 2-4），自变量为通过实验刺激软件如 PsychoPy（https://www.psychopy.org/）记录的包含了时间标签信息的行为数据。

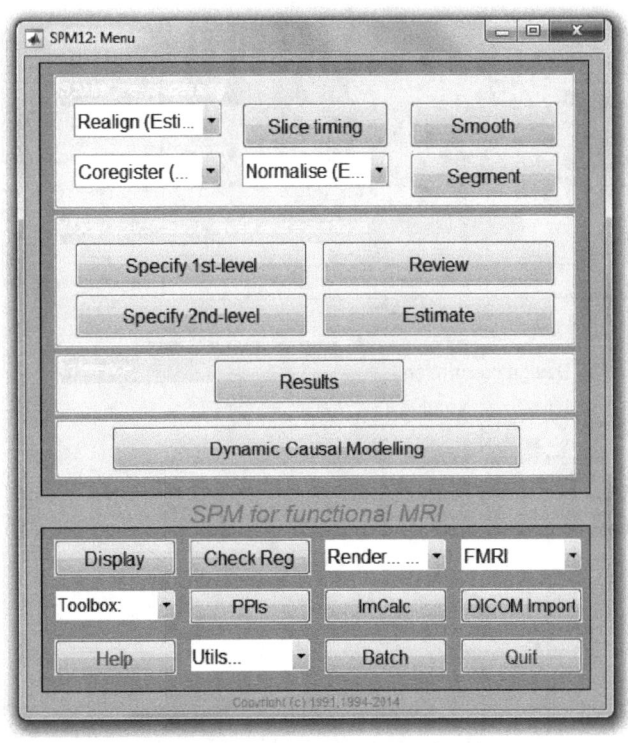

图 2-5　SPM 数据分析界面（一）

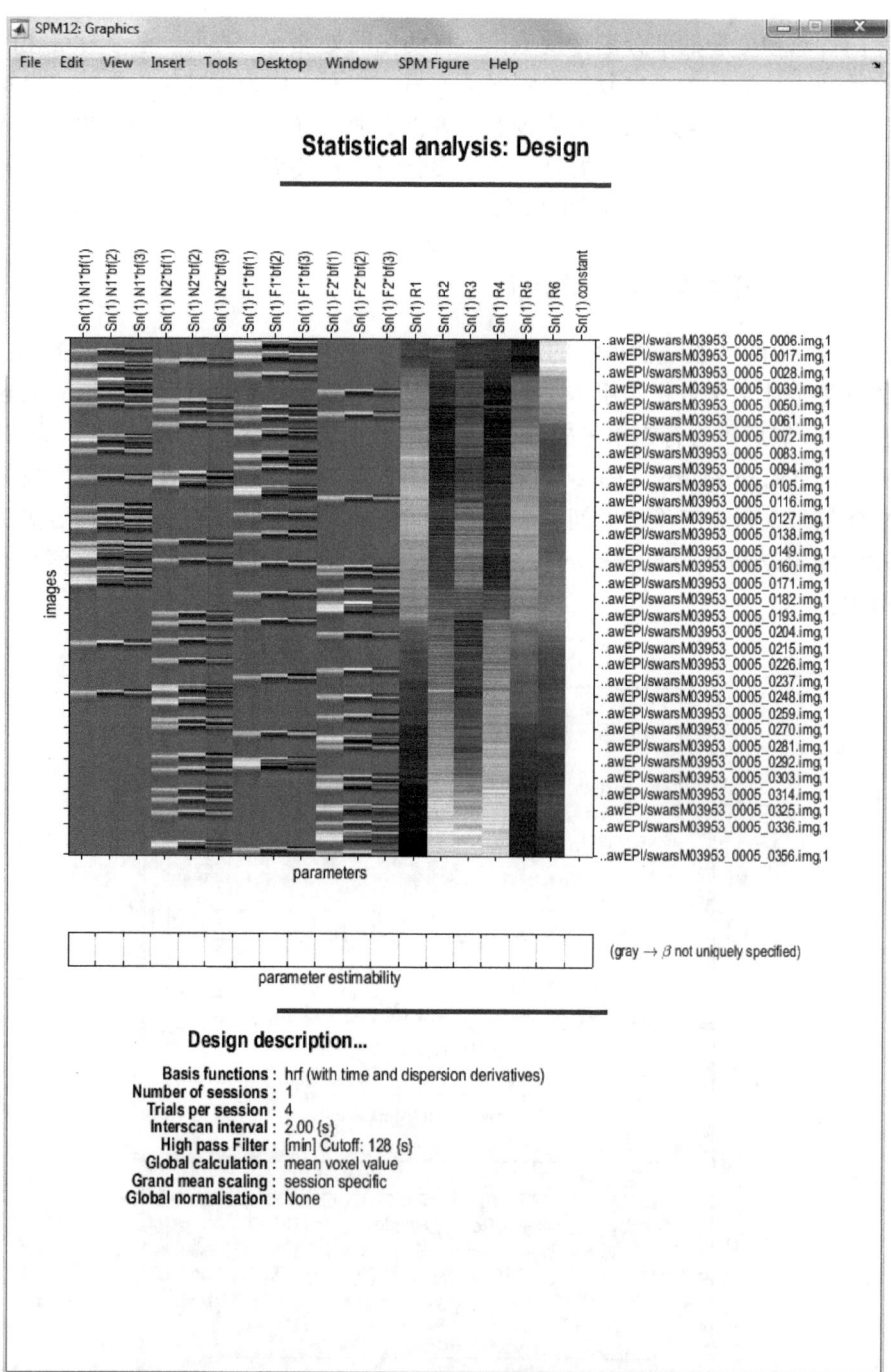

图 2-6　SPM 数据分析界面（二）

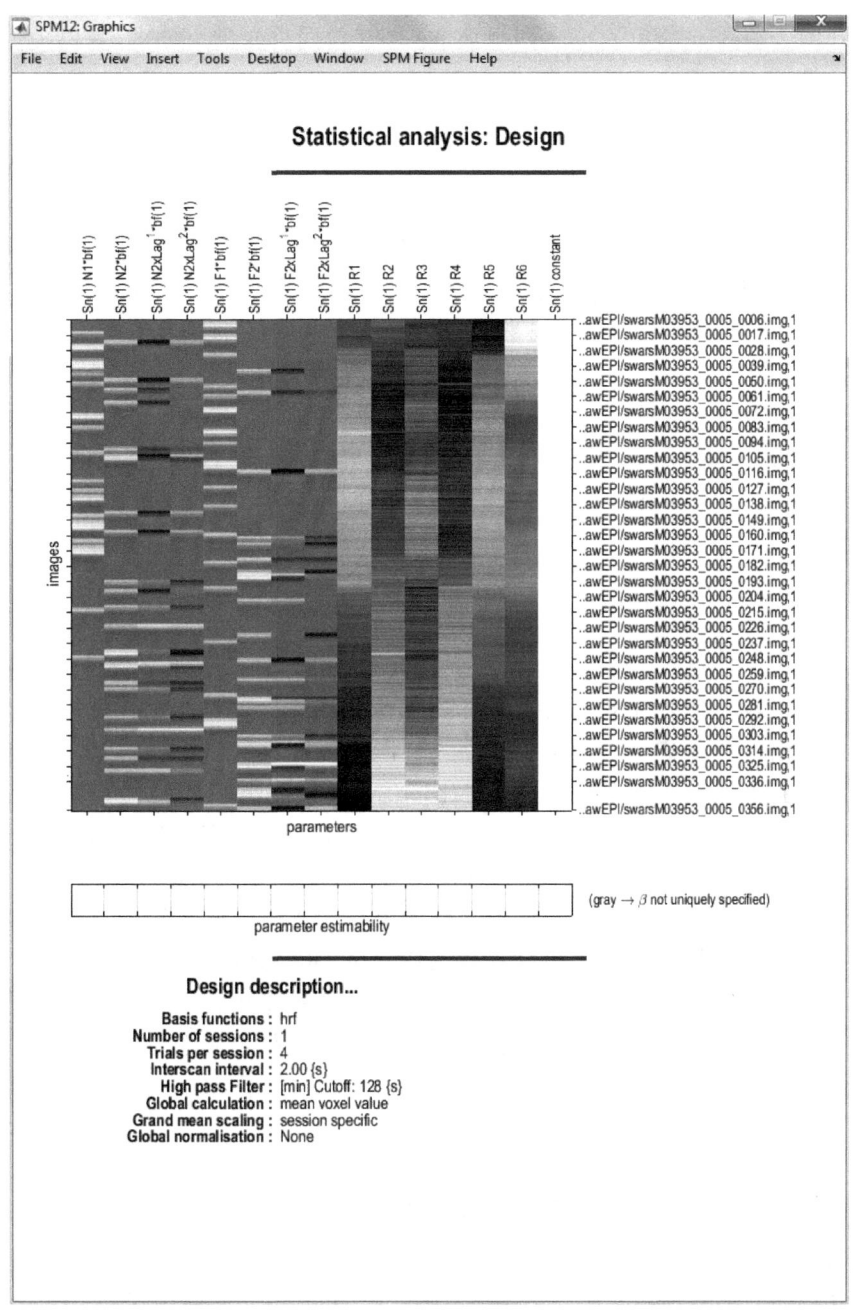

图 2-7　SPM 数据分析界面（三）

分类设计（categorical design）建模：以实验设计中常用的离散设计为例，例如在 SPM 官网提供的 2（名人、非名人）×2（重复、非重复）的离散条件的实验设计例子中，一共包含 2×2 四个水平，即包含四组变量。同时，官网提供的例子中，这四个水平每个都包含了时间（time）和弥散（dispersion）的衍生变量（derivatives），所以一共 4×3 = 12 列变量。

参数化设计（parametric design）建模：如图 2-7 所示，如果想考察参数化的设计，右侧连续的 .img 文件表示不同时间点的 BOLD 信号文件，上方的为自变量，将感兴趣的参数化行为指标放入到对应的时间点，就可以探索参数化变量，如第 9 章强化学习中的预测偏差（prediction error），对应的大脑加工模式。

无论在分类变量还是包含参数化设计的建模中，都常规地将 6 个头动变量（该部分数据来源于预处理的头动校正部分）纳入到回归中，其中设计矩阵最后一列空白列为截距项。理解以上两个设计矩阵中每一列的含义后，就能理解在个体水平建模中的关键思想。一般目前管理决策的研究中，单个实验往往包含多个试次，一般包含在多个 Run 中，那么不同的 Run 就分开建模，道理与单个以上示例的单个 Run 类似。

3. 组水平广义线性模型分析

个体水平的分析是整个 fMRI 数据分析的核心，在个体水平分析的基础上，我们进一步整合个体水平，包括不同水平不同 Run 之间的数据，进行组水平的分析，从而回到我们最开始提出的研究问题。如在讲区组设计的时候提到的被试内设计的水果和电子产品之间的对比，我们可以在组水平下用配对样本 T 检验来进行。如果是两组不同的人之间的对比，比如对比高管和普通员工对于决策任务的感知不同，就可以对比两组人在同一个实验条件下的独立样本 T 检验。如果是想考察个体的异质性，例如个体的人格问卷能否解释管理决策中的风险规避行为，那么就可以将人格问卷作为自变量，来探索从个体水平分析中获得的数据。因此，正如上面所述，整个统计分析的思想跟行为实验研究相类似，组水平分析的核心，是基于想回答的研究问题，进行相应的统计分析，对个体水平的数据进行汇总。

4. 数据结果的解读

在完成组水平的数据分析以后，就可以利用 SPM 或者基于 SPM 的插件，如斯坦福大学的崔旭和北京大学李健联合开发的 xjView 进行结果的展示和解读，将结果投影在三维的坐标上，可以观察大脑的激活结果，并获得对应的坐标和脑区的信息。该软件还可以对结果进行基于 FWE（Family Wise Error）或者 FDR（False Discovery Rate）等方法多重比较校正，降低统计学上犯一类错误的概率。这里对于结果的解读，需要对大脑的解剖有一定的了解，关于这部分的基础知识，这里由于篇幅的限制，不展开论述，感兴趣的读者可以参考 FSL 团队 Jenkinson 和 Chappell

（2018）的书籍《神经成像数据分析》（*Introduction to Neuroimaging Analysis*）中附录部分关于神经成像脑解剖的内容。

2.3.3 fMRI 在管理决策研究中的实例

本部分以风险决策中著名的框架效应为例，讲述如何利用 fMRI 技术来考察管理决策行为（关于风险领域的新进展的内容，详见第 7 章）。

关于框架效应，最早由 2002 年的诺贝尔经济学奖获得者卡尼曼与其合作者特沃斯基提出，在著名的亚洲病一例中，采用了被试间设计，发现相对于获得的表述，在损失的表述下被试更愿意选择冒险的方案（Tversky and Kahneman，1981）。de Martino 等（2006）的研究中，拓展利用 fMRI，采用被试内设计，考察了在获得（gain）和失去（loss）两种不同的框架下，大脑如何进行风险决策。行为层面的结果发现，在损失的框架下，相对于获得的框架，被试整体上表现得更加冒险。神经成像的结果发现，在受到框架效应时大脑与情感相关的杏仁核发生激活，在没有受到框架效应时前扣带回发生激活，并且内侧眶额叶皮层的激活强度与个体的理性指数（rationality index）即不受框架效应的程度呈正相关。因此，该研究认为大脑的情感与认知双系统和框架效应有关。对于该研究，Kahneman 和 Frederick（2007）作了一个专题评论，阐述该发现与双系统之间的联系。然而，在 2017 年的一项研究中，Li 等（2017）对这一研究结论提出了挑战，他们的研究采集了 143 个大样本核磁数据，并利用 Neurosynth 数据库中 8000 个 fMRI 数据，进行了神经相似性（neural similarity）分析，发现当被试受到框架效应影响时，大脑的加工模式类似于静息态默认模式网络的激活，在没有受到框架效应影响时的大脑活动与任务态的大脑模式相类似。因此，作者得出结论，大脑受到框架效应与否不是简单的双系统之间的交互，而是大脑的不同网络之间切换的结果。这不但能帮助我们更好地理解框架效应这一决策偏倚的认知加工机制，理解管理决策的认知加工过程，还为从整体上来理解大脑的系统与管理决策之间的关系提供了线索，重新审视在行为决策理论中占有重要地位的双系统理论。

除此之外，关于 fMRI 数据的可重复性也是最近学术界的重要话题。这里包括两个层面的理解：一个是研究结果的可重复性，即过去发现的研究结论能否被别的成员重复，也就是研究本身是可证伪的（Stanovich，2013）。而对于研究来说，研究本身的可重复性也非常重要。如上所述，磁共振的数据分析本身就包含了复杂的流程，基于同样的数据，不同的人或者不同的研究小组能否分析得到同样的结果，或者基于得到的结果，是否会做出一致性的解读均尚不可知。在本团队参与的一项发表在 *Nature* 的研究中（项目名称：Neuroimaging Analysis Replication and Prediction Study，NARPS；https://www.narps.info/，Botvinik-Nezer et al.，2020），项目利用108个实验受试者构成风险决策的磁共振成像数据集,进行神经影像分析的可重复性和预测研究。其中,来自神经科学、心理学、管理学、经济学等领域的70个国际研究小组参与了该国际合作研究项目。研究结果表明,当不同的小组采用不同的分析流程对同一个神经影像数据集进行分析时,整体获得的结果与原始结果相类似,对于相同的9个实验假设,结果的报告存在着很大的不一致性。因此,对于fMRI的神经成像数据的可重复性流程,需要引起足够的重视,特别是从研究结果到研究结论的解读与推论,还有不少提升的空间。

2.3.4 多体素模式分析——更高级的分析手段

在上述讨论的一般线性模型的框架下,是编码(encoding)的思路,即$X \rightarrow Y$,X是实验条件,如离散的正性、负性框架(de Martino et al., 2006),连续的效用(Hsu et al., 2009),Y是BOLD信号。而利用机器学习的思想,从解码(decoding)的视角来看,即$Y \rightarrow X$,从大脑的活动来反推大脑的认知功能与状态。同时,在一般线性模型的框架下,一般考察利用单个体素水平的激活,而在多体素模式分析(multi-voxel pattern analysis,MVPA)的视角下,可以考察多个体素的激活模式,进行多元解码(multivariate decoding),即寻找跨体素(cross-voxel)的神经反应模式。因此,基于解码思想的方法,其天然就需要通过将数据集拆解为训练集和测试集来进行模型训练。因此,需要利用分类器进行分类,如利用支持向量机(support vector machine,SVM)、线性判别分析(linear discriminant analysis,LDA),以及最新发展的基于深度学习的分类器(Kuntzelman et al., 2021)。另一方面,如上所述,基于MVPA方法在一定程度上也可以解决逆向推理的问题,即根据认知条件来完成大脑激活,根据大脑激活认知条件的常见逻辑问题。

MVPA的一个直观的例子就是"读心术",例如在Haxby等(2001)开创性的MVPA的经典视觉研究中,通过大脑激活的模式来考察被试在屏幕上看到物品的具体信息,例如看到的是鞋子还是瓶子[详细可参考Norman等(2006)的研究]。一个经典的应用示例是通过MVPA的方法来识别训练大脑对于预期疼痛感知的状态,在捕获到大脑相应的认知状态后,通过实时的神经反馈(neurofeedback)方法呈现奖赏物,从而训练被试降低恐惧感。在消费决策领域的例子(Koizumi et al., 2016),Chen等(2015)在Journal of Marketing Research上的文章,利用机器学习的思想,检验了Aaker(1997)提出的著名品牌人格理论,发现在被动观察品牌图片的情形下,大脑对五种不同的品牌人格展现出了分离的活动模式,即之前通过问卷得到的对于品牌人格的分类,可以在消费者的大脑活动模式上得到印证。

除此以外,Kriegeskorte等(2008)提出了表征相似性分析的方法(representational similarity analysis,RSA),该方法是通过在不同实验条件间建立起表征非相似性矩阵（representational dissimilarity matrix，RDM），使在大脑层面考察大脑对不同物品或者刺激的相似性成为可能。例如，Londerée 和 Wagner（2021）的研究中，考察了大脑的眶额叶皮层对食品的健康和口感的表征，发现该脑区可以自发地表征健康，而对口感的表征表现出了更大的异质性，并且随着口感评分的增加，这种异质性也更加明显。Parkinson 等（2017）发表在 *Nature Human Behavior* 的研究度量了一个 MBA 群体的社会网络结构，并扫描了来自这个社会网络中的被试在观察处于不同中心位置的他人的短视频，将社会网络与表征相似性分析联合起来，发现大脑可以精确、自动化地加工特征根中心性（eigenvector centrality）、社会距离、中介者等刻画社会网络位置特征的指标，即个体大脑可以刻画社会网络的结构。

针对以上介绍的基于解码分析与表征相似性分析的两个分析方法，在数据分析方面，目前有多种基于不同平台的数据分析软件和工具，例如基于 Python 的 PyMVPA（http://www.pymvpa.org）、Nilearn（https://nilearn.github.io/）、基于 MATLAB 的 CoSMoMVPA（http://cosmomvpa.org），TDT（the decoding toolbox，解码工具箱）等。接下来我们分别简述解码分析和表征相似性分析的数据分析的基本流程。

解码分析法的基本步骤：
1. 定义实验条件
2. 确定分析方法
感兴趣区（region of interest）
探照灯（searchlight）
3. 数据拆分
留一法（leave one out）进行交叉验证
4. 模型训练
5. 模型测试

表征相似性分析方法的基本步骤：
1. 定义实验条件
2. 确定分析方法
感兴趣区（region of interest）
探照灯（searchlight）
3. 表征非相似性矩阵
神经 RDM
非神经 RDM
4. 搭建神经矩阵

关于如何使用 MVPA 以及这一方法的原理和分析步骤等更多的详细信息，可

以参考 *Social Cognitive and Affective Neuroscience* 杂志上 Weaverdyck 等（2020）、Popal 等（2019）的综述文章，讲述了与管理决策相类似的主题，即在社会认知神经科学中如何使用这些方法。

考虑到管理决策研究实际场景的复杂性，以及本身对于实验外部效度的关注对于其他学科更高，这些基于多元体素模式分析和自然刺激等的新兴技术的发展，将很好地弥补传统方法的一些不足，从而为神经科学方法和工具在管理决策领域的应用，提供新的增长空间。

参 考 文 献

Aaker J L. 1997. Dimensions of brand personality. Journal of Marketing Research，34（3）：347-356.

Botvinik-Nezer R，Holzmeister F，Camerer C F，et al. 2020. Variability in the analysis of a single neuroimaging dataset by many teams. Nature，582（7810）：84-88.

Canessa N，Crespi C，Baud-Bovy G，et al. 2017. Neural markers of loss aversion in resting-state brain activity. NeuroImage，146（1）：257-265.

Chen Y P，Nelson L D，Hsu M. 2015. From "where" to "what"：distributed representations of brand associations in the human brain. Journal of Marketing Research，52（4）：453-466.

Cohen M S. 1997. Parametric analysis of fMRI data using linear systems methods. NeuroImage，6（2）：93-103.

Dale A M. 1999. Optimal experimental design for event-related fMRI. Human Brain Mapping，8（2/3）：109-114.

de Martino B，Kumaran D，Seymour B，et al. 2006. Frames，biases，and rational decision-making in the human brain. Science，313（5787）：684-687.

Esteban O，Markiewicz C J，Blair R W，et al. 2019. fMRIPrep: a robust preprocessing pipeline for functional MRI. Nature Methods，16（1）：111-116.

Friston K J，Frith C D，Turner R，et al. 1995. Characterizing evoked hemodynamics with fMRI. NeuroImage，2（2）：157-165.

Gonzalez-Castillo J，Kam J W Y，Hoy C W，et al. 2021. How to interpret resting-state fMRI: ask your participants. Journal of Neuroscience，41（6）：1130-1141.

Haxby J V，Gobbini M I，Furey M L，et al. 2001. Distributed and overlapping representations of faces and objects in ventral temporal cortex. Science，293（5539）：2425-2430.

Heeger D J，Ress D. 2002. What does fMRI tell us about neuronal activity? Nature Reviews Neuroscience，3（2）：142-151.

Hsu M，Krajbich I，Zhao C，et al. 2009. Neural response to reward anticipation under risk is nonlinear in probabilities. Journal of Neuroscience，29（7），2231-2237.

Huettel S A，Song A W，McCarthy G. 2014. Functional Magnetic Resonance Imaging(Vol.1).3rd ed. Sunderland: Sinauer Associates.

Jenkinson M，Chappell M. 2018. Introduction to Neuroimaging Analysis. Oxford： Oxford University Press.

Kahneman D，Frederick S. 2007. Frames and brains：elicitation and control of response tendencies. Trends in Cognitive Sciences，11（2）：45-46.

Koizumi A，Amano K，Cortese A，et al. 2016. Fear reduction without fear through reinforcement of neural activity that bypasses conscious exposure. Nature Human Behaviour，1（1）：1-7.

Kriegeskorte N, Mur M, Bandettini P. 2008. Representational similarity analysis-connecting the branches of systems neuroscience. Frontiers in Systems Neuroscience, 2 (4): 1-28.

Kuntzelman K M, Williams J M, Lim P C, et al. 2021. Deep-learning-based multivariate pattern analysis (dMVPA): a tutorial and a toolbox. Frontiers in Human Neuroscience, 15: 638052.

Li R, Smith D R, Clithero J A, et al. 2017. Reason's enemy is not emotion: engagement of cognitive control networks explains biases in gain/loss framing. Journal of Neuroscience, 37 (13): 3588-3598.

Logothetis N K, Pauls J, Augath M, et al. 2001. Neurophysiological investigation of the basis of the fMRI signal. Nature, 412 (6843): 150-157.

Londerée A M, Wagner D D. 2021. The orbitofrontal cortex spontaneously encodes food health and contains more distinct representations for foods highest in tastiness. Social Cognitive and Affective Neuroscience, 16 (8): 816-826.

Norman K A, Polyn S M, Detre G J, et al. 2006. Beyond mind-reading: multi-voxel pattern analysis of fMRI data. Trends in Cognitive Sciences, 10 (9): 424-430.

Nowogrodzki A. 2018. The world's strongest MRI machines are pushing human imaging to new limits. Nature, 563 (7732): 24-27.

Ogawa S, Lee T M, Tank D M. 1990. Brain magnetic resonance imaging with contrast dependent on blood oxygenation. Proceedings of the National Academy of Sciences, 87 (24): 9868-9872.

Parkinson C, Kleinbaum A M, Wheatley T. 2017. Spontaneous neural encoding of social network position. Nature Human Behaviour, 1 (5): 1-7.

Popal H, Wang Y, Olson I R. 2019. A guide to representational similarity analysis for social neuroscience. Social Cognitive and Affective Neuroscience, 14 (11): 1243-1253.

Raichle M E. 2015. The brain's default mode network. Annual Review of Neuroscience, 38: 433-447.

Sejnowski T J, Churchland P, Movshon J A. 2014. Putting big data to good use in neuroscience. Nature Neuroscience, 17 (11): 1440-1441.

Sokol-Hessner P, Rutledge R B. 2019. The psychological and neural basis of loss aversion. Current Directions in Psychological Science, 28 (1): 20-27.

Sonkusare S, Breakspear M, Guo C. 2019. Naturalistic stimuli in neuroscience: critically acclaimed. Trends in Cognitive Sciences, 23 (8): 699-714.

Stanovich K E. 2013. How to Think Straight about Psychology. 10th ed. Boston: Pearson Education, Inc.

Thukral A, Ershad F, Enan N, et al. 2018. Soft ultrathin silicon electronics for soft neural interfaces: a review of recent advances of soft neural interfaces based on ultrathin silicon. IEEE Nanotechnology Magazine, 12 (1): 21-34.

Tom S M, Fox C R, Trepel C, et al. 2007. The neural basis of loss aversion in decision-making under risk. Science, 315 (5811): 515-518.

Turesky T K, Olulade O A, Luetje M M, et al. 2018. An fMRI study of finger tapping in children and adults. Human Brain Mapping, 39 (8): 3203-3215.

Tversky A, Kahneman D. 1981. The framing of decisions and the psychology of choice. Science, 211 (4481): 453-458.

Tversky A, Kahneman D. 1992. Advances in prospect theory: cumulative representation of uncertainty. Journal of Risk and Uncertainty, 5 (4): 297-323.

Weaverdyck M E, Lieberman M D, Parkinson C. 2020. Tools of the trade multivoxel pattern analysis in fMRI: a practical introduction for social and affective neuroscientists. Social Cognitive and Affective Neuroscience, 15 (4): 487-509.

第 3 章 事件相关电位

3.1 事件相关电位的发展历史

事件相关电位（ERP）是在脑电波被记录的基础上发展起来的一种脑电生理技术。最早，德国精神科医生汉斯·伯格（Hans Berger）将电极放置在头皮表面采集数据时发现人脑存在持续的电活动，并在其发表的论文《论人的脑电图》（Über das Elektrenkephalogramm des Menschen）中，正式命名了"脑电图"一词。起初该发现备受争议，直到 1934 年，Adrian 和 Matthews 证实了他的基本观点，人们才开始慢慢接受脑电信号的存在（Haas，2003）。目前，已知的脑电位主要分为两种，一种是自发脑电活动，即大脑皮层连续的节律性电位变化，称为脑电图，另一种是感觉传入系统或脑的某一部分受刺激时，在皮层某一有限部位引出的电位变化，即皮层诱发电位（cortical evoked potential）。事件相关电位即属于后者，该概念由 Sutton 在 20 世纪 60 年代提出（Sutton et al.，1965）。当让个体完成一个特定的任务并同步记录其脑电波时，就可以通过叠加等技术，从记录的源自头颅表面或者颅内的脑电波中提取该认知任务对应的诱发电位，而该电位可以反映人脑对该认知任务的神经电生理改变。由此可见，事件相关电位是了解大脑认知活动的重要"窗口"。

3.2 事件相关电位的技术优势和缺点

总体而言，脑电是一个无创的电生理设备，成本相对于其他成像设备如功能磁共振、脑磁图、正电子发射成像较为低廉。设备维护和使用也比较方便，有成熟的开源与商用软件支持数据的采集与离线分析。ERP 能够反映刺激事件引起的实时脑电波的变化，具有极高的时间分辨率，能够达到毫秒级。ERP 也可以和行为数据，特别是和反应时间很好地配合，来研究认知加工过程的规律。具体有以下几个方面的特点。

（1）高时间分辨率。与上一章所提到的 fMRI 技术相比，ERP 技术拥有更高的时间分辨率。可以说，在我们熟知的脑功能技术中，EEG 技术的时间分辨率是相对最高的。ERP 技术具有毫秒级别的时间分辨率，而 fMRI 的时间分辨率是以秒为单位来计算的（李颖洁，2019）。因此，由于两者各自不同的特点，ERP 技术可以互补性地回答一些 fMRI 所不能回答的问题。

（2）无创和便捷。ERP 技术利用专用电极，可以通过头皮采集到微弱的脑电信号。ERP 技术由于其无创性以及无辐射等优势，适用于大部分群体。

（3）成本低廉。相对于磁共振设备千万级的价格和相对高昂的维护费用，脑电设备的价格相对比较亲民，并且除了维护好设备本身和电极帽以外，不需要特别额外的成本，因此在大学和研究机构的实验室中相对也比较普及。

（4）相对于其高精度的时间分辨率，ERP 技术的空间分辨率相对较低，虽然理论上可以通过溯源进行空间定位，但这只是通过算法推算间接获得的，并且分辨率仅在厘米级。

3.3 脑电数据的采集

ERP 数据是利用 ERP 设备从头皮表面的记录电极进行采集的，一般利用国际 10-20 系统的不同导联数（如 32、64、128 导联）的导电极帽进行数据采集，然后通过放大器将采集到的脑电数据进行信号放大并转化为数字信号，其采样的频率范围一般为 500~1000 Hz。

从头皮表面记录到的刺激诱发的 ERP 原始信号相对较弱，一般只有 2 到 10 微伏，而一般正常的自发脑电的范围在几微伏到数十微伏的范围。因此，ERP 信号通常淹没在相对更强的自发脑电位中，在原始数据内不能直接观察到相应成分的改变。由于 ERP 相对于自发脑电而言有严格的锁时特性，即 ERP 成分在时间上与刺激有严格的对应关系，而且波形一致，而人的自发脑电位的动态变化是持续的，因此可以通过叠加平均的技术，通过多次叠加后，消除自发脑电带来的噪声，从而分离出与管理决策心理活动相关的 ERP 信号。

3.4 脑电数据的测量

通过叠加平均后得到的 ERP 成分的描述主要从头皮分布（scalp distribution）、极性（polarity）、潜伏期（latency）和振幅（amplitude）等几个方面来展开。每个 ERP 成分都有特定的头皮分布规律，例如反馈相关负波一般分布在前额，而 P300 一般分布在顶区或者中央顶区。极性指的是脑电波的正、负性，其中 P 代表正，N 代表负。一般习惯上负波向上，正波向下。潜伏期指的是从刺激呈现开始到特定波形出现之间的时间间隔，一般用毫秒表示，通常可以根据特定波形潜伏期的长短来估计该成分加工速度的快慢。ERP 成分振幅的大小反映了相应 ERP 成分在不同任务条件下反应的强弱，由此能够揭示对特定刺激做出的不同应答。ERP 成分的命名一般根据极性和潜伏期或者波形含义来决定。例如，N200 表示在

200 ms 左右达到峰值的负波，而相对应的反馈相关负波指的是在反馈后约 200 ms 以后出现的一个负向电位。

3.5 事件相关电位成分

与决策神经科学研究特别是管理决策密切相关的大脑 ERP 成分主要有 ERN、FRN、Pe、P300 等。

3.5.1 错误相关负波

错误相关负波（error-related negativity，ERN），又称错误负波（error negativity，Ne），在完成快速或者冲动性错误决策后约 50～100 ms 以后出现的负性偏转的 ERP 成分，反映了大脑内部对冲突的监控与相应的认知控制。ERN 产生于错误反应开始之后，最大峰值出现在额叶中部，一般以额叶区大脑中线 FCz 或者 Cz 点最为明显，并随后在顶叶 CPz、Pz 上出现一个正向电位错误正波（error positivity，Pe）。错误正波是在错误反应后约 200～600 ms 后出现的正向偏转成分，被认为与决策的错误后意识、情感加工和行为调整有关。

3.5.2 反馈相关负波

反馈相关负波（feedback-related negativity，FRN）是在被试观察到错误反馈或者负性结果后在 200～300 ms 在前额叶出现的一个负性偏转的波形，与 ERN 一样，主要分布在大脑的前额区，对负性反馈结果的评估敏感。

FRN 是在决策领域被较为广泛研究的一个负波。FRN 是在错误相关负波基础上发展起来的，由 Miltner 等在 1997 年首次报道，该研究中利用一个时间估计任务发现当被试观察到时间估计错误的反馈结果时，会在 200～300 ms 在前额叶出现一个负性偏转的波形，因此认为错误的反馈也能使大脑产生一个负波信号。

目前关于 FRN 的产生主要有两种学说。一种为强化学习理论（reinforcement learning theory），由 Holroyd 和 Coles 在 2002 年提出，该理论认为负性强化学习的信号是通过基底节的多巴胺系统传递到前扣带回皮层（anterior cingulate cortex，ACC）时产生的，如果反馈结果比预期要好，多巴胺系统通过抑制 ACC 神经元活动，使得 FRN 偏转减小。反之，如果反馈结果比预期差，就产生负向偏转，而这个负向偏转能表征对下一次结果的预期。即 FRN 通过表征负性预测偏差（prediction error），实现对奖赏和惩罚的早期预警，反映了大脑对奖惩的一个学习过程。

另一种学说为情绪动机假说。该假说认为大脑的 FRN 反映了大脑对于情感与动机的侦测。在一个经典的赌局任务中,被试需要在 5 和 25 两个选项中进行选择,并在选择后给出两个选项得失的反馈(Gehring and Willoughby,2002,图 3-1)。结果发现,在不考虑被试表现是否正确的情况下,在面对失去的反馈时,相对于获得,会在 265 ms 左右出现一个明显的负向偏转。进一步的溯源分析发现,该波起源于内侧前额叶,因此命名为区别于 ERN 的内侧额叶负波(medial frontal negativity,MFN)。不过该结论也遇到了挑战,例如 Nieuwenhuis 等(2004)在仔细对比了两种不同的反馈以后,认为该反馈负波同时反映了反馈结果的正误与损益。

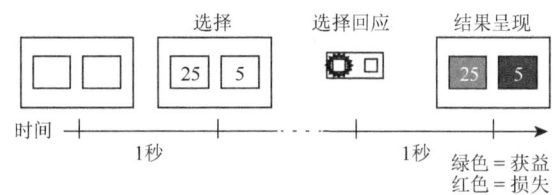

图 3-1 "5-25" 实验范式(Gehring and Willoughby,2002)

3.5.3 错误正波

错误正波(Pe)是在错误反应后约 200~600 ms 时出现的正向偏转成分。总体而言,过去的研究已经对错误相关负波进行了广泛的研究,并形成了相对比较系统的理论。而对错误相关正波的研究还相对较少。相对于 ERN 而言,Pe 产生于 ERN 之后,头皮分布也相对更为靠后。溯源结果认为其主要产生于前扣带回喙部(rostral anterior cingulate cortex,rACC)或者后扣带回皮层(posterior cingulate cortex,PCC)。

目前对 Pe 的解释还远未达成一致,Falkenstein 及其同事与国内蒋军等学者对该领域的主流学说进行了总结(Overbeek et al.,2005;蒋军和陈安涛,2010)。

1. 情感加工假说

情感加工假说(affective-processing hypothesis)认为 Pe 可能反映个体对错误及错误导致的后果的情感评估。支持该假说的一个研究(Falkenstein et al.,2000)发现,那些犯错误更多的被试相对于那些犯错误少的被试而言,其 Pe 的振幅更小。提示可能犯错误更多的被试更无所谓反应的对错,因此诱发了相对较小的 Pe,最终导致继续犯错。但是该结论没有得到后续研究的有力支持,例如研究发现(Hajcak et al.,2004),对犯错后负性评估高的被试,其 Pe 值反而更小。另一个支持该学说的证据来自 Pe 的溯源证据,研究利用偶极子对皮层的 Pe 成分进行溯源发现，该成分起源于前扣带回的喙部，而该脑区与情感加工密切相关。

2. 行为适应假说

行为适应假说（behavior-adaptation hypothesis）认为错误正波可能反映了对错误后行为的调节。一个常见的表现就是在关于 ERN 介绍中提到的错误相关负波之后，发生错误后选择反应时延长，即在发生错误的第 n 个试次之后的 $n+1$ 的试次中的正确反应时间比平均的反应时间要长的现象。例如，在前述的研究中，在意识到错误后除了会导致 Pe 的分离外，还会导致错误后反应时延长，即被试通过减慢反应速度来调整自己接下来的决策行为。因此，该研究提出，Pe 表征了错误后的行为调节（Nieuwenhuis et al., 2001）。另一项研究还发现，错误后的反应时延长还与 Pe 存在着正相关的关系，进一步为该理论提供了支持（Hajcak et al., 2003）。但是该现象并不是在所有研究中都有所报告，而且过去所有的报告中，错误反应后的反应时延长研究都是基于被试间设计的实验结果，为了有力地证明该假说的有效性，需要利用被试内设计来进一步加以证实。

3. 错误意识假说

错误意识假说（error-awareness hypothesis）认为 Pe 反映了对 ERN 表征的错误的有意识识别，即是否意识到错误会导致 Pe 振幅的不同。这里的意识指的是，是否在实验过程中意识到了错误，在实验中主要通过主观报告的方式获取是否意识到错误这一信息。例如，利用反微眼跳任务研究了是否意识到错误与 ERP 成分 ERN 和 Pe 之间的关系。研究发现，无论被试是否意识到错误，ERN 的振幅都没有显著的变化，但是在错误加工的后期，意识到错误比没有意识到错误诱发了更加明显的正波 Pe。在之后的研究中，同样利用反微眼跳任务进行了研究，发现在发生错误的决策情形下，ERN 与 Pe 都与正确决策发生了分离，但是进一步对是否意识到了错误进行比较发现，意识到错误在晚期 Pe 波（400～600 ms）发生了明显的分离，说明意识到错误比没有意识到错误诱发了更加明显的 Pe，然而在 ERN 和早期的 Pe（200～300 ms）上没有发现这种分离的现象。因此，这些研究都为错误意识假说提供了支持，即错误的加工是一个两阶段的过程。而且还发现是晚期的成分 Pe 参与了有意识的错误加工识别，而不是 ERN 成分（Endrass et al., 2007）。

虽然已经提出了以上三个假说来解释 ERN 之后出现的正波 Pe，但是对于 Pe 在错误加工过程中的具体作用，还远未达成一致的观点。但是有一点可以肯定，在 ERN 基础上，对 Pe 的研究，将有助于理解对错误的整体加工过程。总体而言，无论是从 ERN 和 Pe 振幅的意义，还是其溯源结果发现的起源来看，ERN 与 Pe 可能反映了同一个加工系统存在的两个不同阶段。

3.5.4 P300

P300 又称晚期正电位，是指出现在反馈相关负波之后，潜伏期在 300～600 ms 的正波。该成分主要与新意刺激、注意偏向与唤醒度等有关。P300 是在决策加工中另一个非常重要的 ERP 成分，是分布在大脑后半球的正性波形，其峰值潜伏期约为 300～600 ms，其与大脑内的蓝斑去甲肾上腺素系统有关（Nieuwenhuis et al.，2005）。

在经典的 oddball 实验任务中，被试在标准刺激中间观测到小概率的目标刺激时，就能够诱发非常明显的正性 P300。出现的频率越低，其诱发的 P300 的振幅越大，因此认为 P300 与新异刺激的应答有关（Polich，2007）。

除此之外，P300 对动机意义大的刺激也较为敏感，即 P300 也可以反映个体情感投入的程度，例如对情绪唤醒度高的刺激而言，不论效价是正性还是负性，唤醒度越高，相应的 P300 的振幅也越大。例如，在风险决策的研究中发现，相对于数值小的反馈结果，数值大的反馈结果诱发更大的 P300。后来的研究发现，P300 不仅对反馈结果的大小敏感，其还受到效价的调节，正反馈相对于负性反馈能够诱发更大的 P300（Wu and Zhou，2009）。另外，P300 的振幅还受到注意的调节，相对于非注意的情形，注意情形下的 P300 振幅更大，投入的注意力越大，诱发的 P300 越大（Polich，2007）。

3.5.5 P300 vs 错误正波

通过对过去的研究总结可以发现，无论从波形、潜伏期还是脑地形图分布来看，Pe 都与 P3b 类似。如前所述，P300（包括 P3a、P3b）是在刺激出现后约 300～500 ms 之后达到峰值的一个慢正波，一般分布于中顶皮层略靠后的位置。归纳过去的文献可以发现，突显性、新异性和个体主观投入情感投入等都会影响 P300 的振幅，总体而言，这些都与任务的动机显著性（motivational significance）密切相关。

根据背景更新假说（context-updating hypothesis），P3b 反映了观察者个体对于环境背景相关的心理模型的修正或者积极巩固。如果刺激传达的信息与背景模型不匹配，就会导致 P300 振幅的增加而更新背景。从这个角度看，Pe 可能反映了对错误应答的背景更新。另外，前面 P300 的介绍中还提到该成分被认为和蓝斑去甲肾上腺素系统与动机显著性信息的加工有关。如果 Pe 与 P300 类似，Pe 有可能同样反映了蓝斑去甲肾上腺素系统与错误信息的加工有关。

fMRI 的定位研究能够帮助进一步理解 Pe 与 P300 的相关性。在错误意识假说中我们提到，意识到错误比未意识到错误诱发了更为明显的 Pe，在另一项研究中，通过功能成像的方法来观察比较主观意识到错误与未意识到错误两种情形下的不同点，发现，相对于未意识到错误的条件，在意识到错误的情形下，双侧前额叶与顶下皮层被激活。而过去的研究已经发现 P3b 可能起源于这些脑区，该研究的发现为 Pe 与 P300 的相关性进一步提供了支持（Hester et al.，2005）。

这一部分主要综述了 ERP 中几个与决策密切相关的 ERP 成分：ERN、FRN、Pe 和 P300。ERN 是在快速完成决策后约 50~100 ms 以后出现的负性偏转的 ERP 成分，过去的研究认为其与错误应答密切相关，而新近决策的研究认为该成分与决策行为的冲突与预警密切相关。Pe 被认为主要与错误的第二阶段加工相关。FRN 是在反馈结果后 200~300 ms 在前额叶出现的负性偏转的波形，与决策结果的早期加工有关，与负性结果诸如损失、社会拒绝等密切相关，主要反映了决策结果的效价。P300 是在反馈结果出现后约 300~600 ms 出现的正波，反映了对决策结果的晚期评估，主要反映了反馈结果的动机与唤醒度，最近有研究提示其与反馈的效价也有可能相关。在风险决策过程中，ERN 与 Pe 主要在决策阶段出现，与决策密切相关；而 FRN 和 P300 主要与反馈评估密切相关。同时也看到 ERN 与 FRN 有密切的联系，从目前的研究结论来看，两者有着共同的起源 ACC，有着类似的功能。而在正波方面，Pe 与 P300 有着密切的联系。

3.6 电极介绍

10-20 系统是国际公认的电极坐标系统，用于描述电极点的位置（空间位置见图 3-2）。电极名称、脑部位、编号以及代号间的对应关系如表 3-1 所示。

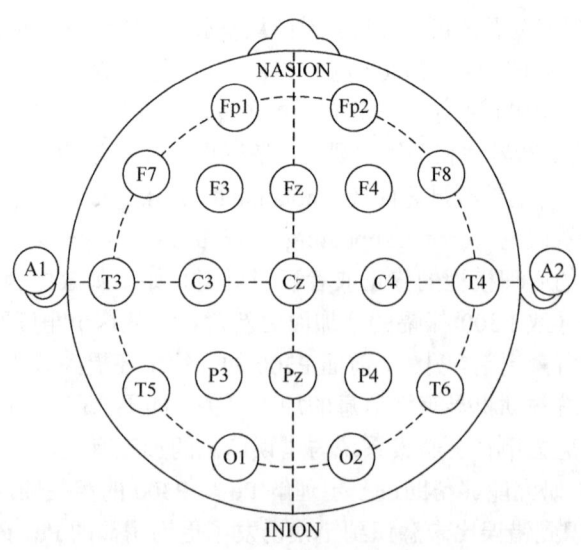

图 3-2 电极点位置

表 3-1　电极名称、脑部位、编号以及代号间的对应关系

部位	名称	代号
前额	Frontal Pole	Fp1、Fp2
额	Frontal	F3、F4、Fz
中央	Central	C3、C4、Cz
顶	Parietal	P3、P4、Pz
枕	Occipital	O1、O2
侧额	Inferior Frontal	F7、F8
颞	Temporal	T3、T4
后颞	Posterior Temporal	T5、T6
耳	Auricular	A1、A2

3.7　脑电数据处理流程

3.7.1　脑电数据处理软件

在脑电数据的分析方面，不少用来开展科学研究采集脑电的品牌设备都自带能够完成从数据预处理到数据输出的全流程商业软件。例如 Neuroscan，其分析软件 CURRY 不仅能采集和记录脑电信号，还拥有强大的数据分析功能，包括进行溯源的分析。Brain Products 的软件 BrainVision Analyzer 也能很方便地完成数据分析，并拥有能进行溯源分析的软件模块 BESA。

在免费软件方面，国际上比较知名的有基于 MATLAB 平台开发的 EEGLAB 和 FieldTrip。深圳大学助理教授黄淦与比利时 André Mouraux 团队也开发了基于 MATLAB 的 Letswave（https://www.letswave.org/）。另外，随着开源崛起，也出现了一些基于免费的 Python 平台开发的脑电工具，如 MNE（https://mne.tools/），目前更新和维护频繁。另外还有一些专业化功能的脑电分析软件，例如专门进行溯源分析的 LORETA（https://www.uzh.ch/keyinst/loreta.htm）和用于功能连接分析的 HERMES（http://hermes.ctb.upm.es/）。电子科技大学尧德中教授团队上线了在线分析平台 WeBrain（https://webrain.uestc.edu.cn/），可以一键式完成脑电数据的分析（Dong et al.，2021）。

EEGLAB 是由美国加州大学圣地亚哥分校的 Swartz 计算神经科学中心 Scott Makeig 教授团队开发的。其官方网址为 https://sccn.ucsd.edu/eeglab/index.php。该软件可用于 ERP、时频分析和其他电生理数据如脑磁图的分析，是目前应用最为广泛的 EEG 信号处理工具包。该软件同时拥有很多插件（https://sccn.ucsd.edu/wiki/EEGLAB_Extensions），例如加州大学戴维斯分校的 Steven Luck 教授团队开发了

一个专门处理脑电数据的插件 ERPLAB（https://erpinfo.org/erplab）。另一个比较流行的脑电分析软件 FieldTrip（http://www.fieldtriptoolbox.org/），由荷兰奈梅亨大学 Donders 脑、认知与行为研究中心的 Robert Oostenveld、Jan-Mathijs Schoffelen 教授团队开发，支持脑电、脑磁、颅内脑电与近红外数据的分析，并与 MRI 的开源软件 SPM 有深度的合作（https://www.fil.ion.ucl.ac.uk/spm/，关于利用 SPM 处理 fMRI 的分析见神经科学研究工具之功能磁共振成像）。

3.7.2 脑电数据处理步骤

如图 3-3 所示，脑电数据处理流程主要包括数据预处理（preprocessing）、数据结果分析两部分。其中，数据预处理包括以下几个步骤：①数据导入；②数据波段检查；③导入电极点信息；④转换参考；⑤眼电去除；⑥数据滤波；⑦脑电分段；⑧基线校准和去除伪迹。在数据预处理完成以后，我们可以对原始数据进行叠加平均，然后再进行统计分析和数据的可视化。

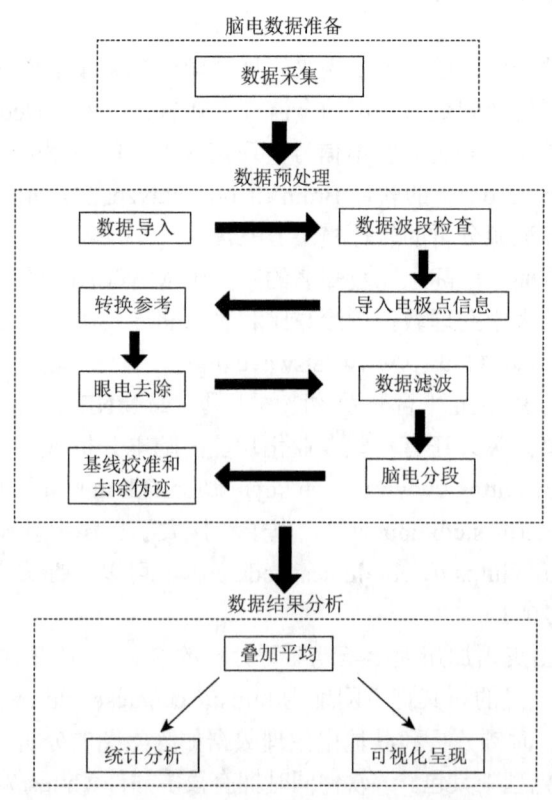

图 3-3 脑电数据处理流程

这里需要指出的是，虽然不同软件的界面和操作形式不尽相同，但背后数据分析的原理和处理步骤大体类似。常用软件 EEGLAB 和该平台开发的 ERPLAB，以及 Letswave 等都既支持菜单操作，同时也支持基于代码的分析。Brain Products 公司的 BrainVision Analyzer 和 Neuroscan 的 CURRY 也拥有常规化处理脑电的菜单模式，方便不同学科不同背景的学者进行脑电数据的分析与处理。

1. 数据导入

导入数据是脑电数据分析最为基础的第一步。不同厂商的脑电设备记录的数据会有不同后缀的文件格式，需要匹配对应的格式，将脑电数据导入分析软件。

2. 数据波段检查

通过软件完整观测整段脑电波形十分必要。如果中间部分有明显的噪声和伪迹，需要手动标记相应的部分，方便后续的数据处理。有些数据无法通过肉眼直接观测到的伪迹，还需要后续进一步利用去伪迹的方法予以剔除。

3. 导入电极点信息

通过软件进行电极定位，导入电极点信息。不同厂商的脑电帽，电极点的位置和数量是不一样的，需要根据不同的品牌进行位置文件的选择。在正确导入电极点位置信息后，我们需要根据已知的位置信息对坏电极进行插值。除了肉眼可观测的坏电极，为了确认其他电极的好坏，可以采用软件工具中默认的功能查看需要插值的坏电极。

4. 转换参考

在脑电信号采集过程中，我们所记录的脑电信号其实是电位差，也就是活动电极与参考电极的差值。我们通常选择距离头皮比较远的点作为参考点，这样可以获得比较理想的原始数据。

5. 去除眼电

在实验的过程中，睁眼、闭眼等眼部的动作引起的眼电信号会明显影响观测到的脑电数据。一般将眼电信号分为垂直眼电（vertical EOG）和水平眼电（horizontal EOG）。垂直眼电一般由眨眼导致，水平眼电则由眼球的左右移动造成。这样的信号一般具有频率低、波幅大、前额信号强的特征。在软件 EEGLAB 中，一般用独立成分分析（independent components analysis，ICA）来去除眼电相关的伪迹，但这对分析数据人员的经验有比较高的要求，且需要分析的时间较长。值得一提的是，一些商业软件都自带有去除眼电的功能模块，可以参考使用。例如，

Brain Products 公司的 BrainVision Analyzer，可以通过 Ocular Correction 或者 Ocular Correction ICA 来进行去除眼电的操作，实现自动化或者半自动化地完成这一步的操作。

6. 数据滤波

滤波的范围一般是 0.1～30 Hz，也可根据自己数据分析的需求进行范围的调整。常见的滤波方式有高通滤波、低通滤波、带通滤波和凹陷滤波。高通滤波：设置 0.1 Hz 为高通波，保留的频段要高于 0.1 Hz。低通滤波：设置 30 Hz 为低通波，意思是保留的频段要低于 30 Hz。在这个范围之外的频率可能是非神经活动造成的噪声。带通滤波：同时设置低通波和高通波，例如带宽范围是 0.1～40 Hz，频率在此中间的波段都可以保留。凹陷滤波：一般为了去除 50 Hz 市电噪声。高通波设置为 0.1 Hz，是为了使波形更加平滑，但也可以根据数据分析的实际需求进行更改。

7. 分段和基线校准

滤波完成以后，我们可以根据实验中打的时间标记（marker，这个需要在呈现刺激的软件里面提前设置好并在脑电数据记录的过程中同步进行记录），对需要的数据进行分段。分段时，我们需要选择想要观察的时间段，一般截取的 ERP 分段，可以选择标记（即 marker 标记的位置）发生的前 200 ms 到事件发生的 800 ms，或者延长到 1000 ms。大多数的 ERP 成分都可以在这个时间窗内看到。如果后续还需要进行时频分析，可以根据自己的需求进行适当的调整。分段完成后，进行基线校准，也就是刺激出现前的那段时间，被试的心理状态相对平静，以此作为基线，可以观测刺激出现后脑电信号的变化。例如，事件分段的时间范围是 –200～800 ms，将前 200 ms 的数据当作基线取平均值，将标记后取得的脑电数据减去这个均值，可以观测到刺激发生后，真正的脑电信号的差异，以此分辨被试内心的心理活动。如果需要考察如错误相关负波和刺激前负波（stimulus-preceding negativity，SPN）等脑电成分，可以根据实际的需要截取相应的时间范围，一些特殊设置需要在实验设计的时候就考虑到呈现时间、空屏间隔等相关细节，方便后续的数据分析。在此基础上，根据分段好的脑电信号的幅值进行剔除噪声较大的试次，将单个试次的幅值超过 ±80～100 μV 的予以剔除。

8. 数据叠加平均

通过对时间标记根据实验设计的条件进行分类，将所有被试的分段数据根据单个条件进行叠加平均后，即可以查看每个条件下全脑的脑电信号数据。这时可以根据自己的需求查看感兴趣的电极点的脑电成分，接下来就可以对预处理后的数据进行进一步的统计分析与可视化绘图等操作，并输出汇报的结果。

因此，从整体上看，与 fMRI 的数据分析相类似，首先通过多个步骤的预处理，完成对数据的去噪与整理，然后在此基础上对处理后的脑电数据基于行为进行分类或者数据建模与分析。除了事件相关电位以外，还可以用时频（time frequency，Cavanagh et al.，2011；Cohen and Donner，2013）、微状态（microstate，Schiller et al.，2016）、功能连接（functional connectivity，Si et al.，2019）、溯源（sourcing）以及机器学习等方法进行分析，可以根据实际的研究问题和实验设计来选取。

3.8 脑电实验数据采集与分析规范

最后，我们以神经营销学和消费决策领域的脑电研究为例，介绍脑电实验数据的采集与分析规范，为同行开展相关的脑电研究提供参考。

1. 规范制定背景

随着脑电技术手段在认知科学相关领域的应用发展，尤其是便携式脑电采集技术的普及，脑电信号的采集和分析开始应用于众多社会科学领域。在营销学领域，自 21 世纪初提出神经营销学概念以来，脑电技术在营销学领域的应用逐步得到研究者的认可与关注。作为传统消费者行为学的补充，对消费者脑电数据的分析与研究可以为理解消费者行为提供新的见解，同时为近几年兴起的机器学习、深度学习相关的模型提供新的特征变量，提高模型的预测精度。在此过程中，规范化、多模态的脑电数据收集过程与专业的脑电数据报告已成为迫切需要解决的问题。为了加快国内消费者科学的进步，加深国内学者对消费者行为机制的理解，在现有国内标准的基础上，面向我国企业、高校的情况和需求，提出了神经营销学脑电实验数据采集与分析规范标准。《神经营销学脑电实验数据采集与分析规范》为工业企业、行业协会、服务咨询机构以及高校等部门提供了实验流程规范化指南。

该标准主要由浙江工业大学、上海外国语大学、浙江大学、之江实验室、西湖大学等多家单位联合制定。标准主要适用于消费者决策/营销学场景下的脑电实验，并为管理决策相关的脑电研究提供有益参考。内容主体共分为基本原则、数据采集、实验分析、设计以及实验报告四大部分，包含了从实验设计、实验开展以及后续的实验数据分析的全部步骤。

2. 基本原则

本标准构建了神经营销学实验的五大基本原则，分别是伦理道德、设计科学性、样本有效性、数据有效性以及数据完整性。

其中，伦理道德原则强调了实验流程的伦理规范性；设计科学性原则规范了研究问题的设计，即脑电实验如何紧扣营销学相关的决策问题；样本有效性原则规定了样本选取的细则，针对具体的研究问题选择合适的被试者；数据有效性原则围绕问卷、行为数据应如何反映被试的真实想法以及对于脑电数据应有良好的信噪比制定了相关的规则；在数据完整性方面，本标准对数据的报告内容进行了规范化，确保实验中获取的各种数据没有被遗漏。

3. 数据采集

数据采集部分的规范内容中，为保证数据的有效性，本标准还规定了实验开始前实验人员应完成自查表。自查表包括了实验前的准备工作，例如，实验前是否将实验所需的实验器材准备妥当，如棉签、胶带、针管、磨砂膏、导电膏、中性电极、脑电电极；实验期间的注意事项，例如，脑电记录过程是否正常，如出现异常现象需要进行记录；以及实验后实验人员需要关注的相关事项，例如，实验器材，如棉签、胶带、针管、磨砂膏、导电膏、脑电电极等，是否归还原位。

对于规范化实验场地的建设与选址，从实验场所的面积、照明条件、环境噪声等几个角度对场地提出了要求。

4. 实验分析与实验设计

该部分内容制定了实验设计方案确定的流程。在实验设计方法中，神经营销学脑电实验除了考虑研究主题的具体内容以外，还应符合脑电实验设计的基本要求。例如，在涉及被试者与计算机（或人）交互的任务中应避免要求被试者做出过大的动作；实验的刺激材料选取方面应考虑到刺激材料图片的大小以及在屏幕中呈现的位置等。同时，在被试者招募时，应遵循随机性入组的原则。在实验分析方面，标准强调了对原始数据的保管，规定了脑电数据去噪的基本流程，对于受噪声污染较为严重且无法修复的数据应当标记并予以剔除。

5. 实验报告

由于神经营销学脑电实验数据的复杂性，要求实验人员在撰写实验报告时应遵循数据完整性原则。报告结果应保证清晰易懂，报告中应包括实验过程中的相关参数、实验报告应体现实验过程中的生理指标值以及实验采用的样本相关信息。

6. 标准应用后产生的效果

神经科学特别是脑电技术在神经营销学领域的应用，由于其新兴性，国内几乎与发达国家同时起步，给予了我们一个难得的发展契机。同时，由于中国社会科学相对薄弱，可以看到，在中国推出的一体两翼的"脑计划"框架下，社会科学如何助力神经科学暂时并未纳入到其主体部分。而事实上，神经科学可以助力社会科学的发展，同时，社会科学特别是管理学领域已取得的成果，也可以有效促进神经科学的发展，因此学科间可以相互促进，共同提高。在这样的大背景下，《神经营销学脑电实验数据采集与分析规范》的制定为人们理解消费者决策的加工机制、营销预测以及神经营销学在新经济环境下的应用提供了规范与准则。

从应用角度看，营销是一个不断深入了解消费者，满足消费者需求，到创造需求的过程。在当今这个消费者导向的商业时代，基于消费者洞察来制定决策的需求显得前所未有的强烈。这种需求也要求营销人员能更懂消费者。长久以来，营销人员通过问卷、焦点小组等方法来了解消费者的所感所想所为。然而，用问卷这种自我报告的方法来获得消费者真实心声却不是想象中的那么简单。例如，消费者经常发生记忆偏差；某些情况下不愿意说出个人真实的看法；有时会迎合其他人的期待（社会期望偏差），诸多因素导致消费者洞察的这种偏差和失误至今仍然困扰着广大的营销从业者。因此，利用神经营销学的脑电技术手段可以帮助研究者更清晰、客观地洞察消费者的心理过程。

《神经营销学脑电实验数据采集与分析规范》的推行帮助研究人员更精确地考察营销学的问题同时也推进了国内相关学科的发展；通过对广东工业大学、上海外国语大学、浙江大学等十余所学校的走访调查发现，该标准的试行大大提高了神经营销学的研究方法和实验设计的严谨性，突破现有测量方法上的壁垒，验证现有的理论，帮助高校学者并构建新的相关理论。高校专家学者普遍反映本标准的试行，大大提高了研究结果的科学性和可重复性。将行为结果和脑电指标的结合讨论，有助于探索人们在决策活动中不能从单独的行为数据理解的机制，从而推进管理决策研究的发展。

参 考 文 献

蒋军，陈安涛. 2010. 错误正波的神经发生源与功能意义解释. 心理科学进展，18（4）：569-577.

李颖洁. 2019. 脑电波的前世今生. 自然杂志，41（4）：299-305.

Berger H. 1934. Über das elektrenkephalogramm des menschen. DMW-Deutsche Medizinische Wochenschrift，60（51）：1947-1949.

Cavanagh J F，Wiecki T V，Cohen M X，et al. 2011. Subthalamic nucleus stimulation reverses mediofrontal influence over decision threshold. Nature Neuroscience，14（11）：1462-1467.

Cohen M X，Donner T H. 2013. Midfrontal conflict-related theta-band power reflects neural oscillations that predict behavior. Journal of Neurophysiology，110（12）：2752-2763.

Dong L，Li J F，Zou Q N，et al. 2021. WeBrain：a web-based brainformatics platform of computational ecosystem for EEG big data analysis. NeuroImage，245：118713.

Duncan-Johnson C C，Donchin E. 1977. On quantifying surprise：the variation of event-related potentials with subjective probability. Psychophysiology, 14 (5): 456-467.

Endrass T, Reuter B, Kathmann N. 2007. ERP correlates of conscious error recognition: aware and unaware errors in an antisaccade task. European Journal of Neuroscience, 26 (6): 1714-1720.

Falkenstein M, Hoormann J, Christ S, et al. 2000. ERP components on reaction errors and their functional significance: a tutorial. Biological Psychology, 51 (2/3): 87-107.

Gehring W J, Willoughby A R. 2002. The medial frontal cortex and the rapid processing of monetary gains and losses. Science, 295 (5563): 2279-2282.

Haas L F. 2003. Hans Berger (1873-1941), Richard Caton (1842-1926), and electroencephalography. Journal of Neurology, Neurosurgery and Psychiatry, 74 (1): 9.

Hajcak G, McDonald N, Simons R F. 2003. To err is autonomic: error-related brain potentials, ANS activity, and post-error compensatory behavior. Psychophysiology, 40 (6): 895-903.

Hajcak G, McDonald N, Simons R F. 2004. Error-related psychophysiology and negative affect. Brain and Cognition, 56 (2): 189-197.

Hester R, Foxe J J, Molholm S, et al. 2005. Neural mechanisms involved in error processing: a comparison of errors made with and without awareness. NeuroImage, 27 (3): 602-608.

Holroyd C B, Coles M. 2002. The neural basis of human error processing: reinforcement learning, dopamine, and the error-related negativity. Psychological Review, 109 (4): 679-709.

Miltner W, Braun C H, Coles M G. 1997. Event-related brain potentials following incorrect feedback in a time-estimation task: evidence for a "generic" neural system for error detection. Journal of Cognitive Neuroscience, 9(6): 788-798.

Nieuwenhuis S, Ridderinkhof K R, Blom J, et al. 2001. Error-related brain potentials are differentially related to awareness of response errors: evidence from an antisaccade task. Psychophysiology, 38 (5): 752-760.

Nieuwenhuis S, Yeung N, Holroyd C B, et al. 2004. Sensitivity of electrophysiological activity from medial frontal cortex to utilitarian and performance feedback. Cerebral Cortex, 14 (7): 741-747.

Nieuwenhuis S, Yeung N, Holroyd C B, et al. 2005. Decision making, the P3, and the locus coeruleus-norepinephrine system. Psychological Bulletin, 131 (4): 510.

Overbeek T J, Nieuwenhuis S T, Ridderinkhof K R. 2005. Dissociable components of error processing: on the functional significance of the Pe vis-à-vis the ERN/Ne. Journal of Psychophysiology, 19 (4): 319-329.

Polich J. 2007. Updating P300: an integrative theory of P3a and P3b. Clinical Neurophysiology, 118 (10): 2128-2148.

Schiller B, Gianotti L R R, Baumgartner B. 2016. Clocking the social mind by identifying mental processes in the IAT with electrical neuroimaging. Proceedings of the National Academy of Sciences, 113 (10): 2786-2791.

Si Y, Jiang L, Tao Q, et al. 2019. Predicting individual decision-making responses based on the functional connectivity of resting-state EEG. Journal of Neural Engineering, 16 (6): 066025.

Sutton S, Braren M, Zubin J, et al. 1965. Evoked-potential correlates of stimulus uncertainty. Science, 150 (3700): 1187-1188.

Wu Y, Zhou X. 2009. The P300 and reward valence, magnitude, and expectancy in outcome evaluation. Brain Research, 1286: 114-122.

第 4 章 眼动追踪技术

4.1 眼动追踪概述

在社会科学领域的研究中,眼动追踪技术(eye-tracking)是应用比较多的一种生理测量方法。研究者利用眼动仪实时记录个体在浏览刺激材料时的眼球运动数据,进而挖掘出个体的信息加工模式,揭示其心理过程(Just and Carpenter,1976; Russo and Leclerc,1994)。

随着技术的发展,对眼球运动的记录已经比较精确了,目前市场上各种类型的眼动仪也非常丰富,包括桌式的眼动仪,记录的采样率比较高,可以达到 2000 Hz,但是移动不方便,需要在固定的环境中使用,所以这类眼动仪适用于实验室研究。另外一种是可移动的眼动仪,主要是指眼镜式眼动仪,被试佩戴眼动仪可以自由走动和浏览,所以适合于应用在需要开展现场实验的相关研究中,但是该类眼动仪记录的采样率比较低,一般是 50 Hz。目前研究中使用比较主流的眼动仪主要是 Tobii 和 Eyelink 这两个品牌。绝大多数眼动仪实现眼动追踪主要采用的方法是角膜反射法(corneal reflection method)。具体来说,就是用红外光照射人的眼睛,并用摄像机记录角膜反射回来的光,最后通过反射点和瞳孔的相对位置的变化来确定眼球运动的情况。这种技术不需要使人与仪器接触,因此可以保证在实验过程中,被试可以以一种更加自然的状态进行任务。

人的眼睛之所以要运动主要是因为受到眼睛视敏度的限制。我们眼睛视网膜最中间的部分的视敏度是最高的,称之为中央凹(foveal),范围大概是 2°。中央凹外是副中央凹(parafoveal),范围是 2°~5°,再往外就是边缘区(peripheral)。随着视野范围的扩大,即离中央凹越远,视敏度就越低,我们能看清楚的东西就越来越少了。所以眼睛运动主要是为了让事物落到中央凹区域中,从而能够更清楚地看到事物并进行视觉加工。注视(fixation)和眼跳(saccade)是眼动的两种基本形式,注视是指眼睛在某个位置上的停留,此时事物落在中央凹内,是获取和加工信息的主要方式(Rayner,2009)。由于中央凹很小,所以对于单个注视来说,很难获得非常全面的信息,这就需要经常性地移动眼睛,产生眼跳运动。眼跳是注视点之间的"连线",反映了个体注意力在不同事物或者信息之间转移的轨迹(Fiedler et al.,2013; Jiang et al.,2016; Orquin and Mueller,2013)。

眼动追踪技术能够用来探测人的心理过程,这主要是基于眼睛-大脑假说

（eye-mind assumption），即人们正在看的信息，就是他们正在加工的内容（Just and Carpenter，1980）。眼动模式能够反映人们的注意的分布和注意加工程度的情况。在决策过程中，通过比较眼睛在不同信息上注视的次数和时间，我们可以明确在做出决策前，哪些信息在起作用，进而可以推断出决策模式。所以说，眼动追踪技术之所以受到不同领域研究者的青睐，重要的原因就是它能够揭示人的心理过程，进而揭示某种表象的内部运行机制。

目前，眼动追踪技术已经广泛应用于阅读、广告、营销、教育、神经科学、工效学、人机交互、决策科学等研究领域。

本章将对眼动追踪技术在决策领域的应用进行回顾，希望能够帮助读者更好地了解眼动追踪技术在揭示各类决策机制方面所起到的作用，以及如何更好地利用眼动追踪技术来拓展我们研究的深度。

4.2　眼动的核心指标

眼动追踪技术涉及的指标非常丰富，这个优点也是它受欢迎的一个重要原因。在 Holmqvist 等（2011）所撰写的关于眼动方法的书中，就介绍了 100 多种眼动指标。有些眼动指标的数据能够直接从眼动仪中导出来，比如注视时间；而有些指标的数据则需要研究者自行进行计算，比如扫视路径相似性。丰富的眼动指标不仅能够用来揭示个体的信息加工过程和加工模式，还能反映个体的认知状态和认知能力（Eckstein et al.，2017）。值得一提的是，我们无须了解所有的指标，而是要根据自己的研究问题来选择合适的指标。

由于注视和眼跳是眼动最基本的运动形式，所以接下来我们主要介绍与注视和眼跳相关的指标。另外，瞳孔和眨眼也是目前非常受关注的眼动指标，所以我们也会对瞳孔和眨眼的含义进行简单的介绍。

4.2.1　注视相关的眼动指标

注视指标是眼动研究中使用最多的指标之一，它是指眼睛停留在某个位置并对刺激进行加工，反映的是注意力的分配。注视的主要特征包括注视时间（fixation time）和注视数量（fixation number）。注视时间的范围一般是 100~500 ms，注视时间越长，往往意味着加工程度的层次越深（Meißner and Oll，2019）。注视的时长取决于许多因素，比如任务的难度、刺激的复杂性、个体本身的能力和特质等（Rayner，2009）。注视次数能够用来反映信息搜索的效率，比如 Wang 等（2014）的研究发现，在完成一项简单在线购物任务时，网页的复杂度越高，则引起的注视次数越多，意味着消费者没有对网站上的信息进行很深入的加工。

上述注视时间和注视次数是整体指标，针对的是整个刺激页面的加工。有时候研究者需要针对刺激中特定的部分进行分析，关注位置上的信息是如何被加工的，此时我们就先要了解兴趣区（area of interest）的概念，它是指标记的所感兴趣的信息区域，随后可单独对这个区域内的眼动指标进行统计分析。我们可以在刺激页面上划分出多个兴趣区，并比较加工的情况。关于兴趣区的一个重要指标就是停留时间（dwell time），它是指在这个兴趣区内所有注视点的总和，反映了对某个信息的关注程度（Holmqvist et al., 2011），通过比较不同兴趣区内的停留时间，我们可以了解人的注意力在不同信息上的分配情况，进而推测不同信息对决策的重要程度（Orquin and Mueller, 2013）。

4.2.2 眼跳相关的眼动指标

眼跳反映了眼睛在不同注视点之间的运动情况，有关它的指标主要包括眼跳幅度（saccade amplitude）、眼跳时间（saccade duration）和眼跳数量（saccade number）。眼跳幅度是指眼睛从一个注视点到另外一个注视点的跨度，一般会用角度来表示。眼跳幅度与任务特点相关，一些比较难的任务或者认知负荷比较高的任务会降低眼跳的幅度（Holmqvist et al., 2011）。在进行眼跳时，视觉输入一般会被抑制，所以此时我们不会进行有效的加工。单个眼跳时间是指在两个注视点之间移动所花费的时间，它与眼跳幅度是正性关系，我们还可以计算眼跳的速度和加速度。不同场景下的眼跳幅度和眼跳时间是不同的，比如在阅读时，我们的眼跳幅度大约是 2°，持续时间约是 30 ms，但是在场景识别中，眼跳幅度大约是 5°，持续约 40~50 ms（Rayner, 2009）。眼跳数量则可以用来反映信息搜索和信息比较的过程（Jiang et al., 2016）。

4.2.3 瞳孔和眨眼指标

瞳孔处于眼球正中央，通过收缩和扩张来控制光线进入眼球。其主要指标就是瞳孔大小（pupil size），已有研究证实瞳孔大小的变化不单单受到外界环境明亮度的影响，而且还与人的心理状态相关。杨晓梦等（2020）归纳出了知觉与注意、情绪与动机、心理努力以及社会认知与发展这四类心理因素对瞳孔变化的影响，比如眼睛的瞳孔大小与个体的唤醒度水平和认知投入度相关，对任务越投入，瞳孔也越大（Eckstein et al., 2017；Wang and Munoz, 2015）。但需要注意的是，光线明亮变化对瞳孔大小的影响要明显大于认知因素所产生的影响，所以如果研究中要分析瞳孔大小这个指标，就要在实验过程中控制好环境和刺激材料的亮度。此外，瞳孔的数据还会受到个体眼睛注视位置和眨眼的影响，所以在正式分析前需要对瞳孔数据进行预处理，比如滤波和插值。由于瞳孔大小的个体差异比较大，直接进行比较分析，结果会产生偏差，所以在分析瞳孔数据时，还需要进行基线校准。一般在实验过程中会收集刺激呈现前 0.5～1 s 的瞳孔值作为基线，然后用刺激加工时的瞳孔值减去基线的值。

眨眼是指眼睑开始闭合到重新睁开的整个过程，眨眼时间一般持续 150～300 ms。在许多研究中，主要使用眨眼比率（blink rate）这个指标，也就是每秒眨眼次数，该指标能够用来衡量人的疲劳程度、认知负荷、知觉流畅性等（Meißner and Oll，2019）。

4.3 决策的眼动追踪研究

眼动追踪技术通过记录丰富的眼球运动数据，实时地反映个体搜索和加工信息的内容、加工的深度和频率等，可以用来构建信息加工的模式，从而在决策领域有广泛的应用（Fiedler et al.，2013；Ghaffari and Fiedler，2018；Jiang et al.，2016；Russo and Leclerc，1994；Russo and Rosen，1975；魏子晗和李兴珊，2015）。很多决策相关的研究通过记录个体在决策时的眼动数据，分析得到个体的决策策略和认知过程（Orquin and Mueller，2013）。最常用到眼动技术的是风险决策的研究，比如通过比较扫视路径的相似性，来探究决策过程是基于补偿性策略还是非补偿性策略（Su et al.，2013；Zhou et al.，2016）。在一些社会偏好的决策中，也用到了眼动追踪技术（Fiedler et al.，2013；Jiang et al.，2016）。

基于眼睛–大脑假说，人们正在看的信息，就是他们正在加工的内容（Just and Carpenter，1980），所以通过分析注意力在不同信息上的分布情况，我们可以知道个体做出决策时，依据的是哪些信息以及信息对于个体的重要程度（通过加工深度来反映）。结合注意在不同信息之间的转移（transition）方式，研究者大概能够构建个体决策时所采用的策略（Orquin and Mueller，2013；Stewart et al.，2016a）。决策过程中的信息搜索和加工常用的眼动指标是注视点数量和注视时长，注视点越多，注视时间越长，表示所投入的认知努力越高（Fiedler and Glöckner，2012；Krajbich et al.，2010；Stewart et al.，2016a；Stewart et al.，2016b）。信息搜索可以通过注意力在不同信息或者选项之间的转换来表示（Fiedler et al.，2013；Horstmann et al.，2009；Jiang et al.，2016；Krajbich et al.，2010；Krajbich et al.，2012）。比如计算不同信息之间的眼跳次数来表示对信息进行搜索和比较的次数。研究发现，在经济决策中，个体不会花精力去记住信息，而是更倾向于对信息来回查看，因为这样在认知上更加便捷（Stewart et al.，2016a），这个过程就是信息累积的过程（Krajbich et al.，2010；Krajbich et al.，2012；Krajbich and Rangel，2011；Noguchi and Stewart，2014）。比如在风险决策中，个体往往会在不同选项的收益和概率信息之间来回比较，计算出期望值，从而做出选择（Fiedler and Glöckner，2012；Glöckner and Herbold，2011）。Kuo 等（2009）用眼动技术研究了框架效应的形成，作者认为，正负性框架描述会引起不同的情绪，使得被试在阅读材料时（决策时）的认知努力投入是不一样的，认知努力差异越明显，框架效应也就越明显。结果显示，被试在阅读负性框架下的材料时，认知努力会更高，表现在每个词上花费的时间和注视点更多。Horstmann 等（2009）的研究比较了直觉加工和理性加工在眼动注意上的差别，结果显示，在理性加工情况下，会有更多的注视点、更多的信息被关注、被比较。另一项关于风险决策的研究发现，在选项具有高期望值的情况下，被试会有更多的决策时间和注视点，而且决策过程中的瞳孔会扩大，说明被试投入了更多的认知努力（Fiedler and Glöckner，2012）。一般情况下，瞳孔越大，表示认知努力和唤醒水平越高（Eckstein et al.，2017；Wang and Munoz，2015）。

有些研究关注决策过程中的个体差异，不同特质的人，在面对同样的问题时，决策策略是不一样的。Fiedler 等（2013）研究了不同社会价值倾向的人在进行分配选择时的决策策略差异。他们的结果显示，不同社会价值倾向的人在决策中信息整合策略是一样的，但是对于信息赋予的权重是不一样的，越自我的人，对自己的结果就越看重，所分配的注意力资源就越多，所以在决策过程中的反应时、注视点数量、查看的信息量和与别人收益的比较次数都要显著小于竞争型和合作型的人。Jiang 等（2016）发现如果一个人倾向某种社会偏好，那么在与这种偏好相关的决策中，会存在相应的眼动模式，也就是说眼动模式能够预测个体属于哪种社会偏好。

根据以往的研究，决策任务目标会影响个体对信息的注意加工（Glaholt and Reingold，2011；Glöckner et al.，2012；Toubia et al.，2012），比如当强调健康的目标时，人们就会对健康相关的信息更加关注（Bialkova and van Trijp，2011；van Herpen and van Trijp，2011；Visschers et al.，2010）。个体在决策时，首先关注的信息，也就是第一个注视点的朝向，会受到个体认知偏差的影响，可以反映个体直觉系统的作用，而之后的注意分配情况，则主要是理性系统所引起的活动（Evans，2006；Innocenti et al.，2010）。比如 Innocenti 等（2010）发现过度自信的人会比其他人在决策开始时更多地关注自己的信息，而之后的注意力在有关自己的信息和其他信息之间的分布会比较平衡。

眼动技术能够帮助揭示决策过程中注意和行为选择之间的关系（Orquin and Mueller，2013）。此前一些决策理论认为注意在决策过程中的作用主要是被动收集信息，但是现有研究发现，注意不仅受到决策过程中的一些因素的影响，而且注意本身在构建决策时起到了重要的作用（Krajbich et al.，2010；Orquin and Mueller，2013）。这一方面的重要研究成果是由 Krajbich 等学者提出的注意-

漂移–扩散模型（attentional drift-diffusion model），他们借助眼动追踪技术记录被试在对两个产品进行比较选择时的注视点位置信息，并将该位置信息纳入到漂移扩散模型中，发现产品价值的权重会随着是否被注视而改变，也就是当注视某个产品之后，价值的权重会增加，这就会改变原来产品的价值差，进而改变决策结果（Krajbich et al., 2010）。通过这样的刻画，我们可以知道注视对决策的作用过程，以及如何影响决策结果。

总而言之，眼动追踪技术在决策领域的应用可以通过刻画决策过程和策略来深化我们对现有决策理论的认识，为决策模型提供生理层面的证据，甚至可以推动决策模型的发展和优化。

4.4 眼动追踪技术与神经科学测量技术的融合

眼动追踪技术虽然能够丰富地测量心理过程的相关信息，但是它并不能完全揭示加工过程，比如眼动能够说明人们在看什么，但是其具体的认知活动却无法得知。所以很多学者就会将眼动追踪技术和其他神经科学测量技术相结合来探究更为详细的认知加工过程。其中应用比较多的技术就是 EEG 和 fMRI。

4.4.1 眼动技术与 EEG 的融合

脑电和眼动技术的优点是都具有比较高的采样率，可以实现眼动数据和脑电数据的同步记录和同步分析。眼动技术记录了人们正在加工的刺激和注意力的分布，同时脑电技术记录了对这些刺激的神经反应，通过两种技术的融合，能够提供更加丰富的指标，揭示更为全面的认知活动。

关于脑电数据和眼动数据的分析，可以有两种思路。第一种就是分别从眼动和脑电两个层面对个体的认知活动进行解释，从而对结果进行相互验证和补充。比如 Guo 等（2019）同时用眼动和脑电技术来测量人们对产品美学设计的评估过程，研究发现眼动指标——注视时间和脑电指标——alpha 波和 gamma 波的活动都能够用来区分不同美学程度的产品。这为产品美学设计提供了更多维度的评价指标。第二种思路就是分析眼动事件相关的脑电活动，主要包括注视相关电位（eye-fixation related potentials）和眼跳相关电位（saccadic eye-movement related potentials），即对注视和眼跳前后的大脑活动进行分析，得到相应的认知过程。传统的 ERP 分析只能探测到刺激加工的初始阶段，很多脑电成分的潜伏期都是在 1 秒以内。我们知道注视时表示正在加工信息，而且注视是分布在整个决策过程中的，所以很多决策研究通过对基于注视点的电位进行分析，可以在更大时间范围内探测人的刺激加工过程。比如 Tyson-Carr 等（2020）使用 Becker-DeGroot-

Marschak（BDM）拍卖实验来测量被试对产品的价值评估过程，同时记录眼动和脑电数据，他们将 4 秒的决策过程划分成多个时间段，计算不同时间段内的注视相关电位，研究结果发现 N2 这个成分与价值评估相关，而且在评估高价值的产品时会有更多的认知投入，神经活动在不同时间段之间没有差异，说明在整个决策过程中，价值评估一直在持续。

4.4.2 眼动技术与 fMRI 的融合

fMRI 能够更为清晰地展现大脑激活的脑区，可以对眼动所反映的注意加工过程进行有效的补充。但是 fMRI 时间分辨率比较低，很难做到同步记录和分析眼动数据。同样，许多研究主要也是对注视相关的 BOLD 信号进行分析，即注视点相关的 fMRI。这种方法在阅读领域的研究中应用比较多，用于进一步揭示阅读的加工机制，比如 Henderson 等（2015）发现，正常阅读情况下和假装阅读情况下产生的注视所激活的大脑脑区是不同的，也就是说注视期间的认知活动存在差异，在正常阅读中，注视时主要涉及注意投入和语言处理，而在假装阅读中，注视时主要是认知控制在参与。另外一项研究发现，在自由浏览的任务中，不同任务以及不同物体上的注视会产生不同的大脑激活模式（Marsman et al.，2012）。以上结果说明使用注视点相关的 fMRI 技术可以提供更加丰富的关于当前任务加工信息特征的指标。

此外，一些研究分别从脑区活动和眼动注意加工模式来对现象进行解释。比如有研究结合核磁共振数据和眼动数据来预测市场上广告投放的成功率（Venkatraman et al.，2015）。目前在决策领域，结合 fMRI 和眼动技术的研究还比较少。

参 考 文 献

魏子晗，李兴珊. 2015. 决策过程的追踪：基于眼动的证据. 心理科学进展，23（12）：2029-2041.

杨晓梦，王福兴，王燕青，等. 2020. 瞳孔是心灵的窗口吗？——瞳孔在心理学研究中的应用及测量. 心理科学进展，28（7）：1029-1041.

Bialkova S，van Trijp H C M. 2011. An efficient methodology for assessing attention to and effect of nutrition information displayed front-of-pack. Food Quality and Preference，22（6）：592-601.

Eckstein M K，Guerra-Carrillo B，Singley A T M，et al. 2017. Beyond eye gaze：what else can eyetracking reveal about cognition and cognitive development? Developmental Cognitive Neuroscience，25：69-91.

Evans J S B T. 2006. The heuristic-analytic theory of reasoning：extension and evaluation. Psychonomic Bulletin and Review，13（3）：378-395.

Fiedler S，Glöckner A. 2012. The dynamics of decision making in risky choice：an eye-tracking analysis. Frontiers in Psychology，3：1-18.

Fiedler S，Glöckner A，Nicklisch A，et al. 2013. Social value orientation and information search in social dilemmas：an eye-tracking analysis. Organizational Behavior and Human Decision Processes，120（2）：272-284.

Ghaffari M, Fiedler S. 2018. The power of attention: using eye gaze to predict other-regarding and moral choices. Psychological Science, 29 (11): 1878-1889.

Glaholt M G, Reingold E M. 2011. Eye movement monitoring as a process tracing methodology in decision making research. Journal of Neuroscience, Psychology, Economics, 4 (2): 125-146.

Glöckner A, Fiedler S, Hochman G, et al. 2012. Processing differences between descriptions and experience: a comparative analysis using eye-tracking and physiological measures. Frontiers in Psychology, 3: 173.

Glöckner A, Herbold A K. 2011. An eye-tracking study on information processing in risky decisions: evidence for compensatory strategies based on automatic processes. Journal of Behavioral Decision Making, 24: 71-98.

Guo F, Li M M, Hu M C, et al. 2019. Distinguishing and quantifying the visual aesthetics of a product: an integrated approach of eye-tracking and EEG. International Journal of Industrial Ergonomics, 71: 47-56.

Henderson J M, Choi W, Luke S G, et al. 2015. Neural correlates of fixation duration in natural reading: evidence from fixation-related fMRI. NeuroImage, 119: 390-397.

Holmqvist K, Nyström M, Andersson R, et al. 2011. Eye tracking: a comprehensive guide to methods and measures. Oxford: Oxford University Press.

Horstmann N, Ahlgrimm A, Glöckner A. 2009. How distinct are intuition and deliberation? An eye-tracking analysis of instruction-induced decision modes. Judgment and Decision Making, 4 (5): 335-354.

Innocenti A, Ruffa A, Semmoloni J. 2010 Overconfident behavior in informational cascades: an eye-tracking study. Journal of Neuroscience, Psychology, Economics, 3 (2): 74-82.

Jiang T, Potters J, Funaki Y. 2016. Eye-tracking social preferences. Journal of Behavioral Decision Making, 29 (2/3): 157-168.

Just M A, Carpenter P A. 1976. Eye fixations and cognitive processes. Cognitive Psychology, 8: 441-480.

Just M A, Carpenter P A. 1980. A theory of reading: from eye fixations to comprehension. Psychological Review, 87 (4): 329-354.

Krajbich I, Armel C, Rangel A. 2010. Visual fixations and the computation and comparison of value in simple choice. Nature Neuroscience, 13 (10): 1292-1298.

Krajbich I, Lu D C, Camerer C, et al. 2012. The attentional drift-diffusion model extends to simple purchasing decisions. Frontiers in Psychology, 3: 1-18.

Krajbich I, Rangel A. 2011. Multialternative drift-diffusion model predicts the relationship between visual fixations and choice in value-based decisions. Proceedings of the National Academy of Sciences of the United States of America, 108 (33): 13852-13857.

Kuo F Y, Hsu C W, Day R F. 2009. An exploratory study of cognitive effort involved in decision under Framing—an application of the eye-tracking technology. Decision Support Systems, 48 (1): 81-91.

Marsman J B C, Renken R, Velichkovsky B M, et al. 2012. Fixation based event-related fMRI analysis: using eye fixations as events in functional magnetic resonance imaging to reveal cortical processing during the free exploration of visual images. Human Brain Mapping, 33 (2): 307-318.

Meißner M, Oll J. 2019. The promise of eye-tracking methodology in organizational research: a taxonomy, review, and future avenues. Organizational Research Methods, 22 (2): 590-617.

Noguchi T, Stewart N. 2014. In the attraction, compromise, and similarity effects, alternatives are repeatedly compared in pairs on single dimensions. Cognition, 132 (1): 44-56.

Orquin J L, Mueller L S. 2013. Attention and choice: a review on eye movements in decision making. Acta Psychologica, 144 (1): 190-206.

Rayner K. 2009. The 35th Sir Frederick Bartlett Lecture: eye movements and attention in reading, scene perception, and visual search. Quarterly Journal of Experimental Psychology, 62 (8): 1457-1506.

Russo J E, Leclerc F. 1994. An eye-fixation analysis of choice processes for consumer nondurables. Journal of Consumer Research, 21 (2): 274-290.

Russo J E, Rosen L D. 1975. An eye fixation analysis of multialternative choice. Memory and Cognition, 3 (3): 267-276.

Stewart N, Gächter S, Noguchi T, et al. 2016a. Eye movements in strategic choice. Journal of Behavioral Decision Making, 29 (2/3): 137-156.

Stewart N, Hermens F, Matthews W J. 2016b. Eye movements in risky choice. Journal of Behavioral Decision Making, 29 (2/3): 116-136.

Su Y, Rao L-L, Sun H-Y, et al. 2013. Is making a risky choice based on a weighting and adding process? An eye-tracking investigation. Journal of Experimental Psychology, Learning Memory and Cognition, 39 (6): 1765-1780.

Toubia O, de Jong M G, Stieger D, et al. 2012. Measuring consumer preferences using conjoint poker. Marketing Science, 31 (1): 138-156.

Tyson-Carr J, Soto V, Kokmotou K, et al. 2020. Neural underpinnings of value-guided choice during auction tasks: an eye-fixation related potentials study. NeuroImage, 204 (3): 116213.

van Herpen E, van Trijp H C M. 2011. Front-of-pack nutrition labels. Their effect on attention and choices when consumers have varying goals and time constraints. Appetite, 57 (1): 148-160.

Venkatraman V, Dimoka A, Pavlou P, et al. 2015. Predicting advertising success beyond traditional measures: new insights from neurophysiological methods and market response modeling. Journal of Marketing Research, 52 (4): 436-452.

Visschers V H, Hess R, Siegrist M. 2010. Health motivation and product design determine consumers' visual attention to nutrition information on food products. Public Health Nutrition, 13 (7): 1099-1106.

Wang C A, Munoz D P. 2015. A circuit for pupil orienting responses: implications for cognitive modulation of pupil size. Current Opinion in Neurobiology, 33: 134-140.

Wang Q, Yang S, Cao Z, et al. 2014. An eye-tracking study of website complexity from cognitive load perspective. Decision Support Systems, 62: 1-10.

Zhou L, Zhang Y-Y, Wang Z-J, et al. 2016. A scanpath analysis of the risky decision-making process. Journal of Behavioral Decision Making, 29 (2/3): 169-182.

第5章 管理决策的遗传基础

5.1 研究背景

众所周知，先天遗传与后天成长的环境会共同影响和决定个体的决策行为，包括在管理决策情境下的行为。但是对于遗传因素在其中具体扮演的角色，直到最近这二三十年，才开始有相对系统的研究（Vugt et al., 2008; Ebstein et al., 2010; 马庆国等, 2010）。例如，遗传和环境在多大程度上影响了组织场景下的管理决策行为，如个人的成就、风险态度、认知能力、个性和工作态度等。Turkheimer 是行为遗传学（behavioral genetics）领域最具权威的学者之一，他在论文《行为遗传学的三定律及其含义》（Three laws of behavior genetics and what they mean）中，提出了以下三条定律（Turkheimer, 2000, 2012）。

第一定律：人的行为特征是可以遗传的，即人的表型在一定程度上是与遗传密切相关的。

第二定律：在同一家庭环境中长大的家庭成员，由家庭环境所带来的影响要小于遗传基因对行为的影响。

第三定律：在人类真实的行为包括社会互动与管理行为中，有相当一部分不是因为基因或者家庭环境所造成的，即变异是由非共享环境的总体变化所带来的。

5.2 管理决策与遗传学研究发展

5.2.1 基于双生子的研究

因此，基于行为遗传学三定律，使得利用遗传学的方法研究管理决策成为可能。相较于后天环境影响的复杂性和动态性的特点，遗传基因由于其在个体水平的稳定性，能更加便利地说明不同个体之间存在的异质性。此外，单纯依靠发展心理生物学等较难很好地解释社会行为，如个人的婚姻状况、学业成绩等，而双生子研究（twin study）为探索基因遗传对行为的影响包括管理决策的影响提供了一个直观、便捷、实用的方法，非常适合研究关于基因与环境对教育成就和婚姻状况等表型（phenotype）所起到的重要作用。因此，在行为遗传学的早期阶段，相较于动物研究直接探索分子水平的机制，由于伦理和技术等的限制，行为遗传学家利用双生子的方法，探讨遗传、共享环境和非共享环境等对表型差异所起到的作用（Ashenfelte and Rouse，1998；Zhong et al.，2009；Ebstein et al.，2010）。

从遗传学的视角来看，同卵双胞胎共享100%的DNA，异卵双胞胎平均共享50%的DNA。同时，通过简单的长相筛查等就可以方便地区分双胞胎为同卵还是异卵。因此，在行为遗传学家的研究中，通过将同卵双胞胎和异卵双胞胎进行对比，能够探索行为偏好与遗传之间存在的联系。例如，Zhong等（2009）报道遗传大致可以解释57%的风险态度的变异。Cesarini等（2009）通过双生子研究，考察了风险态度和利他行为，发现遗传可以解释大致20%的行为变异。而在金融投资组合（investment portfolio）的风险决策中，Cesarini等（2009）通过双生子研究发现可以解释其中约25%的差异。Rao等（2018）的研究中，利用基于244对双胞胎的仿真气球冒险任务（balloon analogue risk task，BART）发现，遗传因素大约可以解释41%的行为变异。

因此，这种通过对比不同类型双胞胎在行为偏好上的差异，是传统的研究所缺乏的。该方法使得在家庭水平探讨先天还是后天（nature vs. nurture）成为可能（Rutter，2006）。例如，我的童年家庭环境与我的兄弟姐妹有多相似？又与我的养兄弟姐妹（如果我有的话）的成长环境，或者与在不同家庭长大的亲生兄弟姐妹的环境有多相似？这些问题从经验上很难回答。而双生子研究方法的采用使得回答遗传与环境如何影响决策偏好成为可能。但是需要指出的是，该方法只能说明经济、管理中的决策偏好、特点、个人的长期事业表现等在多大程度上受到遗传因素的影响，但我们无法确切知道遗传基因在其中扮演的角色，以及在分子水平的精确作用机制等。

5.2.2　基于候选基因的研究

候选基因（candidate gene）的研究从基因和分子的层面开展了深入探讨。这一思路就使得从遗传学的视角，探讨大脑内的神经递质如5-羟色胺（serotonin）、多巴胺（dopamine）、去甲肾上腺素（norepinephrine）、催产素（oxytocin）等如何控制和调节大脑功能，进而调节经济、管理决策行为成为可能。在整体的研究思路上，通过考察人群中不同的个体，研究这些控制特定神经递质的通路基因的多态性（polymorphism），例如，与大脑内多巴胺的合成、降解和受体功能相关的基因的单核苷酸多态性（single nucleotide polymorphism，SNP）或可变数目串联重复序列（variable number tandem repeat，VNTR）。通过基因微观水平来研究、探讨这些不同位点的基因多态性所导致的脑结构、脑功能的差异，进而理解其行为学水平的规律和特征，使得从生命科学视角的研究与管理决策有机结合。例如，多巴胺通路中的基因DRD4、DAT1，5-羟色胺通路相关的基因5-HTTLPR，催产素受体基因 OXTR 的 SNP rs237887。例如，本书作者之一 Richard Ebstein 在以色列的研究小组于 1996 年发表了第一篇将人类的性格特征——新异追求与多巴胺 D4 受体（DRD4 receptor）相联系的论文，特别是外显因子Ⅲ重复区的 7-重复等位基因与该行为特征之间的关系（Ebstein et al., 1996）。而在风险决策方面，Eisenegger 等（2010）发现，至少包含一个 7-重复片段的 DRD4 等位基因的携带者，相对于仅携带 4-重复等位基因的被试，会在服用左旋多巴胺后表现出更加明显的风险偏好。这里需要指出的是，不同种族的个体人群中特定基因所携带的频次，也存在着不同。例如，DRD4 基因 7-重复片段在欧洲裔的人群中很普遍，但我国汉族人群中就很罕见，而更多的是 2-重复片段的携带者。这个在日常生活中相对容易理解的例子是乳糖耐受和酒精耐受的基因。相对于欧洲人，我国乳糖和酒精不耐受人就相对比较普遍；而藏族人中普遍携带有高血红蛋白的基因，以适应高寒的环境。因此，在管理决策的研究中，也需要注意这种不同种族基因携带的频率与偏好之间的关系。关于管理决策候选基因相关内容之前的研究进展，可参考马庆国等（2010）的综述论文。

除了遗传基因本身的重要作用以外，基因和后天环境如何交互，从而影响管理决策行为，也是一个重要的研究主题。例如，在多巴胺通路的后续研究中（Keltikangas-Järvinen et al., 2004；Lahti et al., 2006），发现除了多巴胺 D4 受体 7-重复片段的多态性之外，环境变量也是影响 DRD4 受体基因与人格特征关系的重要因素。在本书作者之一 Richard Ebstein 参与的一项研究中（Knafo et al., 2011），为了研究环境和基因对儿童亲社会行为的影响，168 对双胞胎参加了一项研究，该研究通过几种不同的测量方法评估了双胞胎的亲社会行为——顺从性亲社会行为、自发亲社会行为以及母亲对孩子行为的评价，发现遗传可以解释大致 34%～53%的亲社会行为差异，其余的差异是由非共享环境和误差等所引起。同时对育儿过程中的积极养育行为、消极养育行为或者各种原因受到的惩罚进行测量，未能发现这些行为与儿童的亲社会行为显著相关。然而，当根据孩子的多巴胺 D4 受体 7-重复等位基因是否存在对育儿进行分类时，发现积极的养育方式与母亲评价的亲社会行为有关，而惩罚与自发的亲社会行为正相关。因此，可以通过纵向追踪，探讨基因与环境的互动对于行为的影响。例如，在一个代表性的追踪样本（representative birth cohort）中，Caspi 等（2002）报告了童年时期受到虐待与单胺氧化酶 A（monoamine oxidase A，MAOA）基因之间的交互，如何影响成年后的反社会行为；发现导致高水平 MAOA 表达的基因型的携带者更不容易表现出反社会行为。之后，Caspi 等（2003）发现 5-HTTLPR 短链等位基因的携带者在面对负性的压力时，更容易表现出抑郁的症状，提示基因会调节环境对于身心健康的影响。

但是候选基因的研究方法也受到了不少挑战，管理决策行为本身的复杂性决定了通过单个候选基因和SNP的多态性来影响管理决策行为是一个非常错综复杂的问题，大多数变异对表型的影响较小，通常只占与性状相关单核苷酸多态性的一小部分（Plomin et al.，1994；Benjamin et al.，2012）。为了克服单个基因多态性的效应量的潜在问题，Saez等（2014）报告了一种基于基因通路（gene pathway）的分析方法，富集特定神经通路特定基因的SNP和VNTR，从而使从整体上考察不同的神经递质通路如何影响决策行为成为可能。例如，本团队作者参与的Set等（2014）的策略学习（strategic learning）研究中，发现与信念更新（belief updating）有关的个体异质性与前额叶有关的多巴胺基因 COMT（catechol-Omethyl transferase，儿茶酚-O-甲基转移酶）与单胺氧化酶基因 MAOB（monoamine oxidase-B，B型单胺氧化酶抑制剂）有关，而学习率（learning rate）与纹状体的多巴胺转运体基因 DAT1、DRD2 以及 COMT 有关，提示对策略学习在多巴胺通路的前额叶与纹状体两个系统之间存在分离。

5.2.3 基于全基因组关联分析的研究

在直接测量遗传多态性的研究基础上，Chabris和他的同事提出了行为遗传学第四定律（Chabris et al.，2015）：典型的人类行为特征与遗传变异有关，每种变异只占其一小部分。这一定律解释了基因发现研究结果中的几种模式，包括候选基因研究无法稳健复制，全基因组关联分析的必要性以及在这些研究中大样本的重要性等。

因此，单基因关联研究存在的潜在问题及其面对的可重复性等挑战使得科学家逐步转向关注全基因组关联分析（genome-wide association study，GWAS），在这种关联分析的思路下，利用大样本的数据，相对于候选基因方法假设驱动的做法，GWAS的研究更多采用基于数据驱动的思路，考察基因变异与感兴趣的遗传性状包括真实的管理决策场景下表现出的管理决策行为之间的关联。自从2001年公布首个人类基因组图谱以来（当时耗资约30亿美元），与信息领域计算机芯片的发展符合指数级的"摩尔定律"相类似，对于单核苷酸的高通量测序成本也呈现指数级的降低。目前已经可以使用相对便捷、低成本的微阵列或芯片技术检测单核苷酸多态性，完成对数百万个单核苷酸多态性（SNPs）图谱的绘制（Heller，2002）。该方法在医学相关领域的应用在过去20年间已经取得了长足的进展，例如成功识别出了2型糖尿病、哮喘、帕金森病以及一些常见肿瘤等疾病的易感位点（Visscher et al.，2012），为下一步在分子层面对这些特定基因位点功能的验证及临床转化研究，如临床药物研究的基因靶点，提供了很好的遗传基础和实证依据（Visscher et al.，2017）。在经济、管理相关的领域，Rietveld 等（2013）对126 559个个体进行全基因组关联分析，发现 rs9320913、rs11584700、rs4851266 三个基因位点与教育成就（educational achievement）之间的稳定关系，并能够解释 0.02% 的个体异质性。Sanchez-Roige 等（2018）利用和改编了 Kirby 等（1999）跨期决策任务对 23 127 名欧洲成年人进行测量，发现位于 X 染色体连锁基因 GPM6B 的单核苷酸 rs6528024 与跨期偏好有关，同时发现该基因位点的多态性与注意力缺陷（attention-deficit/hyperactivity disorder，ADHD）、精神分裂、抑郁、人格等也密切相关。

区别于遗传学奠基人格雷戈尔·孟德尔在豌豆实验发现一对等位基因可以决定特定遗传表型（如医学上单基因疾病色盲、血友病等），对于医学中的复杂疾病、管理决策行为、人格特征等多基因决定的遗传性状，往往很难用单个 SNP 的多态性进行解释。因此，最近遗传统计学家提出用多基因评分（polygenic score，PGS）或多基因风险评分（polygenic risk score，PRS）来计算遗传对于表型包括管理决策相关表型的影响（Dudbridge，2013；Purcell et al.，2009）。直观地来说，就是将 SNP 水平的多个遗传变异，通过统计上线性加权获得一个个体水平的总评分（$PGS_i = \sum_{j=1}^{M} a_{ij} w_j$），从而用这个总评分来评价与特定的表型之间的关系，关于该工具的详细使用方法可以参考 Choi 等（2020）在 *Nature Protocols* 上的教程和 Becker 等（2021）开发的多基因指数的 Python 软件包等（Euesden et al.，2015；Choi et al.，2020；Becker et al.，2021），在此基础上的遗传统计学发展也非常迅速（Yang et al.，2010；Bulik-Sullivan et al.，2015；Palla and Dudbridge，2015）。

在这一生物信息学研究思路的指导下，在教育成就方面，Okbay 等（2016）通过 293 723 样本和 111 349 的重复样本，发现了 74 个与教育年限相关的基因位点，其中多基因评分可以解释其中 3.2%的变异，并且发现这些基因与神经发育（neural development）的生物通路有关。在 Rietveld 等（2013）通过全基因组关联分析识别出影响教育成就的 SNPs 基础上，Belsky 等（2016）的研究利用追踪了 40 年的 Dunedin 队列的 918 个个体，发现即使在控制了教育成就的影响以后，童年时的多基因评分还是可以很好地预测成年后的经济收入水平。Lee 等（2018）进一步利用 110 万的大样本，发现了 1271 个 SNP 与教育成就有关；通过多基因评分发现这可以解释约 11%~13%的教育成就与 7%~10%的认知表现（cognitive performance）。在最近的研究中，Demange（2021）将教育成就的来源区分为数学成绩、智商等认知能力（cognitive ability）和非认知能力（non-cognitive ability），基于基因结构方程模型，探讨了其中的非认知能力的遗传因素对于教育成就的影响，识别出了 157 个基因关联分析显著的位点，并发现多基因评分可以解释 57%的遗传变异。但 Morris 等（2020）最近的研究发现，虽然多基因评分的方法可以识别群体水平的差异，但是基于该方法对小学生学业成绩的分析发现，并不能在

个体层面（personalised）进行准确、有效的预测。Kweon 等（2020）通过构建个人收入（individual income）相关的多基因评分，对约 35 000 名兄弟姐妹开展研究，发现由于遗传导致的个人收入相对应的多基因得分高的个体，有着更高的经济社会地位和更健康的身体，并且这一效应受到教育等后天环境因素的调节和影响。在主观幸福感等研究方面，Okbay 等（2016）通过对 298 420 个体的主观幸福感、161 460 个体的抑郁症状与 170 911 个体的人格特质中的神经质（neuroticism）的考察，识别出 SNP rs3756290、rs2075677、rs4958581 与主观幸福感相关，并且联合分析发现上述不同表型在遗传上高度相关（$|\hat{\rho}| \approx 0.8$）。在此基础上，Baselmans 等（2019）基于 2 370 390 个样本，进一步考察了上述三种表型与主观幸福感等之间的关系，发现了 304 个独立的基因位点。

与管理决策行为相关，在风险行为方面，Linnér 等（2019）通过 100 万人的数据考察了风险耐受度、冒险行为与基因的关系，识别出了 99 个位点，并在大脑层面发现其与谷氨酸能和 γ-氨基丁酸的神经通路相关。与之相对应，Aydogan 等（2021）利用英国生物样本（UK Biobank）的数据，在抽烟、驾驶、饮酒与性行为等的风险行为上，发现基因评分可以解释约 3%的个体变异，并发现与右侧背外侧前额叶、下丘脑和壳核大脑灰质体积（grey-matter volume，GMV）呈现负相关。该研究利用大数据样本，建立起了基因—脑—行为的关联分析。在创造力（creativity）的研究方面，通过多基因评分的分析方法，Power 等（2015）发现从事创造力相关的职业、艺术社团的会员和精神病中的精神分裂症和双相障碍之间有着共同的遗传根源。在自我控制的研究方面，Linnér 等（2021）的最新研究利用 150 万的被试，基于多特质表型，而不是传统的单特质分析（single-trait analyses）来开展探索。该研究识别出了 50 多个基因位点，并发现这些基因位点在脑内的表达与神经系统的发育相关。同时基于多基因评分发现，这些遗传因素与包括失业、物质滥用、HIV 感染、犯罪等反映个体自我控制能力特质的表型相关联。而在营销学的研究方面，Daviet 等（2021）发表的综述总结了行为遗传学过去在营销相关主题的发展历程，并给出了在经典消费决策理论如市场细分、目标市场选择与定位（segmentation、targeting、positioning，STP）等模型中的可能应用，以及该领域研究未来发展的展望。总结来说，在双生子研究整体考察的基础之上，全基因组关联分析可以识别出影响管理决策表型的遗传因素。

对于全基因组关联分析的发展现状，Tam 等（2019）发表的综述文章中用了一个生动的"冰山"理论做比喻，指出对于一个能汇报在研究论文中的 GWAS 研究发现，需要潜藏在"冰山"下的大量数据采集工作来进行有效支撑，对研究者和研究团队也提出了不小的挑战。另外，如果单纯通过全基因组的关联分析包括多基因等评分方法考察基因与表型，包括管理决策相关的表型之间的关系，实质上只是一种相关关系。而从实验科学的视角来看，要通过随机对照入组的方式来识别因果关系。这在基因相关的研究中不具有直接的可操作性，因此遗传统计学利用"亲代等位基因随机分配给子代"这一孟德尔遗传规律（即孟德尔第二定律）的思想，利用孟德尔随机化（Mendelian randomization，MR）来进行因果识别（王莉娜和 Zhang，2017；Koellinger and de Vlaming，2019）。关于全基因组关联分析方法的优势和局限性，具体可以参考 Tam 等（2019）发表在 Nature Reviews Genetics 上的综述文章。

5.3 管理决策与遗传学发展展望

因此，纵观管理决策中的遗传学研究在整个研究发展上的路径和脉络，从早期的双生子研究到基于候选基因方法的研究，以及最近 20 余年发展的基于大样本的全基因组关联分析，包括最近发展的表观遗传学（epigenetics）的研究（图 5-1），可以考察不同个体的基因构成如何影响管理决策行为，但相对于临床医学、生命科学等领域方兴未艾的发展，目前管理决策与遗传学相交叉的研究领域的发展还处在比较早期的阶段（nascent stage）。例如，由于单个 SNP 或者基因统计功效有限，因此需要大样本进行研究和分析，所以目前发现的很多跟决策相关的表型还较少或者相对间接，如教育成就等。因此，在未来的研究中可以通过多个方面进行拓展。一是可以通过多学科、多中心的协作，进一步揭示与管理决策密切相关的遗传因素，包括很多利用实验任务诱发的遗传表型（Sanchez-Roige et al., 2018），以及个体在真实世界中表现出的管理决策相关的行为，如领导力（Arvey et al., 2006, 2007, 2016；Chaturvedi et al., 2012；Zhang et al., 2009；Li et al., 2017）。二是目前的不少研究还只是从基因本身的角度来进行切入，而遗传信息要通过蛋白质的功能表达才最终影响人的行为，因此可以在生命科学的视角开展进一步的探索。其中，一种可能的思路是利用"基因—脑—行为"的思路，在行为遗传学的基础上，利用成像遗传学，观察基因如何影响大脑的结构和功能，进而影响和决定人的行为（Holmes et al., 2012；Rao et al., 2018）。三是可以从环境×遗传交互的视角出发，观察环境因素如何调节遗传对于管理决策行为包括基本的人口统计信息（如教育程度、社会经济地位、种族、地理来源等）的影响，为政策和管理措施提供有益的参考（Rutter，2006）。

图 5-1 管理决策遗传学研究大致发展演进路线

参 考 文 献

马庆国，沈强，李典典，等. 2010. 经济决策的神经化学与遗传基础. 科学通报，55：3089-3096.

王莉娜，Zhang Zuofeng. 2017. 孟德尔随机化法在因果推断中的应用. 中华流行病学杂志，38（4）：547-552.

Arvey R D，Li W-D，Wang N. 2016. Genetics and organizational behavior. Annual Review of Organizational Psychology and Organizational Behavior，3：167-190.

Arvey R D，Zhang Z，Avolio B J，et al. 2006. The determinants of leadership role occupancy: genetic and personality factors. The Leadership Quarterly，17（1）：1-20.

Arvey R D，Zhang Z，Avolio B J，et al. 2007. Developmental and genetic determinants of leadership role occupancy among women. Journal of Applied Psychology，92（3）：693.

Ashenfelter O，Rouse C. 1998. Income，schooling，and ability: evidence from a new sample of identical twins. The Quarterly Journal of Economics，113（1）：253-284.

Aydogan G，Daviet R，Linnér R K，et al. 2021. Genetic underpinnings of risky behaviour relate to altered neuroanatomy. Nature Human Behaviour，5（6）：787-794.

Baselmans B M L，van de Weijer M P，Abdellaoui A，et al. 2019. A genetic investigation of the well-being spectrum. Behavior Genetics，49（3）：286-297.

Becker J，Cesarini D，Chabris C F，et al. 2021. Resource profile and user guide of the Polygenic Index Repository. Nature Human Behaviour，5（12）：1744-1758.

Belsky D W，Moffitt T E，Corcoran D L，et al. 2016. The genetics of success: how single-nucleotide polymorphisms associated with educational attainment relate to life-course development. Psychological Science，27（7）：957-972.

Benjamin D J，Cesarini D，Chabris C F，et al. 2012. The promises and pitfalls of genoeconomics. Annual Review of Economics，4：627-662.

Bulik-Sullivan B K，Loh P R，Finucane H K，et al. 2015. LD Score regression distinguishes confounding from polygenicity in genome-wide association studies. Nature Genetics，47（3）：291-295.

Caspi A，McClay J，Moffitt T E，et al. 2002. Role of genotype in the cycle of violence in maltreated children. Science，297（5582）：851-854.

Caspi A，Sugden K，Moffitt T E，et al. 2003. Influence of life stress on depression: moderation by a polymorphism in the 5-HTT gene. Science，301（5631）：386-389.

Cesarini D，Johannesson M，Dawe C，et al. 2009. Genetic variation in preferences for giving and risk taking. The Quarterly Journal of Economics，124（2）：809-842.

Cesarini D，Johannesson M，Lichtenstein P，et al. 2010. Genetic variation in financial decision making. The Journal of Finance，65（5）：1725-1754.

Chabris C F，Lee J J，Laibson D I，et al. 2015. The fourth law of behavior genetics. Current Directions in Psychological Science，24（4）：304-312.

Chaturvedi S，Zyphur M J，Arvey R D，et al. 2012. The heritability of emergent leadership: age and gender as moderating factors. The Leadership Quarterly，23（2）：219-232.

Choi S W，Mak T S，O'Reilly P F. 2020. Tutorial: a guide to performing polygenic risk score analyses. Nature Protocols，15（9）：2759-2772.

Daviet R，Nava G，Wind Y J. 2021. Genetic data: potential uses and misuses in marketing. Journal of Marketing，86（1）：7-26.

Demange P A. 2021. Investigating the genetic architecture of noncognitive skills using GWAS-by-subtraction. Nature Genetics, 53（1）: 35-44.

Dudbridge F. 2013. Power and predictive accuracy of polygenic risk scores. PLoS Genetics, 9: e1003348.

Ebstein R P, Israel S, Chew S H, et al. 2010. Genetics of human social behavior. Neuron, 65（6）: 831-844.

Ebstein R P, Novick O, Umansky R, et al. 1996. Dopamine D4 receptor (D4DR) exon III polymorphism associated with the human personality trait of novelty seeking. Nature Genetics, 12（1）: 78-80.

Eisenegger C, Knoch D, Ebstein R P, et al. 2010. Dopamine receptor D4 polymorphism predicts the effect of L-DOPA on gambling behavior. Biological Psychiatry, 67（8）: 702-706.

Euesden J, Lewis C M, O'Reilly P F. 2015. PRSice: polygenic risk score software. Bioinformatics, 31（9）: 1466-1468.

Heller M J. 2002. DNA microarray technology: devices, systems, and applications. Annual Review of Biomedical Engineering, 4（1）: 129-153.

Holmes A J, Biroli P, Kong E, et al. 2012. Individual differences in amygdala-medial prefrontal anatomy link negative affect, impaired social functioning, and polygenic depression risk. Journal of Neuroscience, 32（50）: 18087-18100.

Keltikangas-Järvinen L, Räikkönen K, Ekelund J, et al. 2004. Nature and nurture in novelty seeking. Molecular Psychiatry, 9（3）: 308-311.

Knafo A, Israel S, Ebstein R P. 2011. Heritability of children's prosocial behavior and differential susceptibility to parenting by variation in the dopamine receptor D4 gene. Development and Psychopathology, 23（1）: 53-67.

Kirby K N, Petry N M, Bickel W K 1999. Heroin addicts have higher discount rates for delayed rewards than non-drug-using controls. Journal of Experimental Psychology: General, 128（1）: 78.

Koellinger P D, de Vlaming R. 2019. Mendelian randomization: the challenge of unobserved environmental confounds. International Journal of Epidemiology, 48（3）: 665-671.

Kweon H, Burik C, Linnér R K, et al. 2020. Genetic fortune: Winning or losing education, income, and health. SSRN Working Paper 2020-053/V.

Lahti J, Räikkönen K, Ekelund J, et al. 2006. Socio-demographic characteristics moderate the association between DRD4 and novelty seeking. Personality and Individual Differences, 40（3）: 533-543.

Lee J J, Wedow R, Okbay A, et al. 2018. Gene discovery and polygenic prediction from a genome-wide association study of educational attainment in 1.1 million individuals. Nature Genetics, 50（8）: 1112-1121.

Li W-D, Ilies R, Wang W. 2017. Behavioral genetics and leadership research. Schyns B, Hall R, Neves P. Handbook of Methods in Leadership Research. Cheltenham: Edward Elgar Publishing: 127-145.

Linnér R K, Biroli P, Kong E, et al. 2019. Genome-wide association analyses of risk tolerance and risky behaviors in over 1 million individuals identify hundreds of loci and shared genetic influences. Nature Genetics, 51（2）: 245-257.

Linnér R K, Mallard T T, Barr P B, et al. 2021. Multivariate analysis of 1.5 million people identifies genetic associations with traits related to self-regulation and addiction. Nature Neuroscience, 24（10）: 1367-1376.

Morris T T, Davies N M, Smith G D. 2020. Can education be personalised using pupils' genetic data? . eLife, 9: e49962.

Okbay A, Baselmans B M L, de Neve J-E, et al. 2016. Genetic variants associated with subjective well-being, depressive symptoms, and neuroticism identified through genome-wide analyses. Nature Genetics, 48（6）: 624-633.

Palla L, Dudbridge F. 2015. A fast method that uses polygenic scores to estimate the variance explained by genome-wide marker panels and the proportion of variants affecting a trait. The American Journal of Human Genetics, 97（2）: 250-259.

Plomin R, Owen M J, McGuffin P. 1994. The genetic basis of complex human behaviors. Science, 264（5166）: 1733-1739.

Power R A, Steinberg S, Bjornsdottir G, et al. 2015. Polygenic risk scores for schizophrenia and bipolar disorder predict creativity. Nature Neuroscience, 18 (7): 953-955.

Purcell S M, Wray N R, Stone J L, et al. 2009. Common polygenic variation contributes to risk of schizophrenia and bipolar disorder. Nature, 460 (7256): 748-752.

Rao L L, Zhou Y, Zheng D, et al. 2018. Genetic contribution to variation in risk taking: a functional MRI twin study of the balloon analogue risk task. Psychological Science, 29 (10): 1679-1691.

Rietveld C A, Medland S E, Derringer J, et al. 2013. GWAS of 126, 559 individuals identifies genetic variants associated with educational attainment. Science, 340 (6139): 1467-1471.

Rutter M. 2006. Genes and Behavior: Nature-nurture Interplay Explained. Oxford: Blackwell Publishing.

Saez I, Set E, Hsu M. 2014. From genes to behavior: placing cognitive models in the context of biological pathways. Frontiers in Neuroscience, 8: 336.

Sanchez-Roige S, Fontanillas P, Elson S L, et al. 2018. Genome-wide association study of delay discounting in 23, 217 adult research participants of European ancestry. Nature Neuroscience, 21 (1): 16-18.

Set E, Saez I, Zhu L S, et al. 2014. Dissociable contribution of prefrontal and striatal dopaminergic genes to learning in economic games. Proceedings of the National Academy of Sciences, 111 (26): 9615-9620.

Smith D J, Escott-Price V, Davies G, et al. 2016. Genome-wide analysis of over 106 000 individuals identifies 9 neuroticism-associated loci. Molecular Psychiatry, 21 (6): 749-757.

Tam V, Patel N, Turcotte M, et al. 2019. Benefits and limitations of genome-wide association studies. Nature Reviews Genetics, 20 (8): 467-484.

Turkheimer E. 2000. Three laws of behavior genetics and what they mean. Current Directions in Psychological Science, 9 (5): 160-164.

Turkheimer E. 2012. Genome wide association studies of behavior are social science. Phaisance K S. Philosophy of Behavioral Biology. Berlin: Springer: 43-64.

Van den Berg S M, de Moor M H, Verweij K J, et al. 2016. Meta-analysis of genome-wide association studies for extraversion: findings from the genetics of personality consortium. Behavior Genetics, 46 (2): 170-182.

Visscher P M, Brown M A, McCarthy M I, et al. 2012. Five years of GWAS discovery. The American Journal of Human Genetics, 90 (1): 7-24.

Visscher P M, Wray N R, Zhang Q, et al. 2017. 10 years of GWAS discovery: biology, function, and translation. The American Journal of Human Genetics, 101 (1): 5-22.

Vugt V M, Hogan R, Kaiser R B. 2008. Leadership, followership, and evolution: some lessons from the past. American Psychologist, 63 (3): 182.

Yang J, Benyamin B, McEvoy B P, et al. 2010. Common SNPs explain a large proportion of the heritability for human height. Nature Genetics, 42 (7): 565-569.

Zhang Z, Ilies R, Arvey R D. 2009. Beyond genetic explanations for leadership: the moderating role of the social environment. Organizational Behavior and Human Decision Processes, 110 (2): 118-128.

Zhong S, Chew S H, Set E, et al. 2009. The heritability of attitude toward economic risk. Twin Research and Human Genetics, 12 (1): 103-107.

第二篇：个体决策

第6章 跨期选择

6.1 跨期选择的定义

跨期选择是一个存在于人们日常生活中、无处不在的选择问题，人们时常会面临这样一个两难的境地，他们必须在眼前的小额利益与长远的大额利益间做出选择。跨期选择相关研究始于19世纪早期，但是直到20世纪才引起社会学、经济学和心理学等领域学者的关注。长期以来，将跨期选择（intertemporal choice）具体定义为"人们对不同时间维度上的事件或者结果的价值进行权衡与比较，最终做出判断与决策的过程"（Prelec and Loewenstein, 1991）。例如，是选择立即消费还是合理储蓄？减肥时是选择满足即时口欲暴饮暴食还是为了减肥成功节制饮食？诸如此类的选择便是跨期选择现象。

在跨期决策描述了奖赏的主观价值会随着时间的流逝而贬值的普遍现象。研究者引入了延迟折扣的概念（delay discounting）来描述该价值贬值过程，对不同时间点上的主观价值进行量化对比。延迟折扣是量化跨期选择的核心指标，它的内在意义是指与未来的获益相比，人们总是更看重即时的获益（Scholten and Read, 2010），在损失情况下，也是如此。也就是说，观察由时间变化所带来的未来价值折现到当前的主观价值变化（Samuelson, 1937）。例如，对于某个人来说，一个月后获得100元与现在获得80元在主观价值上是等价的。研究延迟折扣具有高度的生态意义，有助于揭示主观价值随时间变化的规律，有助于探讨跨期决策的心理过程，并指导我们使未来的行为更加理性。

不同领域的学者从不同的角度对跨期选择做了一系列的研究。例如，社会领域的研究者主要从社会学的角度去探讨未来成本和收益的相关假设；经济学领域则基于利率理论和效用折扣理论（discounted utility theory）开展对跨期选择的研究；心理学领域从延迟折扣的角度考察跨期选择中的冲动、自控等问题；医学领域则从医学视角思考跨期选择与成瘾之间的关系。近年来，随着功能磁共振成像以及脑电等无创认知神经科学技术的出现和发展，越来越多的学者利用认知神经科学工具对跨期选择背后的大脑神经机制进行研究。

6.2 跨期决策理论

现有的研究认为，跨期选择是多种认知成分共同参与的决策过程，从认知成分视角出发，目前对于跨期选择的理论解释主要包括：自我控制理论（self-control theory）、构建水平理论（construal level theory）、质询理论（query theory）等。在此主要简要介绍跨期选择的三个重要理论。

6.2.1 认知控制偏差：自我控制理论

心理学家和行为经济学家认为，自我控制在跨期选择中扮演重要角色。研究表明，自我控制能力的丧失或冲动驱使会使个体在跨期选择中偏向眼前的利益而忽视未来更大的收益（O'Donoghue and Rabin，1999）。这种现象同时也可以反映于描述跨期选择的双曲折现模型中（Frederick et al.，2002）。自我控制理论认为人们在进行跨期决策时通常依赖于冷和热两个独立系统的处理。热系统是人们遵循自身直觉并尽可能满足自身欲望的快速行为系统，在热系统的参与下，人们在决策时容易出现认知控制偏差，导致更多地做出冲动决策。相反地，冷系统是理性系统，冷系统通常会引导人们在决策时尽可能采用逻辑推理深思熟虑，最大限度实现决策目标。因此，在跨期选择中，当热系统经常占据主导地位时，人们秉着即时享乐的想法而更倾向于选择当前的小奖赏选项；而当跨期选择中冷系统占主导地位时，人们则会抑制即时满足去选择未来的大奖赏选项。但是，冷系统在帮助人们克服冲动与非理性行为的时候需要较高的计算负荷，并且运行速度慢，因此人们在跨期决策时往往热系统占主导地位（McClure et al.，2004），这也是导致人们偏向于当前利益的原因。近年来，认知神经科学领域的研究成果也证实了跨期选择过程中自我控制扮演的重要角色（Ballard et al.，2017）。

6.2.2 构建水平理论

构建水平理论认为人们对于事物的差异化表征方式是由于个体在认知加工系统上存在差别。比如在跨期选择中，人们对不同选项之间的表征方式差异会导致人们对跨期选择偏好的不一致，从而影响决策（Trope and Liberman，2010）。研究证实，人们对时间的感知距离是影响事物表征差异的重要因素之一。那么相对于即时奖赏，人们对于未来的奖赏往往会采取高水平构建方式，这种方式具备抽象的特点；而面对即时奖赏时，由于所感知的时间距离较近，人们往往采用低构建水平的方式，从而使得即时奖赏更加具体化。因此，在跨期选择中，跨期等待时间的长度首先影响人们的构建水平，随后影响人们对不同跨期选项的表征方式，进而影响人们跨期选择的倾向。也就是说，当我们在面对未来的预期结果时，由于不同的构建水平所带来的表征方式不一致，我们往往会忽视一些细节性的信息，而更加关注预期结果的核心特征，进而影响到我们对延迟或者立即奖赏的主观价值评估，这使得在跨期选择中，直接地影响其跨期折现程度。

6.2.3 质询理论

质询理论认为，人们进行跨期选择时不仅会受到选项属性的影响，同时也受决策者本身认知加工的影响，决策者首先通过认知记忆获取选择的线索，然后进行有序的内部询问，最后依据关注点的不同决定了决策者的偏好输出（Weber et al.，2007）。另有研究认为，由于人们认知记忆输出的干扰，较为模糊的内隐目标会影响其价值评估过程，从而在跨期选择中产生不同的价值感知，最终影响其跨期倾向（Johnson et al.，2007）。

而对时间折扣进行研究时，通常的做法是通过延迟满足任务来探讨个体主观价值随时间变化的趋势和过程，并通过构建模型描述这个过程，以下将介绍跨期选择中的研究模型。

6.3 跨期选择研究模型

6.3.1 折扣效用模型

Samulson 从"理性经济人假设"出发，首次开拓性地提出折扣效用（discounted utility，DU）理论，多年来该模型一直都是经济学中研究时间折扣问题的标准模型（Frederick et al.，2002）。

$$U^t = \sum_{d=0}^{T-t} F(d)u(c_t+d), \quad F(d) = \left(\frac{1}{1+r}\right)^d \tag{6-1}$$

其中，U^t 表示未来一系列不同时点上消费效用的折扣加权之和；$u(c_t+d)$ 表示消费在时间点 $t+d$ 上的即时效用；$F(d)$ 表示由于时间推迟而产生的折扣函数；r 表示折扣率。跨期选择研究中，常常把人们对不同时点的效用选择简化为在近期小奖励（smaller-sooner，SS）和远期大奖励（larger-later，LL）之间的选择。为了说明在两个特定时间点上的效用折扣，DU 模型常被简化为 $u(t+d)=u(t)(1+r)d$，一般地，$0 \leq r \leq 1$，当前效用被延迟后需要用更大的效用才能补偿。在 DU 模型中，所有影响跨期选择的变量都被浓缩为一个指标：折扣率 r，它反映了个体的冲动程度。

DU 模型一经提出，便因其简洁性及概括性而得到了学术界的广泛讨论，该模型试图解释跨期选择过程中的时间偏好趋向，并且认为人们在跨期选择中的时间偏好是一致的。然而，不少研究者逐渐在现实生活的跨期决策和一些实验研究中发现了违反模型假设的诸多异常现象，比如动态不一致性（dynamic inconsistency）、立即效应（immediate effect）、大小效应（magnitude effect）、符号效应（sign effect）、序列效应（sequence effect）等。由于 DU 的指数折扣模型无法解释以上诸多异常现象，因此后来的研究者们在 DU 模型基础上根据不断发现的折扣现象，陆续地提出了一系列日趋完善的数学计算模型（如双曲线折扣模型族、非双曲线模型），力求精准描述一些异常现象，即时间折扣不一致的现象。以下将简要介绍描述时间折扣不一致现象的数学模型。

6.3.2 双曲线折扣模型

双曲线折扣模型最早始于 Ainslie 的研究（Ainslie，1975），随后在 1984 年，学者 Mazur 首次提出了双曲线折扣模型，假定折现值以非恒定双曲方式随着延迟时间的增加而减少，并且受未折现价值的影响，公式如下（Mazur，1984）：

$$Vd = V / (1 + kd) \qquad (6-2)$$

其中，参数 Vd 表示折现值，即在特定折现时间下的折现值；d 表示延迟时间；参数 V 表示未折现值；k 表示折现率，即随着折现时间的增加，折现价值减少的陡峭度和不确定性。也就是说，折扣率 k 值衡量了个体在跨期选择时的偏好倾向。图 6-1 的曲线描述了跨期选择中个体的主观价值随时间流逝而贬值的过程（Berns et al.，2007）。

不同于指数折扣模型，双曲线折扣模型的时间折扣率并没有要求稳定不变，而是随着时间的延迟而逐渐减小。双曲线折扣能很好地解释动态不一致性现象，对于成瘾、退休储蓄等生活中的诸多现象也有很好的解释效果。尽管目前双曲线折扣模型受到许多挑战，但其仍是目前最广为接受的对时间偏好的描述模型。

6.3.3 非双曲线折扣模型

（1）次可加折扣模型（subadditive discounting model）。上节所介绍的双曲线折扣模型虽然能够很好地解释像动态不一致性等众多异常现象，也可以更好地解

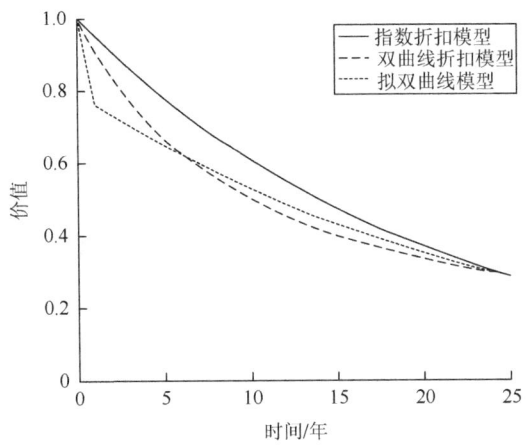

图 6-1 跨期选择的折现模型（Berns et al.，2007）

释成瘾、消费储蓄等生活中的诸多现象，但仍有学者认为通过双曲模型对无差异点数据进行回归拟合分析时，其中人为地设定拟合曲线的类型，将会导致某些重要信息的丢失。也有学者认为应弱化拟合曲线的具体形式，采用形式更灵活、适用范围更广的次可加函数来描述延迟折扣现象（Read and Roelofsma，2003）。因此，基于绝对延迟时间与相对延迟时间的对比，次可加折扣模型的基本假设是：不管奖赏延迟与否，间隔时间越短，跨期选择的折扣率越大。用公式可表示为：$SS = d^{t_2-t_1}LL$，其中，SS 为小但较早兑现的奖赏，LL 为大但较晚兑现的奖赏，d 表示恒定的折扣率，t_1 表示 SS 的获得时间，t_2 表示 LL 的获得时间。次可加折扣模型同样适用于跨期选择的匹配任务和选择任务。并且当延时分解为多个间隔时，间隔增加会导致折扣率增加。

（2）"尽可能快"折扣模型["as soon as possible"（ASAP）discounting model]。近年来有学者提出了 ASAP 折扣模型，从另一个角度解释了时间折扣现象（Kable and Glimcher，2010）。他们认为，未来兑现奖赏的价值并不是相对于立即兑现奖赏，而是相对于早期奖赏呈双曲线形式下降。

综上，各领域的学者从不同视角出发，通过不同的数学模型对跨期折扣现象进行量化描述，对于我们更好地理解跨期选择中的时间折扣现象具有重要意义。然而，数学模型仅仅只是描述现象及规律，即时间折扣有何现象以及服从什么样的规律，但是并不能说明该现象产生的原因，对于更深层次的内在原因我们仍然不清晰。这同样也是众多数学模型难达成一致定论的原因所在。因此，借助认知神经科学技术的发展，未来的研究中有必要进一步探究隐匿于现象背后的认知加工机制。下面，我们将梳理跨期选择的研究现状，重点讨论跨期选择的心理机制。

6.4　跨期选择的研究现状

现有的大量研究表明，跨期决策过程中个体的选择行为、时间折扣偏好受诸多因素的影响，具体可大致归纳为以下三个方面：决策对象的属性、决策主体的内外状态和本身的认知特质属性、决策的背景因素等（Peters and Büchel，2011）。以下将从这几方面阐述跨期选择的影响因素。

6.4.1　决策对象的属性对跨期选择的影响

目前跨期选择的研究主要集中于决策选项的重要属性：决策奖赏的数量大小、兑现的时间。延迟折扣数学模型就是围绕这两个关键变量建立的。当这两个决策选项的参数影响了折扣率，将直接导致决策主体选择行为发生偏转，这将产生一些决策偏差，如数量效应、延迟效应、间隔效应、符号效应等。另外，决策奖赏本身的物理属性，如初级奖赏（水、饮料、食品、香烟等）或次级奖赏（如金钱、购物券、礼品等），以及这些奖赏兑现时间的表征方式都会对跨期决策过程中个体的选择倾向产生影响。

（1）奖赏属性。有研究对比了人们对非消费奖赏（金钱）和三种直接消费奖赏（糖果、饮料、啤酒）的时间折扣（Estle et al.，2007），研究发现，与直接的消费奖赏相比，非消费奖赏（金钱）的时间折扣较小，三种直接消费奖赏的折扣率几乎没有差别。这表明了初级奖赏的时间延迟折扣比像金钱这样的次级奖赏的时间延迟折扣更快。

（2）奖赏及其兑现时间的表征。表征是指大脑如何解释和表达跨期选择的方式。对于相同的情境，人们会以不同的方式进行心理表征（Loewenstein，1988）。一项经典的研究发现，儿童延迟满足的能力取决于他人如何教他进行表征收益。具体而言，在实验中，让一位儿童在可以立即得到一袋饼干和延迟得到两袋饼干之间做出选择时，如果教他们以无吸引力的词汇表征饼干比教他们以有吸引力的词汇表征饼干时，他们更可能会选择延迟得到饼干。例如，表征为"棕色的小原木"时等待的时间长于表征为"诱人的味道"等待的时间。还有一些研究发现，奖赏兑现时间的表述方式不同时，也会影响个体在跨期选择的行为倾向，例如分别以"日期[6月15日（今天）vs. 12月15日]""延迟间隔（今天 vs.6月后）"的方式表述时。

6.4.2　决策主体对跨期选择的影响

决策者的状态属性（如情绪状态、经济状态、生理状态等）和本身的人格特质属性的差异（比如认知能力、记忆能力、时间感知能力、自控能力、风险偏好、遗传等）也会明显地影响跨期选择行为倾向。

个体的生理需求状态是影响跨期决策偏好的重要因素。生理需求状态比如口渴、饥饿、身体疼痛等会通过影响个体的自我控制力，进而改变其在跨期选择时的决策。王鹏和刘永芳（2009）比较了不同情绪启动条件下跨期选择的差异，结果表明，与无情绪启动的控制组相比，愉悦情绪导致被试的时间折扣率降低，而消极情绪导致被试的时间折扣率增大。他们认为，情绪通过影响未来结果的建构水平从而影响时间距离的敏感度。另外，智力水平、成瘾状态、年龄、遗传等都是影响个体跨期选择中时间折扣的决策主体因素。

此外，决策主体的人格特质也是影响跨期选择时间折扣的重要因素，包括自我控制力、时间感知能力等。自我控制是指个体适时地调整自己的行为，抑制某些可能会表现出来的行为能力，是组成抑制行为的重要成分之一（Muraven and Baumeister，2000）。有实验研究表明自我控制在决策尤其是跨期选择中发挥着重要的调节作用（Berns et al.，2007），冲动的个体相比于非冲动个体，在跨期选择中延迟折扣率更高（Estle et al.，2007）。关于成瘾的研究一致发现，与正常控制组相比，无论是烟草、酒精成瘾者还是毒品成瘾者都表现出很高的时间折扣率（Kirby and Petry，2004）。如前所述，较高的时间折扣率指个体缺乏抑制当前诱惑的自控能力，表现出不理性的冲动。神经成像研究证实了包括背外侧前额叶在内的自我控制系统在跨期选择中自上而下地调控了价值表征信号（Hare et al.，2009）。

时间感知是指个体在不使用任何计时工具的情况下对时间的长短、快慢等变化的感受与判断（黄希庭，1993）。人们在实践活动过程中，会逐渐培养出时间感知能力。当然，个体的时间感知能力受到个体当前内外状态和环境因素的影响，不同个体间存在一定的差异。有学者认为人类的跨期选择明显地受时间感知的心理物理学影响（Takahashi et al.，2008）。已有研究已经发现时间折扣与时间感知相关（Zauberman et al.，2009），在这些研究中，被试同时表现出延迟折扣冲动和时间估计障碍。时间感知差异是成瘾者延迟满足比较困难的解释之一。过分高估时间会导致个体倾向于选择即时但较小的利益，而低估时间会使个体着眼于未来更大的利益。

6.4.3 决策背景对跨期选择的影响

决策者所处的背景环境，比如社会经济形势和政治因素（如利率、金融危机、社会动荡等）等也会通过影响决策者的动机和意图进而影响跨期决策。Laibson（2001）研究发现，社会经济的通货膨胀会导致人们跨期选择中延迟折扣率增加。

有研究调查了2008年5·12汶川大地震对人们跨期选择的影响，结果表明，在地震发生之后，人们在即时兑现的小奖赏与延迟兑现的大奖赏中进行选择时，更加倾向于选择前者；在即时的小额损失和延迟的大额损失中进行选择，更加倾向于选择后者（Li et al., 2011），灾难这一因素导致人们的时间折扣效应明显增强。另外，不同文化背景和价值观的群体在跨期选择中选择倾向也有所不同。比如在跨文化比较研究中，东方人（如新加坡人）比西方人（如美国人）具有更强的忍耐性，相对来说，东方人偏好于长远利益，对未来结果的折扣较小；西方人偏好于近期回报，对未来结果的折扣相对较大（Chen et al., 2005）。

6.5 跨期选择的神经科学研究

近年来，随着认知神经科学工具的进步与发展，跨期选择的研究再次引起心理学家、神经经济学家以及神经生物学家等多个领域研究者的关注，尤其是跨期选择背后的神经机制成为神经经济学领域当前最热门的话题之一。众多学者提出了多种不同的神经加工模型去描述跨期选择，其中最主要的包括：双系统加工神经模型、单系统加工神经模型、自我控制神经模型和多网络机制神经模型。

6.5.1 双系统加工神经模型

受多重自我决策过程模型的启发，Laibson（1997）认为跨期选择过程由两个不同的加工系统组成，分别是δ和β系统。β系统是偏好立即奖赏的短视系统，由包括腹侧纹状体（ventral striatum）、内侧眶额皮层（medial orbitalfrontal cortex）、内侧前额叶皮层（medial prefrontal cortex）在内的皮质下边缘结构和相连的侧边缘皮层组成，在跨期决策过程中主要加工即时兑现但较小的奖赏（SS）并进行加工评估；相对而言，δ系统是一个着眼于长远利益的规划系统，由包括左、右顶内皮层、右背外侧前额叶皮层（dorsolateral prefrontal cortex, dlPFC）、右腹外侧前额叶皮层（ventrolateral prefrontal cortex, vlPFC）、右侧眶额皮层（orbitofrontal cortex）在内的额-顶系统组成，主要加工评估延迟兑现但较大的奖赏（LL）。跨期选择过程中，面对不同选项，这两种系统在加工的过程中，彼此之间相互竞争，最后的决策行为取决于两种系统的活跃强弱程度。脑神经成像的相关研究已经证实了双系统加工模型在跨期选择中的重要性（McClure et al., 2004）。例如，McClure等（2004，2007）的脑功能成像研究表明早期进化的边缘系统可能调节非理性的情绪加工，而较晚加工形成的额叶则调节理性加工，通过两个神经网络的激活程度在一定程度上可以预测被试在跨期选择中的行为倾向。总之，神经成像的研究为跨期选择进行双系统加工提供了证据，即两个系统相互作用影响了个体的跨期选择行为倾向。

6.5.2 单系统加工神经模型

有研究学者通过实验研究，提出了与双系统加工神经模型完全相反的单系统加工模型（Kable and Glimcher, 2007）。他们认为，跨期选择过程中，大脑至少存在一个区域以双曲线折扣的形式编码奖赏的主观价值。研究结果表明，延迟奖赏主观价值的神经表征区域主要包括伏隔核（nucleus accumbens）在内的中脑边缘多巴胺区域和内侧前额叶皮层，这些区域涉及将来奖赏的数量及其延迟长度的整合加工，其激活量随着奖赏数量的增加而增加，但随着奖赏延迟时间的增加而下降。该研究说明大脑是通过一个系统网络，表征和比较不同数量不同延迟时间下选项的主观价值，进而做出跨期选择。因此，他们认为跨期选择是单一机制加工，而不是多个系统竞争而形成的。2010年，Kable 与 Glimcher 进一步验证单系统加工模型的可行性，首先不必通过双曲线折扣模型来预测个体的冲动偏好反转。腹侧纹状体、内侧前额叶和后扣带回的激活并不仅仅与立即奖赏是否呈现有关，也不仅仅是编码一个奖赏与另一个奖赏的相对价值，而是这些区域的激活与所有奖赏的主观价值都有关。这个研究也支持了跨期选择的行为模型，即 ASAP 模型，在这个模型中主观价值相对最早的可利用奖赏以双曲线的形式下降。单系统加工神经模型证明腹侧纹状体、内侧前额叶、后扣带回等多个脑区编码延迟奖赏的主观价值，通过对即时奖赏与延迟奖赏主观价值的比较，进一步决定选择立即奖赏还是延迟奖赏，这与双系统加工的神经机制假设截然不同。但是，通过比较发现，Kable 与 Glimcher 等研究的是跨期选择的评估阶段，即需要被试评估选项，但不做出选择，而 McClure 等则是研究跨期选择的决策阶段，需要被试做出选择。这种研究结果的差异可能来源于决策阶段的不同，因此，不能直接对比这两种模型，差异的原因还有待于进一步研究。

6.5.3 自我控制神经模型

如上文所述，双系统加工神经模型和单系统加工神经模型成立的前提假设是跨期选择只是在两个选项中进行比较，而不考虑其他因素（如自我控制）所带来的影响。而自我控制神经模型则认为，人们可能会高估 SS 选项的价值，低估 LL 选项的价值，但是由于自身所特有的自我控制能力，个体仍可能理性地选择 LL 的奖赏。额叶决策回路（frontal decision-making circuitry）模型表明（Rangel and

Hare，2010)，腹侧前额皮层编码驱动决策的主观价值，背侧前额皮层则负责追踪环境状态（包括规则和情境）以指导决策。有关自我控制的脑机制研究中，目前主要有两种观点：一是自我控制源于个体对潜在奖赏价值的评估比较；二是自我控制基于专门的脑区经由价值信号的调节以使个体偏好长远结果。

6.5.4 多网络机制神经模型

大量研究发现，跨期决策至少涉及三个不同脑网络子系统：第一个是包括腹内侧前额叶皮层、内侧眶额叶皮层、腹侧纹状体和后扣带回皮层在内的评价系统（Peters and Büchel，2011），该评价系统主要表征延迟奖赏的主观价值；第二个是包括前额叶皮层和前扣带回皮层在内的认知控制系统，这个系统的主要功能是认知控制、冲突监控和策略调节，自上而下地调控评价系统的价值评估信号；第三个系统是包括海马和杏仁核在内的内侧颞叶（medial temporal lobe）系统，学界对这个系统的作用仍知之甚少，但研究表明，海马可能会通过表征未来的潜在结果进而调节延迟折扣。这些不同的神经系统在个体间的差异可能会引起延迟折扣和跨期选择偏好倾向的个体间差异。比如，评价缺陷可能导致缺乏表征未来潜在奖赏价值的能力，自我控制缺陷可能导致缺乏自上而下调节控制的能力，以及预测缺陷可能导致缺乏对决策结果进行心理表征的能力，这些神经系统功能的缺失都会导致跨期决策的不理性倾向。

6.6 研究展望

以往的研究通过大量的行为与神经成像实验探索了跨期选择的内在机制，也取得了一系列丰硕的成果，使我们对跨期决策有了长足的认识。首先对跨期选择模型的研究梳理发现，目前学界较为认可的跨期选择模型仍为双曲线折扣模型，但也有其他的模型对其提出了挑战，如 ASAP 模型。对跨期选择影响因素的研究梳理发现，在跨期选择过程中决策对象的属性、决策主体的内外在状态以及决策背景都会影响个体跨期选择的时间折扣程度。跨期选择的神经机制模型主要从脑成像的实验出发，本章也梳理了当前研究跨期选择内在机制的神经模型：双系统加工神经模型、单系统加工神经模型、自我控制神经模型以及多网络机制神经模型。

综上所述，未来对于跨期选择的研究除了对现有模型和影响因素继续进行深入探索之外，还可以从行为以及神经层面系统地探讨跨期选择内在加工与行为表现之间的共性与异性；其次，电商中预售营销策略的广泛使用，为跨期选择线上消费提供了新颖的研究视角，未来也可以关注跨期消费中更为不一致的跨期现象；

最后，现在的研究更多的是实验研究，这样的研究相对比较客观和科学，但由于限制了诸多条件，反而缺乏生态效度，因此未来的研究可以通过社会真实的情境探寻跨期选择现象以弥补实验室研究的不足。从跨期选择的机制与原理出发再到实际应用有助于提高人们在跨期选择时的理性决策，为人们提供幸福与健康的生活方式。

参 考 文 献

黄希庭. 1993. 时距信息加工的认知研究. 西南师范大学学报，(2)：92-100.

王鹏，刘永芳. 2009. 情绪对跨时选择的影响. 心理科学进展，(6)：1318-1320.

Ainslie G. 1975. Specious reward: a behavioral theory of impulsiveness and impulse control. Psychological Bulletin, 82 (4): 463-469.

Ballard I C, Kim B, Liatsis A, et al. 2017. More is meaningful: the magnitude effect in intertemporal choice depends on self-control. Psychological science, 28 (10): 1443-1454.

Ballard K, Knutson B. 2009. Dissociable neural representations of future reward magnitude and delay during temporal discounting. NeuroImage, 45 (1): 143-150.

Berlin H A, Rolls E T, Kischka U. 2004. Impulsivity, time perception, emotion and reinforcement sensitivity in patients with orbitofrontal cortex lesions. Brain, 127 (5): 1108-1126.

Berns G S, Laibson D, Loewenstein G. 2007. Intertemporal choice–toward an integrative framework. Trends in Cognitive Sciences, 11 (11): 482-488.

Chen H, Ng Sharon, Rao A R. 2005. Cultural differences in consumer impatience. Journal of Marketing Research, 42(3): 291-301.

Estle S J, Green L, Myerson J, et al. 2007. Discounting of monetary and directly consumable rewards. Psychological Science, 18 (1): 58-63.

Frederick S, O'Donoghue T, Frederick S. 2002. Time discounting and time preference: a critical review. Journal of Economic Literature, 40 (2): 351-401.

Hare T A, Camerer C F, Rangel A. 2009. Self-control in decision-making involves modulation of the vmPFC valuation system. Science, 324 (5927): 646-648.

Johnson E J, Häubl G, Keinan A. 2007. Aspects of endowment: a query theory of value construction. Journal of Experimental Psychology: Learning, Memory, and Cognition, 33 (3): 461.

Kable J W, Glimcher P W. 2007. The neural correlates of subjective value during intertemporal choice. Nature Neuroscience, 10 (12): 1625-1633.

Kable J W, Glimcher P W. 2010. An "as soon as possible" effect in human intertemporal decision making: behavioral evidence and neural mechanisms. Journal of Neurophysiology, 103 (5): 2513-2531.

Kirby K N, Petry N M. 2004. Heroin and cocaine abusers have higher discount rates for delayed rewards than alcoholics or non-drug-using controls. Addiction, 99 (4): 461-471.

Laibson D. 1997. Golden eggs and hyperbolic discounting. The Quarterly Journal of Economics, 112 (2): 443-478.

Laibson D. 2001. A cue-theory of consumption. The Quarterly Journal of Economics, 116 (1): 81-119.

Li J Z, Li S, Liu H. 2011. How has the Wenchuan earthquake influenced people's intertemporal choices? Journal of Applied Social Psychology, 41 (11): 2739-2752.

Loewenstein G F. 1988. Frames of mind in intertemporal choice. Management Science, 34 (2): 200-214.

Mazur J E. 1984. Tests of an equivalence rule for fixed and variable reinforcer delays. Journal of Experimental Psychology: Animal Behavior Processes, 10 (4): 426.

McClure S M, Ericson K M, Geissler K H, et al. 2007. Time discounting for primary rewards. Journal of Neuroscience, 27 (21): 5796-5804.

McClure S M, Laibson D I, Loewenstein G, et al. 2004. Separate neural systems value immediate and delayed monetary rewards. Science, 306 (5695): 503-507.

Muraven M, Baumeister R F. 2000. Self-regulation and depletion of limited resources: does self-control resemble a muscle? . Psychological Bulletin, 126 (2): 247.

O'Donoghue T, Rabin M. 1999. Doing it now or later. American Economic Review, 89 (1): 103-124.

Peters J, Büchel C. 2011. The neural mechanisms of inter-temporal decision-making: understanding variability. Trends in Cognitive Sciences, 15 (5): 227-239.

Prelec D, Loewenstein G. 1991. Decision making over time and under uncertainty: a common approach. Management Science, 37 (7): 770-786.

Rangel A, Hare T. 2010. Neural computations associated with goal-directed choice. Current Opinion in Neurobiology, 20 (2): 262-270.

Read D, Roelofsma P H. 2003. Subadditive versus hyperbolic discounting: a comparison of choice and matching. Organizational Behavior and Human Decision Processes, 91 (2): 140-153.

Samuelson P A. 1937. A note on measurement of utility. Review of Economic Studies, 4 (2): 155-161.

Scholten M, Read D. 2010. The psychology of intertemporal tradeoffs. Psychological Review, 117 (3): 925.

Takahashi T, Oono H, Radford M H B. 2008. Psychophysics of time perception and intertemporal choice models. Physica A: Statistical Mechanics and its Applications, 387 (8/9): 2066-2074.

Trope Y, Liberman N. 2003. Temporal construal. Psychological Review, 110 (3): 403.

Trope Y, Liberman N. 2010. Construal-level theory of psychological distance. Psychological Review, 117 (2): 440.

Weber E U, Johnson E J, Milch K F, et al. 2007. Asymmetric discounting in intertemporal choice: a query-theory account. Psychological Science, 18 (6): 516-523.

Zauberman G, Kim B K, Bettman J R, et al. 2009. Discounting time and time discounting: subjective time perception and intertemporal preferences. Journal of Marketing Research, 46 (4): 543-556.

第 7 章　不确定性下的决策

7.1　风险决策行为理论的发展

俗语有云"天上不会掉馅饼，万事总会有风险"。在人们日常的生活中，风险如影随形，小到彩票购买，大到家庭理财，投资置业，无一不面对着不确定风险的挑战。因此，风险决策一直以来都是决策科学研究的一个重要议题，例如著名的芝加哥经济学派创始人弗兰克·奈特（Frank Knight）的成名作便是《风险、不确定性与利润》(*Risk, Uncertainty and Profit*)。以丹尼尔·卡尼曼获得诺贝尔经济学奖为代表，关于风险与不确定性的行为决策研究在过去几十年中取得了长足发展。本章简要回顾了风险决策的理论发展及神经科学与风险决策的相关研究。

7.1.1　期望值、期望效用理论

期望值理论与期望效用理论是传统决策科学的规范理论。前景理论（prospect theory）是在这两个理论的基础上发展起来的描述现实场景下人们风险决策行为的行为决策模型。这些决策模型都认为人们的偏好选择是金钱的幅值（magnitude）与可能收益（outcome）概率的乘积，因此统称为基于预期的风险决策模型（Schonberg et al., 2011，图 7-1）。

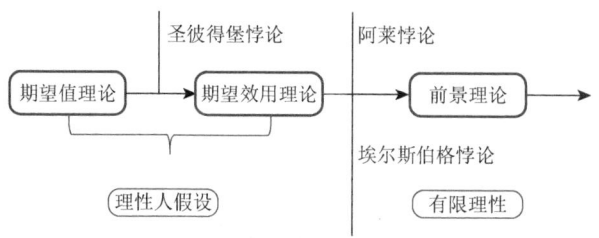

图 7-1　风险决策理论的发展历程

期望值理论认为，个体决策者的选择是基于对选择结果的数学期望值最大化这一数值的判断，即 $EV = p \cdot x$ 的大小。其基本理论是在已知收益分布的情形下，依据概率分布计算和对比所有选项的期望收益值，再根据期望收益最大化原则来

进行决策。但是，该理论是否就能够合理解释实际的所有情况呢？尼古拉斯·伯努利（Nikolaus Bernoulli）提出的圣彼得堡悖论（St. Petersburg Paradox）对这一理论提出了挑战。该悖论指出，期望值理论并没有真实刻画人们对风险决策的态度。丹尼尔·伯努利（Daniel Bernoulli）在分析圣彼得堡悖论后认为，风险决策过程中不应当以财富的金额来衡量收益，而应当以个体决策者对财富的主观满足感大小，即财富的函数来衡量。丹尼尔·伯努利称之为"心理期望"（moral expectation），即现在所说的"效用"（utility），其中主要包含两个基本原理：边际效用递减原理和最大期望效用原理。这两条原理至今仍是经济学中最基本的原理之一（图7-2）。丹尼尔·伯努利的观点得到了学术界的广泛的认同，"效用"的概念也使人们在风险决策过程中对收益的衡量从数值判断转变为了价值判断，并且开始从个体决策者的主观角度来考虑风险决策问题。之后，人们开始进一步探讨效用函数应当具有什么样的性质以及能否确定其具体的函数形式。20世纪40年代，冯·诺依曼与摩根斯坦从个体的理性偏好出发，运用逻辑和数学工具，提出了确定效用函数的期望效用理论系统公理（EU = $p \cdot u(x)$，von Neumann and Morgenstern，1947）。其中，$u(x)$是指个体决策者在得到x时的效用函数，也就是其对客观价值的主观评价。期望效用理论体系隐含要求效用函数符合占优性（dominance）、不变性（invariance）、相消性（cancellation）和传递性（transitivity）四个公理。

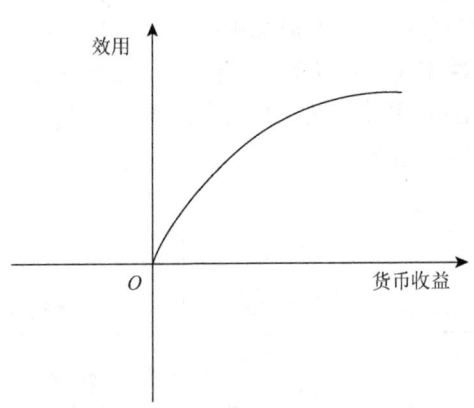

图7-2　期望效用理论

占优性指的是如果选项A在各个方面都至少与选项B一样好，而且至少在一种状态下好于选项B，那么A占优于B，决策者在决策时更青睐于选项A。

不变性是指决策者的决策不会受到决策选项描述方式的影响，即人们对于具有相同的可能后果和不同描述方式的选择中的选项偏好应该始终是一致的。

相消性指在面对不同选择选项时，人们只区别具有不同结果的选项，有相同结果的事件可以相互抵消，即若决策者对选项 A 的偏好优于选项 B，因此对于任意的选项 C，总是符合 $p\times A+C\times(1-p)>p\times B+(1-p)\times C$。因此，相消性公理可以用相减的形式去除不同选择项中具有相同结果的部分。

传递性是指对于任意的三个不确定选项 A、B、C，如果选项 A 优于选项 B，选项 B 优于选项 C，那么可以类推推导得出选项 A 优于选项 C，满足传递性的规则。该部分的理论至今仍是微观经济决策理论的基础框架。这四条公理是期望效用理论成立的必要条件，期望效用理论认为，假如个体决策者在选择风险决策备选方案的过程是符合四条效用公理的，那么该决策者一定会选择期望效用最大的那个方案。期望效用理论公理体系解决了效用函数的存在性问题，被视为决策理论中具有里程碑意义的重大突破，成为处理风险决策问题的分析范式，进而构筑起微观经济学的理论大厦。

在此基础上，许多理论学家对期望效用理论进行了扩展，逐渐发展出了效用理论系统。其中最为著名的是萨维奇（Savage，1954）提出的主观期望效用理论（subjective expected utility theory），即 $SEU = \pi \cdot u(x)$。该理论用主观概率 π 替代了期望效用理论模型中的客观概率 p，认为在期望效用理论的计算中，需要考虑个体主观的因素，而不仅仅是客观概率；而 Luce（1959）则提出了"随机选择模型"来解释选择偏好的改变，认为偏好是一种随机概率而不是 100% 的确定选择，这也与计量经济学中的随机效用模型不谋而合。总体而言，一般意义上的"期望效用理论体系"是指冯·诺依曼与摩根斯坦提出的期望效用理论及其发展的各种变式，包括主观期望效用理论在内，都仍然是一个规范决策框架下的内容。

时至今日，期望效用理论仍然是研究风险决策的核心理论基础。但是应该看到，无论是期望效用理论还是主观期望效用理论，都描述了"理性人"在风险条件下的决策行为。现实中的人不是纯粹的理性人，决策受到各种复杂机制的影响，决策科学的进一步发展开始对期望效用理论提出了挑战，发现了该理论与实际选择行为存在大量的不一致现象，直接动摇了风险决策的理论基础，其中最为著名的是阿莱悖论与埃尔斯伯格悖论。其中，阿莱悖论违背了期望效用理论中相消性和传递性的基本假设而后者违反了相消性公理（Plous，1993）。

7.1.2　前景理论

面对诸如与上述两个经典悖论一样和期望效用理论相悖的研究结果，决策科学面对着种种来自实证的挑战。近几十年中，决策科学将心理学引入到决策科学中，通过一系列的行为实验发现，在实验室或现实场景中的各种决策行为，存在着与理性假设相悖的系统性偏差。行为决策科学家试图提出新的决策理论来解释这些"异象"。其中最有影响力的是阿莫斯·特沃斯基与丹尼尔·卡尼曼于 1979 年提出的前景理论（Kahneman and Tversky，1979）。

前景理论认为人们是根据期望预期的可能收益值与实际感知到的概率乘积大小来进行选择($V(x, p) = w(p) \times v(x)$)。在该理论中，价值函数替代了期望效用理论中的效用函数，而概率权重函数替代了期望效用理论中的线性概率。

前景理论的价值函数认为人的决策符合参照依赖（reference dependence）、敏感性递减（diminishing sensitivity）以及损失规避（loss aversion）三个条件（Kahneman and Tversky，1979；Tversky and Kahneman，1992；董志勇，2006）。①参照依赖，决策者的决策选择是参考点即相对值而不是绝对值进行比较，而这个相对值容易受到描述框架的影响。②敏感性递减，在收益与损失两个域上，函数呈"S"形，收益时为凹函数，而损失时为凸函数，随着收益或者损失绝对值的增加，敏感性逐渐减低。③损失规避，损失相对于收益更加敏感。与期望效用理论假设人总是风险规避不同的是，决策者在获益时相对趋向于风险规避，而在面对损失时相对倾向于风险偏好（详见图 7-3）。

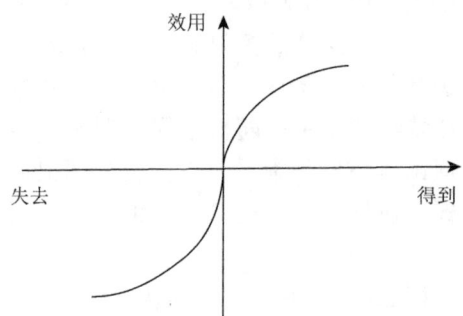

图 7-3　前景理论之价值函数（Kahneman and Tversky，1979；Tversky and Kahneman，1992）

前景理论的概率权重函数认为概率 p 作为单调函数，在概率是小概率时被高估，在大概率时被低估，在特沃斯基与卡尼曼的研究中发现，1% 的概率获得 200 美元大约与确定得到 10 美元是等价的；99% 的概率获得 200 美元大约与确定得到 188 美元是等价的，也就是说，剩下的 1% 概率相当于 12 美元。因此，剩下的 98% 的概率相当于价值 178 美元，平均每 1% 的概率相当于 1.8 美元。该例子很好地说明了小概率高估，大概率低估的情形（图 7-4）。一般认为在 p 小于 0.3~0.4 时概率被高估，而当 p 大于 0.4 时概率被低估（Hsu et al.，2009；Tobler et al.，2008）。

从价值函数的正负域的凹凸性与概率权重函数中小概率高估、大概率低估可以看到，在面对小概率的大收益与一个确定小收益选项时，由于对小概率的高估

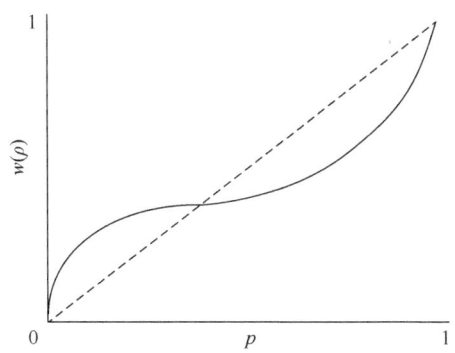

图 7-4　前景理论之概率密度函数（Kahneman and Tversky，1979；Tversky and Kahneman，1992）

与价值函数的凹性使得人们倾向于风险偏好；而相应地在损失的情形下，由于人们高估了损失发生的小概率，决策者表现出风险规避。在面对大概率的情形与相对较小的确定的收益，由于价值函数的凹性与对大概率的低估，人们倾向于风险规避，而在损失的情况下由于对大概率的低估和对确定损失的厌恶而变得风险偏好，即著名的四折模式（fourfold pattern，具体例子详见表 7-1）。

表 7-1　四折模式

概率	收益（+¥100）	损失（-¥100）
低（0.05）	¥13 风险偏好	-¥9 风险规避
高（0.95）	¥76 风险规避	-¥85 风险偏好

　　根据以上对期望值理论、期望效用理论与前景理论的解释，我们可以清楚地看到基于预期的风险决策理论的发展，但是对于现实中的个体决策者按照何种决策模型的方式进行决策，个体之间还存在着较大差异。实证研究发现，大多数的人选择根据前景理论的决策模式对概率进行感知，但是约 20%的个体在决策时，仍然按照符合期望效用理论的方式进行决策。Bruhin 等（2010）利用 Wu 和 Gonzalez（1996）的概率权重函数发现，相对于瑞士人，中国人在面对风险选择时更加概率不敏感，同时更加乐观。

　　风险决策理论的演进与发展大脉络如图 7-1 所示，在最早经典的期望值理论中，无论是概率还是效用都是线性的，在冯·诺依曼与摩根斯坦的期望效用模型中，凹性的边际效用递减的非线性效用替代了线性的期望值，而在主观期望效用理论中，萨维奇将主观概率纳入到方程中，因此效用与概率组成了非线性的组合，而描述性的模型框架前景理论更进一步升华了两者，认为风险决策具有参照点，获益和损失是相对的而非绝对的，并且用在获益和损失情形下不一致的价值函数替代原有的效用函数，而用概率权重函数来描述现实决策情境下的概率感知，为决策神经科学的进一步研究奠定了非常坚实的基础。在风险决策研究的基础上，与神经科学技术的发展相结合，从神经科学的水平对风险决策的加工机理进行研究，对损失规避、参照依赖、非线性概率等研究进展进行回顾。

7.1.3 风险决策和神经成像

1. 损失规避的神经机理

在 Tom 等（2007）的研究中，让被试者在核磁共振下完成一个损失规避任务（loss aversion task，图7-5）。行为上发现损失规避的存在，即相对于获益，人们对损失更为敏感；在神经层面，随着可能收益的增加，中脑多巴胺系统及其投射区域腹侧纹状体激活增加，而当可能的损失值上升时，这一对奖赏敏感区域的活动就会下降，说明奖赏系统同时参与了对风险获益与损失的加工，而且神经加工模式符合前景理论提出的损失规避的特点。

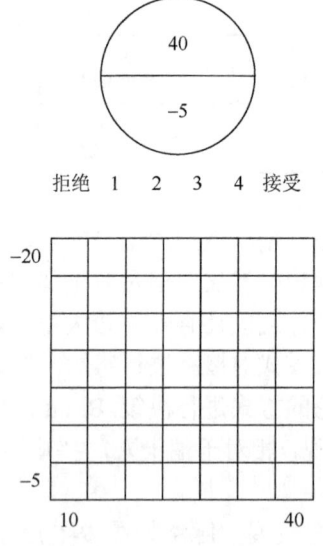

图7-5 损失规避任务（Tom et al., 2007）

在此基础上，de Martino 等（2010）改编了损失规避任务，然后利用该改编任务对双侧杏仁核受损的病人与正常控制组对照研究发现，当大脑内的恐惧中心杏仁核受损后，相对于正常人，病人在面对投资选项时更加倾向于风险偏好，提示大脑内的杏仁核除加工恐惧应答外，还参与了损失规避的决策。诚如 de Martino 所言，杏仁核作为一个非常重要的控制中心，当人们面对可能出现的负面后果时，杏仁核能够抑制人们做出有风险的决策，从而保证我们在日常财务决策过程中不至于遭受财务损失。该结果与 Weller 等（2007）的研究结果相一致，在获得的情形下，在风险劣势的选项中，双侧杏仁核损伤的病人相对于正常人更容易做出风险偏好的决策。Schulreich 等（2016）发现外源性（incidental）的害怕面孔可以通过增加个体的风险规避行为并导致损失规避的发生。Sokol-Hessner 等（2013）发现损失规避行为与杏仁核的激活相关。通过情绪调节操纵，增加了大脑背外侧前额叶与内侧前额叶的基线激活水平，并减少了损失规避行为。Charpentier 等（2016）通过损失规避任务之前设置情绪启动来研究情绪这一因素对损失规避的影响。行为层面的结果发现，轻度焦虑特质的个体在情绪线索下会表现出更强烈的损失规避。神经层面，发现轻度焦虑特质的个体在情绪驱动下表现出更强烈的损失规避，并且杏仁核与纹状体的功能连接增强。该研究结果表明，情绪线索能够引起更强烈的损失规避行为和杏仁核–纹状体耦合，揭示了情绪因素对风险决策影响的潜在机制。同样是利用损失规避任务（Tom et al.，2007），在我们团队参与的一项发表在 *Nature* 的全球协作项目中（Botvinik-Nezer et. al，2020），来自全球 70 余个团队共同参与了对包含损益的风险决策任务下的行为与 fMRI 数据进行全流程的数据分析的任务。该项研究发现：①虽然不同团队通过各自的数据分析流程（pipeline）得到的全脑激活数据结果较为类似，但在最终汇报的研究假设的验证方面，不一致性很大；②模拟金融交易市场，在利用真实的金钱投资的预测市场（prediction market）中，发现无论是未参与本项目神经成像相关研究领域的学者，还是实际参与了项目数据分析汇报的团队成员，在投资行为上都表现出高估实验假设能被证实的概率。该研究通过损失规避任务的神经成像研究，也说明了在可重复研究的大背景下，实验数据分析流程和解读对于实验结果汇报的重要性。

2. 参照依赖的神经机理

在前景理论中，价值函数的一个重要特点就是容易受到描述框架的影响，de Martino 等（2006）利用他们小组设计的一个风险框架的赌博任务，印证了该现象的存在。从行为学的水平发现，被试在面对正性框架时更加倾向于选择确定的收益选项，而在负性框架下更加倾向于做出风险偏好的选择，与前景理论的基本结论相一致。同时，进行同步 fMRI 扫描发现，当被试受到框架效应影响，即在正性框架下选择风险规避，在负性框架下选择风险偏好时，大脑的杏仁核明显激活。杏仁核是皮层下结构，边缘系统的重要部分，说明情绪在框架效应这种决策偏差中起到了重要的作用,而在不受框架效应影响时眶额叶和内侧前额叶明显激活,再对被试的行为数据与大脑激活进行相关研究后发现,眶额叶皮层的激活程度越高,被试更容易做出理性的、不受框架效应影响的决策。在此基础上,Roiser 等(2009)将框架效应的神经科学研究深入到基因层面,研究不同基因携带者的大脑功能对框架效应敏感性的影响,从基因成像学的角度来阐释框架效应的机理。该研究发现,携带短链的被试相对于携带长链的被试,更加容易受到框架效应的影响,而且,无论在正性还是负性框架下,相对于未受到框架效应影响的试次,被试受到框架效应影响时,携带短链5-HTTLPR 的被试有明显的杏仁核激活,而携带长链 5-HTTLPR 纯合子的被试没有相应脑区的激活。功能联结分析还发现,携带短链 5-HTTLPR 的被试在做出背离框架效应的选择时,不能增加杏仁核与前额叶之间的联结耦合,说明携带短链基因的被试在做出相应的决策时,大脑分管理性分析的前额叶对边缘系统自上而下的控制(top-down control)相对较弱,使得被试的决策更加容易受情绪的左右,从而更加容易受到框架效应的影响。这两项研究都很好地说明框架效应这种决策偏差是通过大脑中两个系统——皮层结构与皮层下结构的互动,从而实现对决策的调节。而 Li 等(2017)的研究对双系统的解释提出了挑战。该研究将框架决策任务下的成像数据与元分析的成像数据库进行匹配分析发现,当决策者受到框架效应影响时,大脑网络的激活与静息态模式相一致。而当没有受到框架效应时,大脑的激活模式跟决策任务下的模式更加类似,提示注意力在其中扮演了一个重要的角色,因此注意力与风险框架之间的关系也是最近研究的一个热点(Roberts et al.,2021)。

3. 非线性概率的神经机理

对概率权重函数而言,小概率高估、大概率低估的非线性是其一个重要特点,也是决策神经科学研究关注的一个重要方向。在 Tobler 等(2008)的研究中,设置了不同水平的概率与幅值,让被试观察几种组合的选择项,并对行为数据根据 Wu 和 Gonzalez(1999)提出的概率权重函数模型进行建模发现,当高估小概率、低估大概率时,背外侧前额叶激活,而腹侧额叶的激活正好相反,在低估小概率、高估大概率时激活,而纹状体则参与了概率的线性加工。因此,作者推测,纹状体可能通过参与了对概率的线性加工,直观地反映了对现实世界中真实概率的加工,体现了期望值或者期望效用理论;而前额叶通过表征了大脑对概率的二次加工,反映了非线性的心理过程,表征了前景理论。为了进一步验证非线性概率权重函数的存在,Hsu 等(2009)的研究进一步进行了拓展,行为结果发现整体被试对概率的评估符合倒"S"形的非线性规律,即对小概率高估,而对中高概率低估。同时利用 Prelec 的单参数模型 $w(p) = \exp\{-(-\ln(P))^{\alpha}\}$ 和价值函数 $V(x) = x\rho$ 求得价值函数的幂函数系数 σ 与概率权重函数的 α 值，在此基础上，巧妙地将权重函数拆分为线性与非线性两个回归量，然后根据这一建模思路对每一个被试的 BOLD 数据进行建模。如果说大脑是根据期望效用理论的模式对风险选项进行加工，那么只有线性建模能够找到相应的激活脑区，而如果大脑也存在利用前景理论模型的模式进行加工，那么无论是非线性还是线性都应该找到相应的激活脑区。结果发现大脑中存在着与非线性权重相一致的脑区，其中与奖赏相关的脑区纹状体参与了这一过程，从神经学水平证明了大脑存在着对非线性概率的加工。

Paulus 和 Frank（2006）通过一个阶梯调整来计算不同的概率与数值幅度对应的每个被试的确定性等值（certainty equivalent，CE），并进行计算建模发现，前扣带回参与了对非线性概率的表征，因此推测对小概率的高估与大概率的低估可能是由前扣带回的控制能力减弱所致。Berns 等（2008）利用电刺激对概率进行研究，该实验分为两个阶段，被动地观察与主动地选择。记录的皮电结果发现与概率呈现线性相关，皮电能够反映情绪的唤醒度，提示唤醒度并不能表征概率的非线性。fMRI 的结果发现顶叶、岛叶与双侧的颞上回参与了倒"S"形概率的行为偏倚的加工，特别有意思的是在被动阶段的大脑激活，能够很好地预测在主动选择阶段的选择，说明大脑对概率的表征存在着内在的偏好，而且在主动与被动两个阶段是相一致的。

在 Takahashi 等（2010）的研究中，同 Paulus 和 Frank（2006）的研究一样，利用卡尼曼和特沃斯基发展的阶梯调整来获得对每个概率与振幅组合的 CE 值，并利用前景理论的公式，获得个体水平的 α 与 σ 的值，其中，α 反映了概率权重函数的曲率，如果 $\alpha = 1$，则权重函数与期望效用理论中的 p 函数重合。如果 $\alpha < 1$，则权重函数为经典的反"S"形，α 值越小，曲率越大，即越小概率高估，表现为风险偏好，大概率低估，越风险规避。在该实验中招募了两组被试，完成风险决策任务，获得每个被试的 α 与 σ 值。每组被试分别通过不同的放射线标记的方法获得相应 D1、D2 受体在纹状体区域尾核与壳核的受体密度，用结合潜力（binding potential）表示，并用该值与 α 与 σ 值做相关分析发现，纹状体区域的 D1 受体的 BPND 与 α 值呈现正相关，即 D1 受体的密度越小，α 值越小，权重函数曲线的曲率越大，在小概率时候更加高估风险从而更加地风险偏好，而在大概率的时候，相对于实际的概率，更加地低估，从而在大概率情形下更加地风险规避。过去 Rottenstreich 和 Hsee（2001）发现，在面对接吻与电击等富含情感的刺激时，相对于情感贫瘠的刺激概率权重函数的曲率更大，因此猜测 D1 受体的密度可能与情感有关，而使得 D1 密度小的被试拥有曲率更大的概率权重函数曲线。但是 Hsee 和 Rottenstreich（2004）在接下来的研究中发现，与情感贫瘠的刺激相比，情感丰富的刺激能够让被试有更加上凹的价值

函数,具体来说情感丰富的刺激下,对幅值有无非常敏感,而对幅值的大小不敏感,而在该研究中并未发现反映价值函数凹性的 σ 值与 D1 和 D2 受体结合潜力的相关关系,需要未来进一步的研究来加以阐明。关于对非线性概率的相关研究总结详见表 7-2。

表 7-2 决策神经科学非线性概率的相关研究总结

论文	任务方式	非线性权重建模	相关脑区	研究工具
Paulus 和 Frank（2006）	逐级流程	单参数模型 $w(p) = \exp\{-(-\ln(P))^\alpha\}$	前扣带回	fMRI
Berns et al.（2008）	疼痛刺激	$W(p) = p^c / [p^c + (1-p)^c]^{1/c}$	顶叶、岛叶、颞上回	fMRI
Tobler et al.（2008）	金钱赌局	$W(p) = [1+(1-p)^a / bp^a]^{-1}$	前额叶、纹状体	fMRI
Hsu et al.（2009）	金钱赌局	单参数模型 $w(p) = \exp\{-(-\ln(P))^\alpha\}$	纹状体、丘脑、扣带	fMRI
Takahashi et al.（2010）	逐级流程	单参数模型 $w(p) = \exp\{-(-\ln(P)^\alpha)\}$	纹状体	PET

7.2　风险-价值的风险决策模型

7.2.1　均值-方差模型的行为学解释

除了基于期望的风险决策模型以外,现代金融学的奠基人 Markowitz 在期望效用理论的基础上,提出了资产组合理论(Markowitz,1952)。该理论认为对风险选项的偏好可以用均值方差模型(mean variance model)来表述(VMR = $\mu - b\sigma$),其中,μ 表示均值的分布,而 σ 为方差,表示可能后果的概率分布,反映了概率分布的扰动,即相当于数学期望值的一个距离。因为风险指的是在不确定的情形下的概率的分布情况,因此概率可以通过方差或者其开方——标准差来体现。b 为方差 σ 的系数,反映个体的风险偏好程度,如果 b 大于 0,说明决策者风险规避,并且值越大,风险规避越明显,$b<0$ 则说明决策者风险偏好。该理论认为决策是预期奖赏与风险之间的一个权衡,而不是期望效用理论中对期望效用大小的一个权衡,根据预期奖赏与风险,可以获得个体的无差异曲线(图 7-6)。该模型最早由 Markowitz 在 1952 年提出,奠定了现代金融学与证券投资理论的基础。

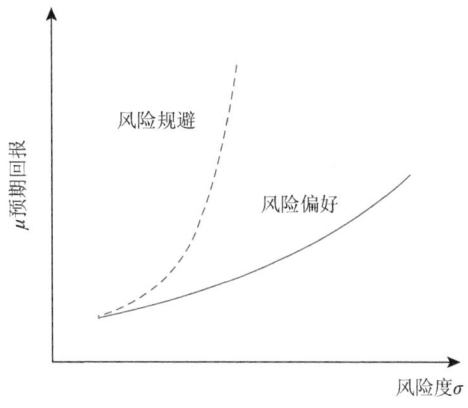

图 7-6 均值方差模型

如图 7-7,在两种可能选择的情形下,随着概率的增加,结果的值呈线性增加,但是在概率为 0.5 的情形下,风险最大,而从 0.5 开始的概率的增大或者减小,风险都开始减小,即呈现倒"U"形的分布。

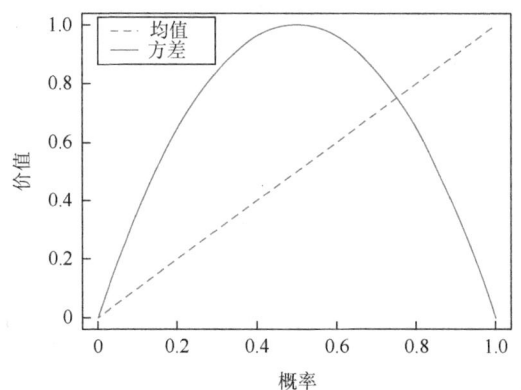

图 7-7 均值与方差的分离(Preuschoff et al., 2006)

7.2.2 均值–方差模型的神经学证据

Critchley 等(2001)设计了一个牌局,在该实验中,一共有 10 张不同数值的扑克牌。每一轮中,首先出现一张扑克牌,然后让被试去猜测接下来的牌是大于还是小于刚翻出的这张牌,在一段延时之后第二张牌翻出。该范式通过这样的操纵分离了唤醒度与不确定性,发现在预期延时阶段,前扣带回与眶额叶皮层的激活与不确定性大小相关,而前扣带回、背外侧前额叶与顶叶的激活则与唤醒度相关。在此基础上,Preuschoff 等(2006)改编了该赌局的实验任务,并从如图 7-7

所示的思路进行计算建模。结果发现，随着概率的增加，左侧腹侧纹状体的激活也呈线性增加，说明腹侧纹状体表征了奖赏，而岛叶的激活则呈现倒"U"形的激活模式，在概率为 0.5 时最大，而随着概率的增大或者减小，其激活都减弱。因此，该研究作者认为腹侧纹状体表征了奖赏，而岛叶则反映了对风险的感知程度。从神经科学的层面，为均值-方差模型提供了佐证，无论是奖赏还是风险都是由皮层下结构表征，而与过去的对概率的研究相左的是，该研究第一次发现风险与奖赏可以是分离的。在此基础上，Preuschoff 等（2008）进一步通过计算建模发现，风险预测偏差（risk prediction error）也与风险一样，由大脑中的岛叶来进行表征。Rudorf 等（2012）利用风险态度问卷区分了风险规避与风险偏好的个体，发现在预期高风险时，风险规避者的纹状体与岛叶表现出更加明显的激活。并且还发现相对于风险偏好的个体，风险规避者在表征风险预期偏差的前岛叶、前扣带回等没能很好地区分不同程度的风险。因此，作者推断，风险规避者由于对潜在风险的过度估计从而表现出风险规避的行为。关于对风险决策研究相关脑区的总结详见表 7-3。

表 7-3 风险决策相关脑区的总结

要素	效用理论特征	相关脑区
价值	反应奖赏幅度（magnitude）	前额叶、纹状体（Knutson et al., 2005），脑岛（Kalenscher et al., 2010）
	预测偏差	中脑多巴胺系统及其投射区域，如伏隔核（D'Ardenne et al., 2008）
	主观价值（subjective value）	内侧眶额叶皮层（Rangel and Hare, 2010）
	预测奖赏或期望价值	纹状体（Christopoulos et al., 2009）、外侧前额叶（Tobler et al., 2009）
风险	风险评估	扣带回（Christopoulos et al., 2009）、中脑多巴胺系统（Tom et al., 2007）、岛叶（Preuschoff et al., 2006；Preuschoff et al., 2008）、外侧前额叶（Tobler et al., 2009）
	风险偏好	背外侧前额叶（-）（Gianotti et al., 2009）
	风险规避	额下回（Christopoulos et al., 2009）、背外侧前额叶（+）（Gianotti et al., 2009）
概率	概率的表征	腹内侧前额叶（Knutson et al., 2005）、后扣带回（Kalenscher et al., 2010）
	概率的非线性（概率权重函数）	前扣带回（Paulus et al., 2003）、顶叶、岛叶、颞上回（Berns et al., 2008）、前额叶、纹状体（Tobler et al., 2008）、丘脑、扣带（Hsu et al., 2009）、纹状体（Hsu et al., 2009；Takahashi et al., 2010；Tobler et al., 2008）

7.3 风险决策研究展望

由于风险决策研究问题的重要性，在行为决策研究的基础上，风险决策在决策神经科学领域也受到了广泛的关注。本章在简要总结风险决策理论发展历程的基础上，对于决策神经科学的实证研究，一方面从前景理论的框架，对风险决策中的损失规避、框架效应、概率的非线性等方面进行了概述；另一方面，对均值-方差模型的理论和相关研究也进行了回顾和总结。未来的风险决策研究中，一方面，可以从管理决策的视角出发，探讨风险决策的神经应答与真实的管理决策行为之间的关系；另一方面，在神经科学驱动的视角下，进一步深化与开发风险管理决策的相关理论。通过行为科学、神经科学等学科的跨学科的系统研究与总结，为风险管理决策提供实践指导。

参 考 文 献

董志勇. 2006. 行为经济学中的社会公平态度与价值取向研究——以新加坡，中国上海和兰州为例. 中国工业经济, 10: 75-81.

Berns G S, Capra C M, Chappelow J, et al. 2008. Nonlinear neurobiological probability weighting functions for aversive outcomes. NeuroImage, 39 (4): 2047-2057.

Botvinik-Nezer R, Holzmeister F, Camerer C F, et al. 2020. Variability in the analysis of a single neuroimaging dataset by many teams. Nature, 582 (7810): 84-88.

Bruhin A, Fehr-Duda H, Epper T. 2010. Risk and rationality: uncovering heterogeneity in probability distortion. Econometrica, 78 (4): 1375-1412.

Charpentier C J, de Martino B, Sim A L, et al. 2016. Emotion-induced loss aversion and striatal-amygdala coupling in low-anxious individuals. Social Cognitive and Affective Neuroscience, 11 (4): 569-579.

Christopoulos G I, Tobler P N, Bossaerts P, et al. 2009. Neural correlates of value, risk, and risk aversion contributing to decision making under risk. Journal of Neuroscience, 29 (40): 12574-12583.

Critchley H D, Mathias C J, Dolan R J. 2001. Neural activity in the human brain relating to uncertainty and arousal during anticipation. Neuron, 29 (2): 537-545.

D'Ardenne K, McClure S M, Nystrom L E, et al. 2008. BOLD responses reflecting dopaminergic signals in the human ventral tegmental area. Science, 319 (5867): 1264-1267.

de Martino B, Camerer C F, Adolphs R. 2010. Amygdala damage eliminates monetary loss aversion. Proceedings of the National Academy of Sciences, 107 (8): 3788-3792.

de Martino B, Kumaran D, Seymour B, et al. 2006. Frames, biases, and rational decision-making in the human brain. Science, 313 (5787): 684-687.

Gianotti L R, Knoch D, Faber P L, et al. 2009. Tonic activity level in the right prefrontal cortex predicts individuals' risk taking. Psychological Science, 20 (1): 33-38.

Hsee C K, Rottenstreich Y. 2004. Music, pandas, and muggers: on the affective psychology of value. Journal of Experimental Psychology: General, 133 (1): 23-30.

Hsu M, Krajbich I, Zhao C, et al. 2009. Neural response to reward anticipation under risk is nonlinear in probabilities. Journal of Neuroscience, 29 (7): 2231-2237.

Kahneman D, Tversky A. 1979. Prospect theory: an analysis of decision under risk. Econometrica, 47 (2): 363-391.

Kalenscher T, Tobler P N, Huijbers W, et al. 2010. Neural signatures of intransitive preferences. Frontiers in Human Neuroscience, 4: 49.

Knight F H. 1921. Risk, Uncertainty and Profit. Lowa City: Houghton Mifflin.

Knutson B, Taylor J, Kaufman M, et al. 2005. Distributed neural representation of expected value. Journal of Neuroscience, 25 (19): 4806-4812.

Li R, Smith D V, Clithero J A, et al. 2017. Reason's enemy is not emotion: engagement of cognitive control networks explains biases in gain/loss framing. Journal of Neuroscience, 37 (13): 3588-3598.

Luce R D. 1959. On the possible psychophysical laws. Psychological Review, 66 (2): 81.

Markowitz H. 1952. The utility of wealth. Journal of Political Economy, 60 (2): 151-158.

Paulus M P, Frank L R. 2006. Anterior cingulate activity modulates nonlinear decision weight function of uncertain prospects. NeuroImage, 30 (2): 668-677.

Paulus M P, Rogalsky C, Simmons A, et al. 2003. Increased activation in the right insula during risk-taking decision making is related to harm avoidance and neuroticism. NeuroImage, 19 (4): 1439-1448.

Plous S. 1993. The Psychology of Judgment and Decision Making. New York: Mcgraw-Hill Book Company.

Preuschoff K, Bossaerts P, Quartz S R. 2006. Neural differentiation of expected reward and risk in human subcortical structures. Neuron, 51 (3): 381-390.

Preuschoff K, Quartz S R, Bossaerts P. 2008. Human insula activation reflects risk prediction errors as well as risk. Journal of Neuroscience, 28 (11): 2745-2752.

Rangel A, Hare T. 2010. Neural computations associated with goal-directed choice. Current Opinion in Neurobiology, 20 (2): 262-270.

Roberts I D, Teoh Y Y, Hutcherson C A, et al. 2021. Time to Pay Attention? Information search explains amplified framing effects under time pressure. Psychological Science, 33 (1): 90-104.

Roiser J P, de Martino B, Tan G C, et al. 2009. A genetically mediated bias in decision making driven by failure of amygdala control. Journal of Neuroscience, 29 (18): 5985-5991.

Rottenstreich Y, Hsee C K. 2001. Money, kisses, and electric shocks: on the affective psychology of risk. Psychological Science, 12 (3): 185-190.

Rudorf S, Preuschoff K, Weber B. 2012. Neural correlates of anticipation risk reflect risk preferences. Journal of Neuroscience, 32 (47): 16683-16692.

Savage L J. 1954. The Foundations of Statistics. New York: John Wiley.

Schonberg T, Fox C R, Poldrack R A. 2011. Mind the gap: bridging economic and naturalistic risk-taking with cognitive neuroscience. Trends in Cognitive Sciences, 15 (1): 11-19.

Schulreich S, Gerhardt H, Heekeren H R. 2016. Incidental fear cues increase monetary loss aversion. Emotion, 16 (3): 402-412.

Sokol-Hessner P, Camerer C F, Phelps E A. 2013. Emotion regulation reduces loss aversion and decreases amygdala responses to losses. Social Cognitive and Affective Neuroscience, 8 (3): 341-350.

Takahashi H, Matsui H, Camerer C, et al. 2010. Dopamine D1 receptors and nonlinear probability weighting in risky choice. Journal of Neuroscience, 30 (49): 16567-16572.

Tobler P N, Christopoulos G I, O'Doherty J P, et al. 2008. Neuronal distortions of reward probability without choice.

Journal of Neuroscience, 28 (45): 11703-11711.

Tobler P N, Christopoulos G I, O'Doherty J P, et al. 2009. Risk-dependent reward value signal in human prefrontal cortex. Proceedings of the National Academy of Sciences, 106 (17): 7185-7190.

Tom S M, Fox C R, Trepel C, et al. 2007. The neural basis of loss aversion in decision-making under risk. Science, 315 (5811): 515-518.

Tversky A, Kahneman D. 1992. Advances in prospect theory: cumulative representation of uncertainty. Journal of Risk and Uncertainty, 5 (4): 297-323.

von Neumann J, Morgenstern O. 1947. Theory of games and economic behavior. Princeton: Princeton University Press.

Weller J A, Levin I P, Shiv B, et al. 2007. Neural correlates of adaptive decision making for risky gains and losses. Psychological Science, 18 (11): 958-964.

Wu G, Gonzalez R. 1996. Curvature of the probability weighting function. Management Science, 42 (12): 1676-1690.

Xu P, Gu R, Broster L S, et al. 2013. Neural basis of emotional decision making in trait anxiety. Journal of Neuroscience, 33 (47): 18641-18653.

第 8 章 工 作 动 机

8.1 动机与激励

激励问题是"所有关于组织理论研究中的重要课题之一"（Laffont and Martimort，2009），对企业发展具有重要意义。从 20 世纪被提出至今，激励问题得到了大量研究者和企业管理者的关注，也出现了许多具有影响力的研究成果（Steers and Porter，1991）。

管理学界对激励问题的研究经历了三个重要阶段：20 世纪，部分管理学家从探究"人的追求究竟是什么"的角度出发，提出了一系列的内容型激励理论，如马斯洛的需求层次理论、赫茨伯格的双因素理论、阿尔德弗的 ERG 理论[①]和麦克利兰的成就动机理论等，许多具有卓越影响的理论正是在这个时候提出和发展的；另一部分管理学家从"人追求的目标是如何改变人的行为进而影响工作绩效"的角度出发，提出了一系列的过程型激励理论，包括期望理论、公平理论、目标设定理论和强化理论等；21 世纪以来，有管理学家将内容型和过程型激励理论有机结合在一起，形成了综合激励理论（罗宾斯，2005；马晶，2006）。这些理论主要围绕激励的基础或者能够激发和调动工作积极性的因素来展开。

激励问题不仅在经济学界和管理学界受到广泛关注，心理学界的一些相关理论也开始被应用于该理论的研究中。与管理学领域不同，心理学对激励问题的研究聚焦于对"动机"的研究。激励的本质是激发人的动机，而动机原本就是一个心理学概念，因此，从心理学视角将动机理论结合到激励理论的研究中，对于激励理论的发展和实践应用具有重要作用。传统经济学中，激励最开始被定义为运用物质奖励对员工进行外在激励，以此来提高员工的努力程度。经济学理论认为，对员工的外在激励水平越高，他们的努力程度也越高。但是，大量的研究结果证明，人并非仅仅关注经济利益的"经济人"，而是有感情、有情绪的"社会人"。

管理领域的研究者也证实了这一结论，主动参与决策、个人成长、工作有趣性、挑战性、工作氛围以及个人能力的认可等因素也会对员工产生激励作用。心理学的研究中，将动机分为外在动机和内在动机两类，内在动机和外在动机激发的行为经常看上去是同样的，员工完成任务既可以是内在动机的激发，也可以是

---

① ERG 理论是生存（existence）、相互关系（relatedness）、成长（growth）三核心需要理论的简称。

外在动机的激发。上述经济学研究中提到的物质激励，诱发的是员工的外在工作动机；上述管理学研究中提到的主动参与决策、个人成长、工作有趣性等因素，诱发的是员工的内在工作动机，内在动机提供了一个促进工作和发展的自发力量，它在没有外在激励的情况下也可以激发出工作动机。

8.2 内在与外在动机

管理学和心理学发展至今，动机理论的研究主要经历了三个理论阶段，即本能理论阶段、驱力理论阶段和认知理论阶段。本能理论阶段主要关注的是人类本能行为带来的力量；驱力理论则强调体内平衡和需要满足对行为动机的影响作用；认知理论阶段主要关注的是人类认知对人类行为动机的调节和支配作用（暴占光和张向葵，2005；张爱卿，1999）。从本能论到认知论，研究者对动机理论的认识不断加深。但是直到20世纪50年代，关于动机的研究仍然只关注了外在动机，也就是如何通过外部刺激强化个体的动机。内在动机的概念直到1960年，Bruner在《教育过程》一书中针对学生学习问题的研究时，才被首次强调，并提出内在动机才是推动学习的真正动力（Bruner，1960）。

20世纪70年代开始，美国心理学家Deci等开始关注内在动机和外在动机的关系及其相互作用的研究。Deci在1971年发表的论文中，用三个实验来揭示内在动机与外在动机之间的关系。第一个实验采用了拼七巧板的任务，招募两组被试完成一个三阶段实验，分为控制组和奖赏组。在该实验中，两组被试在所有的三个阶段均执行了相同的拼七巧板任务，被试间的不同之处在于控制组被试在所有三个阶段的任务中，均未得到报酬。而奖赏组在第二阶段的实验中，如果答对了，可以得到金钱奖励。通过自由选择阶段被试者主动拼七巧板的时间长度来测量其内在动机的强度。也就是说，在每个阶段的实验结束之后，研究者会借故离开8分钟，被试可以在这段时间内做任何事情。事实上，这8分钟，实验人员一直在观察被试的活动，并且记录其在这段时间内花费在实验任务上的时间总量。实验结果发现，奖赏组被试与控制组被试最后一个阶段花在任务上的时间呈现出显著性差异，奖赏组被试在自由活动阶段花费在实验任务上的时间比对照组明显减少。也就是说，如果个体参加的任务具有较强的内在动机，在任务中间被给予外部奖励，那么在奖励撤销之后，个体参加该任务的内在动机就会比原先更弱。后续的两个实验也同样采用了三阶段的设计，并观察被试者在自由活动阶段进行任务的时间，但是在实验的第二阶段对奖赏组的激励由金钱奖励换成了口头表扬和另一种物质激励。这三个实验的研究结果表明，物质激励对任务的内在动机具有破坏作用，而口头表扬对内在动机产生了加强作用。

基于一系列研究结果，Deci和Ryan提出了动机的自我决定理论，受到心理学界的广泛关注，内在动机的概念被广大研究者所熟知。自我决定理论的核心是对内在动机与外在动机的划分，这两种动机是所有行为产生的原因。认知评价理论是自我决定理论的延伸，认为内在动机会受到外部因素的影响，这种影响是通过自我决定感和胜任力产生的，当外部刺激增加了自我决定感和胜任力时，内在动机会得到加强（杜鹏程，2010）。在工作激励的研究中，Kohn 的研究也证实了在短期内，金钱奖励可能会对员工起到一定的激励作用，但是长期来看，报酬的激励作用会变得越来越小（Kohn，1993）。这也就是说，常用的物质激励对于激励的可持续性来说，并不理想。在管理学研究中，也有一些研究者表明不能让员工单纯地将工作绩效与待遇完全挂钩，而是要在给予恰当物质奖励的同时，让员工觉得当前的工作让自己很喜欢，自己是勤奋、有上进心的，这样才能充分调动员工的工作积极性。

近年来，外在动机和内在动机能够共同对个体的行为产生影响的客观事实已被国内外学术界普遍接受。但是，关于内外动机关系的研究仍然主要集中在心理学领域，经济管理学领域的研究仍然较多地关注外在动机，认为外在刺激是提高个体工作动机和努力程度的最佳方式，如 Gibbons、Lazear 等的研究均论述了这一点（Gibbons，1997；Lazear，2000）。但是，心理学家们通过一系列研究逐渐对外在动机诱发的激励效果的有效性和持续性提出了质疑。在心理学上，他们关注的是个体内在动机的维持，认为内在动机才是保持激励持续性的有效方式，外部激励只在激励的当时对行为有着促进作用，在激励持续一段时间或者被撤销之后，不但不能对个体行为起到激励的作用，甚至还可能破坏原有工作的内在动机，起到负面作用（Kruglanski，1978）。心理学界的研究者还开展了大量的现场实验来证实有时候外在动机和内在动机之间确实存在着冲突，如 Boggiano 和 Ruble（1979）、Weinberg（1978）等的研究。但是，事实上，内在动机与外在动机是一对相辅相成的概念，两者相互影响、相互促进。因此，在未来的研究中，尤其是在经济管理领域中，有必要打通不同学科之间的隔阂，将内在动机与外在动机进行联合研究，以促进动机理论的发展和更好地指导管理实践。

8.3　动机的自我决定理论

基于以往理论，近代学者们对动机理论进行了大量的研究，提出了很多有价值的理论观点，其中，美国心理学家 Deci 等基于内在动机和外在动机关系提出的自我决定理论是其中受到广泛关注与认可的动机理论之一。

自我决定理论以个体的内在动机（intrinsic motivation）概念为基础，认为在内在动机的驱使下个体会努力完成任务、迎接环境的挑战，并且会把外部经验与自我感知进行整合，以使自己从这种努力中获得满足感与胜任感（Deci and Ryan，2010）。当人们被内在动机驱动时，他们在活动过程中的兴趣会更加强烈，适应性也会增强，甚至因此而忘掉时间和自我，Deci 等因此认为内在动机表达代表了机体内部的成长过程（严标宾等，2003）。自我决定感不仅能体现出个体的能力，更是个体心理需求的一种体现（Deci and Ryan，1985）。每个人在心理上都有一种内在和固有的自我决定倾向，因此，人们往往期待从事自己感兴趣的任务，进行有利于个人发展的活动，从而实现自我决定。这种自我决定感主要关注行为是否是自发的或者由个体自身决定的，强调个体在这个过程中的主观能动作用（暴占光和张向葵，2005）。但是，另一方面，主观上的自我决定倾向并不会在个体行为中起主动作用，社会环境会对其有一定的促进或者阻碍作用，如果得到社会环境的支持，就能够促进行为的进行，而当受到社会环境的阻碍时，则会对个体行为起相反的负面作用。一般来说，在社会环境中，对自我决定的先天倾向具有影响作用的分别是自主性（autonomy）、关系（relatedness）和能力（competence）这三种人类普遍存在的基本心理需求（Deci and Ryan，2010）。当这三种需求基本被满足之后，内在动机更有可能被激活，个体行为才能向着积极良好的方向发展，个体可以高效地执行各项任务；而当需求不能维持人们自主性、能力和关系需要时，则可能会抑制个体内在动机的诱发（Deci and Ryan，1985，2010）。

对于自我决定理论的研究，除了国外心理学家的研究，国内研究者也对该理论做了一些贡献。例如，刘海燕、闫荣双和郭德俊 2003 年发表在《心理科学》上的文章对自我决定理论做了比较详细的叙述，介绍了自我决定理论的含义、相关分支理论，并对自我决定理论进行了总结，认为自我决定理论是在对个体需求和相关社会环境具有充分认识的基础上进行的经验选择，是个体对自主选择行为的追求，这就构成了人类行为的内在动机（刘海燕等，2003）。

综上所述，自我决定理论详细阐述了个体内在动机的产生和维持方式。该理论弥补了动机理论中长期以来对内在动机研究的忽视和缺失，完善了动机理论。同时，该理论的提出也使得研究者开始广泛关注内在动机在个体激励中所起到的重要作用。

8.4　动机的认知科学研究

进入 21 世纪以来，科学技术得到了极大的发展，为自然科学技术在其他学科领域研究中的广泛应用提供了硬件条件，学科之间的交叉研究成为一个新兴的研究热点。随着神经科学理论的发展和相关技术的进步，大脑活动不再是神秘的"黑箱"，从大脑层面来研究与人有关的经济管理问题成为可能。自 2002 年国际上的研究者第一次提出神经经济学的概念以来，快速发展出了决策神经科学、神经管理学以及神经营销学等相关交叉研究学科。经济学、管理学、心理学以及神经科学等多领域的研究者开始借助神经科学的技术对社会科学中众多经典问题进行研究，相关成果发表于 Science、Nature 等国际顶级期刊上，足以说明了这一类交叉学科的重要性。

对于激励中动机问题的研究，Murayama 等（2010）开创性地运用 fMRI 技术在大脑空间层面探讨了外在激励"破坏作用"的神经机制。他们在研究中采用了一个既简单便于重复又具有一定有趣性和挑战性的秒表按键任务，并用 fMRI 技术来对内外动机的关系进行研究（图 8-1）。实验包含两种秒表按键任务，一种是具有强内在动机的 5 秒按键任务，被试者按键后秒表停止，他们的任务是尽量将秒表停止在接近 5 秒的位置，如果停止在区间 4.97～5.03 秒则这一轮获胜；另一种是弱内在动机的停止按键任务，被试者仅需在秒表自动停止之后按键进入下一轮，反馈结果无输赢之分。实验人员招募了 28 名在校大学生，将其平均分成奖赏组和控制组，每组 14 人。两个被试组的被试均需要进行两个阶段的实验任务，每个阶段需要进行 60 次 5 秒按键任务和 30 次停止按键任务。奖赏组被试和控制组被试之间的区别在于每个阶段的报酬方式，对于奖赏组被试来说，在实验的第一阶段，他们的报酬与其绩效有关，实验过程中 5 秒按键任务正确次数越多，收益越高，实验的第二阶段是固定报酬，与其在实验中的表现无关；而控制组被试在两个阶段的实验中均是固定报酬。此外，在每个阶段的实验中间，都设置了自愿选择阶段，每个阶段的任务结束之后，将被试从磁共振室中带到一个休息间，告知他实验人员需要为下一个阶段的实验做准备，他可以在休息间中休息或者练习刚刚的两个实验任务（Murayama et al.，2010）。

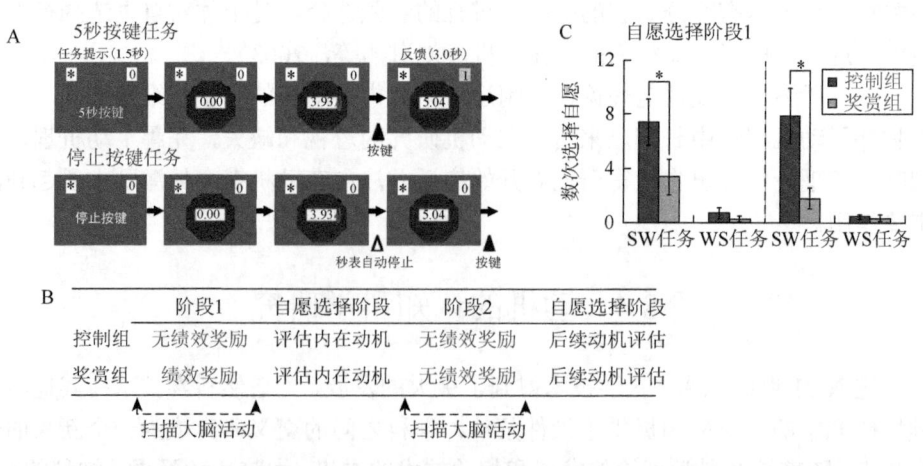

图 8-1　二阶段秒表任务（Murayama et al.，2010）

研究者收集了自愿选择阶段的行为以及完成任务过程中的大脑脑区活动情

况。行为数据的分析发现,对于 5 秒按键任务,奖赏组在第一阶段和第二阶段的自愿选择阶段完成任务的次数均少于控制组,而对于停止按键任务,则没有表现出组间差异。fMRI 数据的分析则发现,见图 8-2,在任务执行过程中,大脑的纹状体被激活了,在第一阶段,奖赏组的纹状体激活程度强于控制组;而在第二阶段的实验中,出现了相反的结果,奖赏组的纹状体激活程度比控制组弱。为了进一步说明大脑激活情况与行为数据之间的关系,研究者也将行为数据和大脑层面的神经指标做了相关分析,结果发现,奖赏组自愿选择阶段完成任务的次数与大脑激活情况具有显著的负相关性。这些结果说明外在动机对内在动机的破坏作用不仅表现在行为上,也表现在大脑活动上,并且两者得到的结果是一致的。

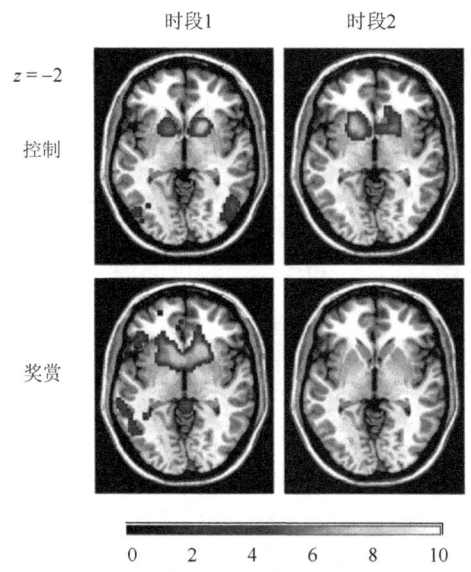

图 8-2 "挤出效应"结果对比(Murayama et al.,2010)

知名行为经济学家 Camerer 随后撰文对该研究做出了评价,高度赞扬了该研究的工作(Camerer,2010)。Camerer 认为由于众多客观原因,动机的强度往往难以被定量化测量,Murayama 等的研究为动机的定量化测量提供了一个很好的视角和工具,而内外动机的关系问题也是经济管理中一个非常重要的、对实践有很大指导意义的课题。Murayama 等的研究对于理解外在动机对内在动机的破坏作用有很大的帮助,并且在未来的研究中,可以继续利用神经科学的工作,对该主题的内容进行深入研究,例如研究性别、年龄等之间的差异问题。Murayama 等的开创性研究为内外动机的研究打开了新的思路和新的研究视角,对未来内外动机的关系研究具有很大的启示作用。

不同于前人对激励问题的研究，Murayama 等的研究在社会认知神经科学层面上，从大脑的活动和脑区的激活程度上探索了个体动机强度的神经机理和心理过程，找到了测量动机强度更加客观的神经科学指标，使得研究者对激励中内在动机与外在激励之间的关系有了更为深入的理解。

除了 fMRI 技术以外，另一种神经科学工具事件相关电位（ERP）也是一种常用于神经经济学与神经管理学领域的神经科学技术，与 fMRI 相比，ERP 技术的时间精度比较高，能够在时间维度探测大脑的活动，正好可以弥补 fMRI 在时间精度上的缺陷。在神经科学的研究领域，这两种研究工具也一直是相互补充地来对问题进行研究。在动机理论的研究中，也已经有不少研究运用 ERP 技术来更加深入地探讨内外动机关系的神经机理。

此外，作者所在的项目组也运用 ERP 技术开展了一些相关的研究。例如，在一项研究中，我们借鉴了 Murayama 等的两个不同任务，第一种任务是"5 秒按键"，也就是说，被试按键之后，自动秒表会停止计时，但是要求被试使得秒表尽量停在接近 5 秒的位置。如果秒表停止时间在 4.93～5.07 秒，都可以算是在这一轮中获胜。赢得区间是根据实验前的预实验设定的，在这个区间内，被试按键的正确率大约为 50%。第二种任务是"停止按键"，被试只需要在秒表自动停止后进行按键，按键之后秒表消失。任务一和任务二按键之后，都会有一个反馈阶段，给出秒表停止的具体时间。

行为结果发现，被试者在 60 次 5 秒按键任务中按键正确次数的均值是 26 次，正确率均值为 43.33%，方差是 8.57。在实验完成之后，对两种任务的自愿选择次数做描述性统计分析，结果发现完成 5 秒按键任务的自愿选择次数显著大于停止按键任务。

对脑电数据的分析结果显示，在任务提示阶段，两种不同类型的任务提示在 N2 成分的振幅上有显著差异，5 秒按键任务的 N2（负极性，数值小的振幅大）振幅小于停止按键任务。

决策执行阶段错误相关负波（ERN）的方差分析结果显示，5 秒按键任务（均值 = $-0.522\mu V$，标准差 = 0.937）诱发的 ERN（负极性，数值小的振幅大）振幅大于停止按键（均值 = $3.460\mu V$，标准差 = 1.437）的 ERN 振幅。

在结果反馈阶段，可以根据反馈结果的不同将脑电数据分为三类，"5 秒按键"中按中，"5 秒按键"中没有按中以及"停止按键"。反馈相关负波（FRN）的统计分析结果显示，三种不同类型的反馈结果有显著的主效应。两两之间的配对 T 检验结果显示 5 秒按键任务的输赢反馈之间存在显著 FRN 振幅差异，5 秒按键任务的赢结果反馈与输结果反馈均与停止按键任务的反馈有显著差异。停止按键的反馈诱发了最大的 FRN 振幅，5 秒按键的输反馈次之，而 5 秒按键任务的赢反馈诱发了最小的 FRN 振幅（FRN 是负走向波，电压值越小，代表振幅越大）。

P300 的分析结果显示，三种不同类型的反馈结果有显著的主效应。两两之间的配对 T 检验结果显示 5 秒按键任务的输赢反馈之间有显著 P300 振幅差异，5 秒按键任务的赢结果反馈与输结果反馈均与停止按键任务的反馈有显著差异。停止按键的反馈与 5 秒按键任务的输和赢反馈相比，诱发了更小的 P300 振幅，而 5 秒按键任务的反馈中，输掉当前这一轮也比赢诱发了更小的 P300 振幅。

在该研究中，无论是行为层面的结果还是脑电层面的结果，都显示了 5 秒按键任务与停止按键任务之间存在差异。行为层面内外动机强度体现在自愿选择阶段完成两种不同类型任务的意愿；而在神经层面，两种任务的动机强度可以体现在任务进行的各个阶段，并且这些脑电结论也与行为结论是一致的。

最近，不少研究运用 ERP 技术，基于自我决定理论从自主、胜任等基本心理需求出发，探究了内在动机和外在动机关系的影响因素。例如，孟亮基于自我决定理论，从工作设计的视角出发，通过认知神经科学的工具（ERP 技术）探究了工作设计与自我决定理论之间的联系。主要目的是探讨任务设计中与个体自主、胜任基本心理需要密切相关的若干项任务特征与内在动机强度之间的关系。首先，通过一项行为实验，探究任务特征对内在动机强度的影响，以及自我决定倾向的调节作用。由于对任务的自由选择能够很好地满足个体自主这一心理需要，而任务难度与胜任这一心理需要的满足紧密相关，因此在行为实验中，通过对任务选择、任务难度这两个任务特征的调节，来研究任务特征对内在动机的影响。在行为研究中，主要运用自由选择阶段的行为指标作为测量内在动机强度的指标，为后续神经科学实验的开展奠定基础。在该研究中，研究者让被试进行两组"找茬"任务，但是难度有显著差异。一组"找茬"素材难度水平居中，另一组"找茬"素材难度很高，一般被试都无法完成。实验结果显示，素材难度居中的任务中，感知胜任程度和内在动机都比难度过高的任务中更强（孟亮，2016）。

在行为研究的基础上，运用 ERP 技术探究任务的自主选择与内在动机之间的关系，开展了两项 ERP 研究，第一项 ERP 研究在以往文献的基础上，设计了两个难度不同的时间估算任务，结合实验范式以及实验任务的特点，将任务完成过程中的动机划分为情景提示线索加工、反馈结果预期、反馈结果加工这三个阶段进行分析，通过情景提示阶段的反馈相关负波提示（cue-FRN）、反馈预期阶段的刺激前负波结果（outcome-SPN）以及反馈结果加工阶段的反馈相关负波差值（d-FRN）等三种代表不同认知意义的脑电成分，对个体的内在动机强度进行综合测量。在实验中，被试面对的是两项难度水平相当的估算时间任务，还包含有选择、无选择两种不同的实验条件，即有选择的实验条件允许被试在两项实验任务之间做出选择；无选择的实验条件由系统为被试在两项任务间随机指派一项。任务各个阶段的神经指标和行为数据均显示，对任务的自主选择权显著增强了个体的内在动机。在实验后，让被试回答了关于个体自我决定倾向的量表，并将测试结果所呈现的指标与个体在有、无任务选择实验条件下内在动机水平的差值进行了相关分析。结果发现，个体自我决定倾向越高，自主选择对于内在动机的促进作用越大。这一结果说明，任务选择对于个体内在动机的促进作用大小存在着个体差异。第二项 ERP 研究在第一项 ERP 研究的基础上，增加了自主反馈，也就是说，个体可以自己决定是否揭示任务执行的结果，在数据分析中，将动机过程划分为情景提示线索加工、任务启动准备、任务绩效监控等三阶段，分别通过情景提示阶段的 cue-FRN、任务后的任务刺激前负波（task-SPN）以及绩效监控的 ERN 脑电成分测度了个体的内在动机水平。该研究采用了停止秒表的实验任务，在这项任务中秒表会从 0 秒开始走动，被试的任务目标是将秒表尽可能准确地停在 3 秒左右的位置。事实上，由于任务执行过程中秒表一直在走动，被试通过按键完成任务的瞬间已经可以看到秒表停下的具体时间点，但是大部分人还是在自主选择是否查看结果时选择了查看反馈信息，这说明了对反馈信息的偏好。来自行为层面和任务执行各个阶段的大脑神经指标结果均显示，相比于没有反馈的情形，个体在自主反馈实验条件下具有更强的内在动机。有趣的是，个体在任务获胜的轮次中选择查看反馈信息的比率显著高于任务失败的轮次，这进一步说明了个体具有胜任的基本心理需要。这些研究丰富了内在动机相关的神经指标，不仅扩展了运用认知神经科学技术对激励问题进行研究的视角，也为后续研究提供了可以延伸的实验范式。

8.5 动机测量的主要脑电指标

8.5.1 FRN 成分

现有的研究将反馈相关负波（FRN）作为测量内在动机的指标之一。FRN 是一种在 ERP 中比较常见的成分，该成分一般在结果反馈出现之后 250~300 ms 左右达到最大值，是被试在结果反馈阶段观察到错误或者负性的反馈时在大脑前额叶区域出现的一个负极性的 ERP 波形（Jia et al.，2007；李鹏和李红，2008；易菲和姚树桥，2011）。

情绪动机假说认为 FRN 成分的波幅大小反映了大脑感知个体对当前反馈结果情感与动机的强度。Gehring 和 Willoughby 2002 年发表在 Science 杂志上的研究首次提出了 FRN 的情感动机理论，在他们的实验中，被试者进行一个赌博任务，在每一轮赌局开始前给被试 5 和 25 两个选项，如果被试选择 5，他可能得到的反馈结果是得到 5 块钱或者损失 5 块钱；类似地，假如被试者选择的是 25，反馈结果可能是得到 25 块钱或者损失 25 块钱，被试者做出选择之后，电脑会随机给出反馈结果。在实验前告知被试，他最后能够获得的实验报酬与实验过程中每一轮赌局实际反馈的损失和收益相关，实验中赢得越多，他们最后能够拿到的实验报酬也越多。该研究结果发现，在结果反馈阶段，输掉当前赌局的反馈结果会比赢得赌局的反馈结果在 265 ms 左右诱发更大的 FRN 波幅，反映了个体对刺激的情感和动机。

Fukushima 和 Hiraki 的研究进一步证明了这一点，在他们的研究中，比较了朋友的输赢结果和自己的输赢结果所诱发的 FRN 振幅，并将 FRN 振幅与自报告问卷的共情特征做了相关分析。在这个研究中实验者让被试在自己完成赌博游戏任务的同时，观察朋友完成赌博任务的结果，研究结果发现观察自己和观察朋友的赌博结果都诱发了非常明显的 FRN 成分。实验结束后让被试者填写了共情特质的问卷，把问卷结果与 FRN 振幅做相关分析发现，问卷中自报告共情程度越强的被试，其 FRN 的振幅越高（Fukushima and Hiraki, 2009）。该研究很好地说明了情感在 FRN 的产生方面起到了重要的作用。

FRN 成分的情感动机假说也说明了 FRN 反映的是个体对反馈结果的主观价值评估而不是客观价值的评估（Gehring and Willoughby, 2002）。Luo 等（2011）的研究直接证明了 FRN 是对主观价值评估的反映，他们基于差点赢（near-miss）效应来研究 FRN 振幅变化与损失发生后被试者情感波动之间的关系，研究者在实验中发现当反馈结果是差点赢时所诱发的 FRN 振幅大小处于完全输（full-miss）和赢的结果之间。这说明被试者对于 near-miss 和 full-miss 的主观价值评估是有差异的，对 near-miss 的价值评估大于 full-miss。但是，事实上，从客观的角度来看，near-miss 结果和 full-miss 结果本质上是相同的，都没有赢得当前这一轮。这就说明 FRN 不仅仅反映的是对结果好坏的粗略分类和评估过程，也会受到主观情感的影响。

综上所述，FRN 是来源于大脑前扣带回（ACC）区域的一个负向偏移的 ERP 成分，主要反映的是个体主观上对反馈结果价值的评估，以反映被试者对刺激的情感和动机，但是 FRN 对结果好坏的程度不能做出评估。对于内在动机相关问题，如果对任务的内在动机强，会使得个体对结果更加重视，即对反馈结果有较高的主观价值评估，会诱发较大的 FRN 振幅。

8.5.2 SPN 成分

另一个测量个体内在动机的指标是刺激前负波（SPN）成分。SPN 是出现在刺激呈现前 200~600 ms 的负走向慢波，与对刺激的预期所引起的注意力有关，最早是 Brunia 和 Damen（1988）在时间估算任务中发现的。估算时间任务是指让被试在看到某项刺激材料之后的固定时间按键（比如 3 s），按键之后，等待一段时间（比如 1 s 或 2 s）之后再给出反馈结果，越接近这个固定的时间（如 3 s），表现就越好。此后,大量的研究也发现在被试等待结果反馈前会出现典型的 SPN 成分(Brunia et al., 2012; Brunia and van Boxtel, 2004; Ma et al., 2017)。为了进一步确认 SPN 的认知意义,Chwilla 和 Brunia(1991)探究了注意力资源分配对 SPN 的影响。他们在时间估算任务中设置了三种不同情况的反馈,即真反馈、假反馈和无反馈。结果发现,只有真反馈能够诱发明显的 SPN 成分,这证明了对有价值信息的注意力投入,是诱发 SPN 的关键要素。此后,他们又进一步探究了信息的可辨识性和算数的难易度对 SPN 振幅的影响,结果发现这两种预期对 SPN 并无显著的影响,而是与动机更加相关。在 SPN 被发现之后的一段时间,研究者开展了大量相关的研究,2004 年 Brunia 和 van Boxtel 在 *Experimental Brain Research* 杂志上发表的论文总结了四种可以观察到的 SPN 成分,即任务完成情况的反馈信息、即将面对任务的提示性信息、任务执行的目标或靶刺激材料以及带有情感、动机性的刺激材料(Brunia and van Boxtel, 2004)。

综上所述,如果对任务的内在动机强,会使得个体对结果更加重视,在等待结果的阶段,个体也可能会分配更多的注意力。因此,SPN 成分可能能够反映刺激材料的动机性,使得我们在反馈阶段之前就更好地了解个体的内在动机水平。个体对于反馈结果呈现的期待会诱发 SPN 成分,它的波幅反映了个体对于任务执行结果的期待水平。如果个体具有较强的内在动机,对反馈结果的呈现会表现出更高程度的期待、投入更高的注意力水平,反映在更大的 SPN 振幅上。

8.6　工作动机小结与展望

激励和动机问题虽然是一个较为古老的研究课题,自泰勒科学管理理论提出之后就一直广受研究者关注。但是,随着新技术的发展和新研究方法的引入,激励理论的研究被赋予了新的生长点。研究者可以通过新的研究方法和研究视角,多角度多层次地理解激励问题,促进激励理论的新发展,以更好地服务于管理实践。

运用认知神经科学对内外动机关系的研究只是激励、动机问题在交叉领域内研究的初探。未来的研究首先可以在本章研究的基础上进一步研究内外动机关系的影响因素,例如,个体特征对内外动机关系的影响,包括收入、职业类型、文化等。在以往的行为研究中,也有以儿童(Lepper et al., 1973)、中小学生(Harter, 1981; Miserandino, 1996)或者创造性工作者(Amabile, 1985)等作为研究对象进行内在动机关系的探索。此外,在激励和动机相关的研究中,除了内外动机的关系,还包括很多方面的研究,例如,激励措施问题,什么样的激励措施或者说激励方案是最有效的。就物质激励中的绩效报酬方式来说,完成任务后,给予员工过多的奖励会造成员工压力过大而过于紧张,给予奖励过少则会造成员工积极性不高，甚至会低于不给奖励时的积极性，对这种奖励力度的研究，也可以采用本章提及的 ERP 方法来进行。虽然并不是所有的研究都适合扩展到认知神经科学领域，也不是所有的研究内容都有扩展到认知神经科学领域的价值，但是认知神经科学的发展至少为该类研究提供了一个新的研究视角和研究工具。

参 考 文 献

暴占光，张向葵. 2005. 自我决定认知动机理论研究概述. 东北师大学报（哲学社会科学版），(6): 6.

杜鹏程. 2010. 内在激励对创新行为的影响机理. 南京: 南京大学.

李鹏，李红. 2008. 反馈负波及其理论解释. 心理科学进展，16（5）：705-711.

刘海燕，闫荣双，郭德俊. 2003. 认知动机理论的新进展——自我决定论. 心理科学，26（6）：1115-1116.

罗宾斯. 2005. 组织行为学精要. 北京: 电子工业出版社.

马晶. 2006. 西方企业激励理论述评. 经济评论，(6): 152-157.

孟亮. 2016. 基于自我决定理论的任务设计与个体的内在动机：认知神经科学视角的实证研究. 杭州：浙江大学.

严标宾，郑雪，邱琳. 2003. 自我决定理论对积极心理学研究的贡献. 自然辩证法通讯，25（3）：94-99, 111-112.

易菲，姚树桥. 2011. 反馈相关负波与心理病理之间关系研究的进展. 中国临床心理学杂志，19（4）：45-448.

张爱卿. 1999. 20 世纪动机心理研究的历史探索. 华中师范大学学报（人文社会科学版），(3): 7.

Amabile T M. 1985. Motivation and creativity: effects of motivational orientation on creative writers. Journal of Personality and Social Psychology, 48（2）：393-399.

Boggiano A K, Ruble D N. 1979. Competence and the overjustification effect: a developmental study. Journal of Personality and Social Psychology, 37（9）：1462-1468.

Bruner J S. 1960. The Process of Education. Cambridge: Harvard University Press.

Brunia C E, Damen E J P. 1988. Distribution of slow brain potentials related to motor preparation and stimulus anticipation in a time estimation task. Electroencephalography and Clinical Neurophysiology, 69（3）：234-243.

Brunia C H M, van Boxtel G J M. 2004. Anticipatory attention to verbal and non-verbal stimuli is reflected in a modality-specific SPN. Experimental Brain Research, 156（2）：231-239.

Brunia C H M, van Boxtel G J M, Böcker K. 2012. Negative slow waves as indices of anticipation: the bereitschaftspotential, the contingent negative variation, and the stimulus-preceding negativity. Luck S J, Kappenman E S. The Oxford Handbook of Event-related Potential Components. New York: Oxford University Press: 189-207.

Camerer C F. 2010. Removing financial incentives demotivates the brain. Proceedings of the National Academy of Sciences, 107（49）：20849-20850.

Chwilla D J, Brunia C H. 1991. Event-related potential correlates of non-motor anticipation. Biological Psychology, 32 (2/3): 125-141.

Deci E L. 1971. The effects of externally mediated rewards on intrinsic motivation. Journal of Personality and Social Psychology, 18（1）：105-115.

Deci E L, Ryan R M. 1985. The general causality orientations scale: self-determination in personality. Journal of Research in Personality, 19（2）：109-134.

Deci E L, Ryan R M. 2010. Self-determination. Weiner I B, Edward C W. The Corsini Encyclopedia of Psychology. Hoboken: John Wiley & Sons: 1-2.

Fukushima H, Hiraki K. 2009. Whose loss is it? Human electrophysiological correlates of non-self reward processing. Social Neuroscience, 4（3）：261-275.

Gehring W J, Willoughby A R. 2002. The medial frontal cortex and the rapid processing of monetary gains and losses. Science, 295 (5563): 2279-2282.

Gibbons R. 1997. Incentives and careers in organizations. National Bureau of Economic Research Working Paper No.w5705.

Harter S. 1981. A new self-report scale of intrinsic versus extrinsic orientation in the classroom: motivational and informational components. Developmental Psychology, 17 (3): 300-312.

Jia S, Li H, Luo Y J, et al. 2007. Detecting perceptual conflict by the feedback-related negativity in brain potentials. NeuroReport, 18 (13): 1385-1388.

Kohn A. 1993. Why incentive plans cannot work. Harvard Business Review, 71 (5): 54-60.

Kruglanski A W. 1978. Endogenous attribution and intrinsic motivation. Kruglanski A W. The Hidden Costs of Reward: New Perspectives on the Psychology of Human Motivation. London: Psychology Press: 85-107.

Laffont J, Martimort D. 2009. The Theory of Incentives: the Principal-agent Model. Princeton: Princeton University Press.

Lazear E P. 2000. The power of incentives. American Economic Review., 90 (2): 410-414.

Lepper M R, Greene D, Nisbett R E. 1973. Undermining children's intrinsic interest with extrinsic reward: a test of the overjustification hypothesis. Journal of Personality and Social Psychology, 28 (1): 129-137.

Luo Q, Greene D, Nisbett R E. 2011. The near-miss effect in slot-machine gambling: modulation of feedback-related negativity by subjective value. NeuroReport, 22 (18): 989-993.

Ma Q, Pei G, Meng L. 2017. Inverted u-shaped curvilinear relationship between challenge and one's intrinsic motivation: Evidence from event-related potentials. Frontiers in Neuroscience, 11: 131.

Miserandino M. 1996. Children who do well in school: individual differences in perceived competence and autonomy in above-average children. Journal of Educational Psychology, 88 (2): 203-214.

Murayama K, Matsumoto M, Izuma K, et al. 2010. Neural basis of the undermining effect of monetary reward on intrinsic motivation.Proceedings of the National Academy of Sciences, 107: 20911-20916.

Steers R M, Porter L W. 1991. Motivation and Work Behavior. New York: McGraw-Hill.

Van Boxtel G J, Böcker K B. 2004. Cortical measures of anticipation. Journal of Psychophysiology, 18 (2/3): 61-76.

Weinberg R S. 1978. Relationship between extrinsic rewards and intrinsic motivation. Psychological Reports, 42 (3): 1255-1258.

第 9 章　强化学习与决策

强化学习是一门横跨了管理学、经济学、神经科学、计算机科学、心理学等多学科领域的交叉学科。本章从强化学习的发展沿革、基础理论模型，强化学习的行为、神经成像的实证研究发现以及计算建模分析方法等对强化学习进行系统介绍，希望读者通过这一章的内容，对于从决策行为的视角理解强化学习的相关内容有一个相对全面的了解与认识。

9.1　强化学习的发展改革

强化学习的思想最早起源于1898年Edward Thorndike提出的效用法则（law of effect），其灵感来源于心理学中的行为主义理论，即有机体如何在环境给予的奖励或惩罚刺激下，逐步形成对刺激的预期，从而产生能获得最大利益的习惯性行为（Thorndike，1927）。因此，强化学习是一种科学的决策，属于多学科交叉融合的产物，其根本核心是学习如何根据一个环境状态去决定行动，并且最终获得最大奖励。除此之外，强化学习两个最重要的特征是试错（trial-and-error）和滞后奖励（delayed reward）。

目前，强化学习算法可以分为预测算法和控制算法两大类，对应于心理学广泛研究的学习类别分别是经典（巴甫洛夫，Pavlov）条件反射和工具性（操作性）条件反射。从预测的角度思考经典条件反射，从控制的角度考虑工具性条件反射，将强化学习的计算视角与动物学习联系起来，形成一个研究框架。

预测在学习和控制中起着重要的作用，可以用经典条件反射实验来研究预测对学习起到的作用。俄罗斯生物学家巴甫洛夫在研究狗消化功能时发现，参与过实验的狗在食物拿出来之前已经开始分泌唾液，由此提出了条件反射理论。最出名的莫过于节拍器声音实验，在经过多次重复节拍器实验后，狗听到节拍器的声音后就会分泌唾液，这种行为可以理解为狗已经形成在听到铃声之后就会得到食物的预期。因此，这种把新的刺激与先天的反射联系在一起的方式，称为经典条件反射或巴甫洛夫条件反射（Pavlov，1927）。

在经典条件反射实验中，有学者从家兔的研究中发现了阻塞的特点。1972年Rescorla和Wagner提出的Rescorla-Wagner模型，可以很好地解释阻塞现象，即产生条件反射的充分必要条件是无条件刺激紧随在条件刺激之后（Rescorla and

Wagner, 1972）。在长期的进化过程中，动物本身存在着趋利避害的特性，在条件强化剂不断出现的情况下，可以引发一个条件强化过程，即条件收益或条件惩罚。

通过大量的动物实验研究，我们可以把动物当作强化学习的学习器，根据外界的刺激条件来修改其动作，结合反馈结果来进行学习和调节，以此来获得最大的奖励。为了更好地研究其背后的神经机制，需要运用神经科学这一工具来进一步探索。虽然不同的奖励机制对动物行为研究的影响是相似的，但是对神经调节的影响仍然是一个未解之谜。

多巴胺神经元主要分布在中脑黑质和腹侧被盖区附近，为了更好地研究多巴胺在动作中的作用，研究人员使用电极强烈刺激神经元，使得神经末梢释放多巴胺，机体传递和调节能力变得更明显（Björklund and Dunnett, 2007）。Schultz 等（1993）通过猴子学习操作性条件反射任务来研究多巴胺的活动，研究发现如果猴子执行错误的动作，在预期支付时多巴胺神经活动会降低。除此之外，如果在预期时间之前给予支付，多巴胺神经元就会被激发；如果在预期时间不给予奖赏反馈，多巴胺神经元的活动就会降低。之后，Schultz 等（1997）进一步从神经电生理方面做了补充，发现在预测重要价值事件时，神经元波动输出信号发生了改变，这表明了强化学习中的时间差分（temporal difference）模型和心理学理论之间的关联关系。由此可知，在强化学习的框架下，能够利用学习信号来表示多巴胺神经元的活动。随后他们通过刺激经过训练的猴子，发现多巴胺激发强度会随着奖励概率的增加而增加，随着奖励概率的减少而减少；当没有奖励时，多巴胺神经元的活跃程度会大幅度减少。当奖励的大小由概率分布来决定时，可以发现奖励交付时多巴胺激发强度能够反映实际奖励与期望奖励之间的差异（Fiorillo et al., 2003），表明多巴胺神经元活动反映了对选择动作这一行为的认知价值。

多巴胺激发反应的奖励预测误差（reward prediction error）与强化学习框架中的时间差分误差十分相似，因此可以利用强化学习框架对其进行分析。Rangel 等（2008）借鉴强化学习理论的思想，从价值的决策（value-based decision making）思路出发，将基础的计算决策分为五个步骤，即决策的表征、价值评估、选择、反馈和学习，并形成闭环，从这五个步骤的动态视角来观察决策者的决策行为，进一步拓展和细化了决策者的决策动机和决策体验。

9.2　强化学习模型

9.2.1　Rescorla-Wagner 模型

为了更好地解释实验结果和进行量化分析实验，数理统计模型得到进一步重视和发展。Rescorla 和 Wagner 所提出的 Rescorla-Wagner 模型解决了阻塞问题，其核心思想是，人类动物只有在事件出现违背预期时才会进行学习，进一步解释了动物的学习行为。通过计算每一轮实际结果与预测结果之间的偏差，即预测偏差（prediction error），对决策价值的动态计算过程进行更新。

$$V_{t+1} = V_t + \alpha \delta_t \tag{9-1}$$

$$\delta_t = R_t - V_t \tag{9-2}$$

模型方程（9-1）表示学习后状态更新的过程，其中，V_t 表示在 t 次选择后的期望值，α 表示学习率指标，反映出被试学习过程中更新信息的效率；方程（9-2）中，δ_t 表示预测偏差，R_t 表示实际反馈得到的金额。在模型方程（9-1 和 9-2）中，其核心思路在于将当前选择的预测偏差进行学习更新，从而形成新的 $t+1$ 期的期望值（V_{t+1}）。

Rescorla-Wagner 模型对阻塞现象以及条件反射做了简单的解释，考虑了如何获得条件反射，解释了动物明确感知到另外一种刺激物出现时，如何根据之前的短期记忆来进行衡量评估刺激物与无条件刺激物之间的预测关系，因此该模型很好地解释了行为数据结果。但是该模型只是一个实验层面的模型，通过连续不断试错来确定其前后变化，但是没有考虑两个实验之间发生的任何细节问题。所以从机器学习（数学模型）的角度来看，Rescorla-Wagner 模型是一个误差纠正的监督学习模型，通过调整参数权重使得误差尽可能趋向于 0；从现实实验的角度来看，它对条件性和非条件性的刺激理解是不同的，不能够解释次级条件中的重要现象。除此之外，Rescorla-Wagner 模型无法解释在同一个试次中，条件作用对条件和非条件刺激的精确时间关系。

9.2.2 时间差分模型

在 Rescorla-Wagner 模型中，每进行一个实验就完成了一个完整的条件反射实验，而不曾考虑实验之间的细节；与此同时，Rescorla-Wagner 模型并没有考虑高级反射条件机制。因此，Sutton 和 Barto（1987）从控制论视角出发，进一步提出了时间差分模型，该模型结合了蒙特卡洛与动态规划的思想，即个体也可以通过评估其他状态信息来更新当前的价值函数。

$$\delta_t = R_t + \gamma V_{t+1} - V_t \tag{9-3}$$

模型方程（9-3）是将未来获得的奖励考虑在内的强化学习模型，与 Rescorla-Wagner 模型相比多了一个包含折扣权重 γ 的 V_{t+1}，其中参数 γ 表示未来回报的比例系数。如果折扣因素 $\gamma = 0$，那么时间差分模型就会退化成为 Rescorla-Wagner 模型。

时间差分模型是一个实时模型，在 T 检验中所对应的状态不仅仅受到当前时刻的刺激，更是对 T 检验之前所有刺激的一个累积过程，形成一个连续刺激的过程，完整地考虑了整个学习过程。因此，状态价值的动态变化关系是时间差分模型的核心，该模型特征状态不仅可以描述人所经历的外部刺激，更加是对人大脑中产生神经模式的研究探索。因为在实际过程当中通过一系列外来刺激所形成的神经模型，能够更加符合决策的实际情况。抛弃原有单个实验的概念，实验中呈现的是人与环境中连续刺激的交互过程，并且刺激模式在该时间中不断重复，有利于更好地解释现实场景中的实际情况。

9.3 强化学习的神经科学研究

近年来，强化学习模型被广泛应用于管理决策的认知神经研究中，随着计算神经科学的不断发展，模型逐步完善，神经科学技术不断成熟，因此可以进一步剖析其内在的加工机制，包括探索一些神经递质如多巴胺、5-羟色胺在其中所扮演的角色。

9.3.1 多巴胺的系统和奖赏

奖赏是指可以给个体带来主观或客观利益的积极刺激或事件（Mohr et al.，2010），特别是与情感相关的奖励功能，比如快乐和欲望，可以通过行为任务对大脑潜在的过程进行定量评估（Schultz, 2016）。为了获得奖赏，个体需要消耗时间、精力或努力去实现目标（Schultz, 2010）。神经科学研究学会将奖赏宽泛定义为任何积极或者愉悦的结果，奖赏有其特定的强度和发生概率。奖赏通常是指人类生来对某种东西的渴求，如水、食物等初级奖赏或权力、金钱等次级奖赏（Wise, 2002）。随着现代社会的发展和社会的大规模协作，奖赏的形式更加多元，如股票市场交易的涨跌反馈等。

多巴胺是由多巴胺神经元所合成的，通过轴突投射到大脑中进行广泛传播，大脑中多巴胺神经元相对较少，绝大多数多巴胺神经元位于中脑腹侧被盖区和黑质中（Halliday and Törk, 1986）。奖励预测误差信号主要由中脑边缘通路传递，该通路将中脑腹侧被盖区多巴胺信号传输到腹侧纹状体。相比之下，黑质纹状体通路主要是连接致密部和背外侧纹状体以及运动皮层（García-García et al., 2017）。

预测行动结果对有效决策行为是至关重要的，一种有效的学习机制是跟踪违反我们预期的行为（Schultz, 2016），所以预期偏差的定义是实际结果和期望结果之间的差异，其重要作用是基于 Kamin (1969) 所提出的阻塞效应，这种有效错误能够让我们知道在特定时间存在哪些可能的结果，能够成功引导我们做出最佳的行为选择。与此同时，预期偏差通常以神经信号为基础，因此多巴胺神经元对奖赏反应包含着预期偏差的编码，当实际奖励高于预期奖励时能够诱发多巴胺神经元的激活；当实际奖励与预期奖励一致时神经元无反应；当实际奖励低于预期奖励时会抑制神经元的激活。

在众多的研究中，针对不同的奖励做出不同的行为选择的现象和多巴胺有关。研究发现，多巴胺神经元在反映预测错误中推断出综合的主观价值，而非单一的奖励属性，这与大脑将所有奖励转化为单一价值尺度的观点相一致（Lak et al., 2014）。当不同的行为可能获得不同类型的奖励时，这种价值尺度有助于做出决策。因此，与强化学习关联最密切的神经递质就是多巴胺，多巴胺的核心作用是通过传递时间差分误差来进行学习和引导决策，然后通过在腹内侧前额叶等表征奖赏价值或者是整体的效用信息，从而引导人们依据当前情境，针对奖赏做出一系列的有效决策。

9.3.2 基于神经科学研究

1. 基于 fMRI 研究的多巴胺系统

尽管目前我们还没有办法直接刻画大脑学习真实的神经机理，但是我们可以通过计算行为决策过程和神经成像的观察来开展研究。如第 2 章所述，fMRI 技术出现于 20 世纪 90 年代，凭借着无创、空间分辨率高等特点，已经被广泛应用于认知神经科学领域，包括对管理决策行为的研究。

O'Doherty 等（2002）采用动态决策任务，给予被试视觉线索提示，研究其对于美味的期待，结果发现多巴胺能让中脑、后背侧杏仁核、纹状体和眶额叶皮层激活。除了眶额叶皮层之外，其他区域并不会因为受到奖励而激活，因此某种程度上也说明了奖励的预期与体验的大脑加工是分离的。通过测量不同脑区的激活程度与模型预测结果之间的关系，来反映外部事件（刺激和奖赏）和内部表征（价值和偏好）之间的联系。O'Doherty 等（2004）进一步利用 fMRI 发现，在积极预测的学习任务中，腹侧和背侧纹状体都出现了预期误差信号，而在消极预测的学习任务中，预期误差只会存在于腹侧纹状体，因此刺激学习可能和背侧纹状体有关。Knutson 和 Peterson（2005）利用 fMRI 技术来探测大脑如何应对不同预期金钱奖赏下的神经应答。实验结果表明，在预期收益时激活了腹侧纹状体，在货币收益结果时激活了内侧前额皮层，而腹侧纹状体的激活在预期损失时相对不明显，说明预期收益和收益体验之间存在着分离。Schönberg 等（2007）也发现了学习者在腹侧纹状体和背侧纹状体均显示稳健的预测错误信号，并且个体的纹状体 BOLD 信号和奖赏预期误差表现出更强的相关性。Den Ouden 等（2012）对预测错误的计算进行研究，针对不同类型的预测错误的编码位置、产生以及功能角色展开讨论。虽然预测错误编码是一种跨大脑区域的联合计算，但是这些错误信号的内容和功能可能是不同的。Gardner 等（2018）提出一种新的多巴胺功能理论，通过在感觉和奖励预测中传递错误信号，结果支持一种介于有模型（model-based）和无模型算法（model-free）之间的强化学习模型，这一理论与当前关于多巴胺瞬变和奖励预测偏差之间对应关系相一致。Iigaya 等（2020）为了充分了解神经系统计算期望效用的方式，使用了多个计算模型来显示不同大脑区域协调预期效用的过程。研究结果表明，腹侧前额叶皮层反映了对于预期效用价值的加工，而多巴胺的中脑与增强预期的信息相关，为解释预期对决策所产生的影响提供了神经层面的证据。

2. 强化学习与计算建模

在 fMRI 的章节中，我们讨论了 fMRI 数据分析的基本流程，关于预处理的部分可以参考相关部分的内容。在数据建模阶段，进行两阶段的分析，其中第一阶段是基于个体水平的分析，第二阶段进行组水平的分析。第一阶段的处理是数据分析的核心阶段，通常使用广义线性回归模型进行回归分析。将记录时间节点和行为数据相结合，并通过血流动力学响应函数（hemodynamic response function）卷积与 BOLD 的信号相对应，进行全脑体素水平（voxel-wise）的回归，获得每个体素在各个自变量下的效应量。

为了进一步探索强化学习下的动态决策与学习机制，需要在试次水平将试次特异性（trial-wise）的实验变量与磁共振信号进行关联分析，O'Doherty 等（2007）系统介绍了该方法在磁共振成像中包括强化学习任务在内的决策任务中的应用。该方法将行为数据和强化学习模型相结合，利用计算建模拟合得到强化学习模型中个体特异性的参数值，以获得刻画真实的学习行为。通过强化学习模型确定的模型参数，比如学习率、奖励敏感度等获得试次特异性的预期偏差、期望价值等，作为参数回归项（parametric regressor）放入到一阶段的参数建模中，刻画被试学习的动态过程，将学习行为、心理过程与神经活动相耦合，从而使得直接观察学习相关的变化在大脑中的加工过程成为可能。

3. 强化学习模型的参数估计

基于学习任务对于离散选项选择的特点，在强化学习的建模求解过程当中，目前进行参数估计常用的方法主要包括极大似然估计和分层贝叶斯分析方法。目前为止，极大似然估计仍然被广泛应用于求解强化学习模型（Palminteri et al., 2015；Palminteri et al., 2017）。随着神经科学研究的不断深入，个体差异因素逐步被考虑在决策神经科学的研究中。在强化学习模型中，个体间不同特质会影响学习任务中的表现。在求解模型的过程当中，利用分层贝叶斯模型求解强化学习模型中参数的最优解，能够更好地考虑个体之间差异的因素，从而更加精确地得出模型的整体结果。

目前不少决策神经科学的研究会使用基于模型的 fMRI 分析方法，并对管理决策的认知过程进行计算建模。目前已有不少研究提示，分层贝叶斯模型能够在认知建模过程中更好地考虑个体差异的因素并获得可靠的参数估计结果。Ahn 等（2013）结合爱荷华赌博任务实验开展了研究，在强化学习基础上结合实际研究进行改进，得到基于前景价值的学习模型（Ahn et al., 2008）。该研究采用分层贝叶斯分析方法，结合基于模型的 fMRI 进行参数估计，并且将结果与基于传统的极大似然估计方法的结果进行对比，显示分层贝叶斯模型能够通过将建模预测行为和神经进行关联，更好地捕捉个体神经水平的差异。与此同时，Ahn 等（2014）进一步开展了药物相关研究，通过安非他明依赖者、海洛因依赖者以及健康群体三者之间进行对比，结合分层贝叶斯技术比较多种认知模型，最后对不同群体之间参数的整体差异进行对比，以此来反映不同群体在决策方面存在的差异。Zhang 等（2020）也探讨了贝叶斯框架在经验加权吸引力（experience-weighted attraction）学习模型中的重要作用。此外，Piray 等（2019）提出了一个分层贝叶斯推理推断（hierarchical Bayesian inference）框架，同步完成基于分层贝叶斯框架的模型比较、参数估计和统计推断。

因此，分层贝叶斯方法为强化学习和决策领域提供了一个定量参数估计的框架，有助于探讨在不同的管理决策场景下，决策者基于当前的不同环境、已知信息以及获得的反馈进行学习和行为调整，并探讨不同的人格特质、专业背景等个体异质性对学习行为的影响。在数据分析方面，可以利用基于 Stan（https://mc-stan.org/）、JAGS（https://mcmc-jags.sourceforge.io/）等框架进行分层贝叶斯建模分析。在入门方面，可以参考 Woo-Young Ahn、Nate Haines、张磊等开发的 R 包 hBayesDM，可以相对直观地实现一些常规的强化学习模型（Ahn et al., 2017）。

9.4 强化学习小结与展望

目前强化学习模型被广泛应用于奖赏学习和决策研究中，结合不同的实验和神经测量工具，能够比较好地解释奖赏系统和决策行为等内在的机制。结合管理决策、心理学等相关领域的实验研究，能够更好地理解决策者的决策行为与特征。强化学习能够帮助我们理解大脑的决策机制、动机以及决策的动态过程，但是，目前强化学习在管理决策与神经科学结合的相关研究中，还存在着一些不足，也为未来研究探索提供了方向。

（1）神经测量工具的限制。在上文中我们探讨了利用 fMRI 发现的与强化学习相关的一些实验发现，但是由于设备本身的限制，是通过间接的 BOLD 信号数据获得的。虽然可以采用类似于动态因果模型（dynamic causal modeling）等的功能连接的分析方法，但是无法更加直接地观察神经水平的信号以及在脑内的动态加工机制。在未来的研究过程中,有必要结合多种测量工具,例如可以通过脑电、脑磁图等更高的时间分辨率的方法来开展进一步的研究。

(2)生态效度。强化学习任务早期脱胎于生理学的研究,在计算机科学领域被深入研究,广泛应用并获得了巨大的成功,Deepmind公司的Aplha Go在战胜围棋顶尖选手中将深度学习与强化学习有机结合便是一个很好的例证。对于决策者在不同强化学习任务下的表现,也在过去20年获得了足够的关注,但是对于个体在实验室实验任务中的表现与个体在真实的日常生活、管理决策情境下的决策能力、决策特点之间的关系,相对而言还较少受到关注,在未来可以进一步进行拓展与深入研究。

参 考 文 献

Ahn W Y, Busemeyer J R, Wagenmakers E-J, et al. 2008. Comparison of decision learning models using the generalization criterion method. Cognitive Science, 32(8): 1376-1402.

Ahn W Y, Haines N, Zhang L. 2017. Revealing neurocomputational mechanisms of reinforcement learning and decision-making with the hBayesDM package. Computational Psychiatry, 1: 24-57.

Ahn W Y, Krawitz A, Kim W, et al. 2013. A model-based fMRI analysis with hierarchical Bayesian parameter estimation. Decision, 1(S): 8-23.

Ahn W Y, Vasilev G, Lee S H, et al. 2014. Decision-making in stimulant and opiate addicts in protracted abstinence: evidence from computational modeling with pure users. Frontiers in Psychology, 5: 849.

Barto A G, Sutton R S, Watkins C. 1989. Learning and Sequential Decision Making. Amherst: University of Massachusetts.

Björklund A, Dunnett S B. 2007. Dopamine neuron systems in the brain: an update. Trends in Neurosciences, 30(5): 194-202.

Den Ouden H E, Kok P, de Lange F P. 2012. How prediction errors shape perception, attention, and motivation. Frontiers in Psychology, 3: 548.

Fiorillo C D, Tobler P N, Schultz W. 2003. Discrete coding of reward probability and uncertainty by dopamine neurons. Science, 299(5614): 1898-1902.

García-García I, Zeighami Y, Dagher A. 2017. Reward prediction errors in drug addiction and Parkinson's disease: from neurophysiology to neuroimaging. Current Neurology and Neuroscience Reports, 17(6): 46.

Gardner M P H, Schoenbaum G, Gershman S J. 2018. Rethinking dopamine as generalized prediction error. Proceedings of the Royal Society B, 285(1891): 20181645.

Halliday G M, Törk I. 1986. Comparative anatomy of the ventromedial mesencephalic tegmentum in the rat, cat, monkey and human. Journal of Comparative Neurology, 252(4): 423-445.

Iigaya K, Hauser T U, Kurth-Nelson Z, et al. 2020. The value of what's to come: neural mechanisms coupling prediction error and the utility of anticipation. Science Advances, 6(25): eaba3828.

Kamin L J. 1969. Predictability, surprise, attention, and conditioning. Campbell B A, Church R M. Punishment and Aversive Behavior. New York: Appleton- Century-Crofts: 279-296.

Knutson B, Peterson R. 2005. Neurally reconstructing expected utility. Games and Economic Behavior, 52(2): 305-315.

Lak A, Stauffer W R, Schultz W. 2014. Dopamine prediction error responses integrate subjective value from different reward dimensions. Proceedings of the National Academy of Sciences, 111 (6): 2343-2348.

Mohr P N, Li S C, Heekeren H R. 2010. Neuroeconomics and aging: neuromodulation of economic decision making in old age. Neuroscience & Biobehavioral Reviews, 34 (5): 678-688.

O'Doherty J P, Deichmann R, Critchley H D, et al. 2002. Neural responses during anticipation of a primary taste reward. Neuron, 33 (5): 815-826.

O'Doherty J, Dayan P, Schultz J, et al. 2004. Dissociable roles of ventral and dorsal striatum in instrumental conditioning. Science, 304 (5669): 452-454.

O'Doherty J, Hampton A, Kim H. 2007. Model-based fMRI and its application to reward learning and decision making. Annals of the New York Academy of sciences, 1104 (1): 35-53.

Palminteri S, Khamassi M, Joffily M, et al. 2015. Contextual modulation of value signals in reward and punishment learning. Nature Communications, 6 (1): 1-14.

Palminteri S, Lefebvre G, Kilford E J, et al. 2017. Confirmation bias in human reinforcement learning: evidence from counterfactual feedback processing. PLoS Computational Biology, 13 (8): e1005684.

Pavlov I P. 1927. Conditioned Reflexes: An Investigation of the Physiological Activity of the Cerebral Cortex. Translated and Edited by Anrep G V. London: Oxford University Press.

Piray P, Dezfouli A, Heskes T, et al. 2019. Hierarchical Bayesian inference for concurrent model fitting and comparison for group studies. PLoS Computational Biology, 15 (6): e1007043.

Rangel A, Camerer C, Montague P R. 2008. A framework for studying the neurobiology of value-based decision making. Nature Reviews Neuroscience, 9 (7): 545-556.

Rescorla R A, Wagner A R. 1972. A theory of Pavlovian conditioning: variations in the effectiveness of reinforcement and nonreinforcement. Black A H, Prokasy W F. Classical Conditioning II: Current Research and Theory. New York: Appleton- Century-Crofts: 64-69.

Schönberg T, Daw N D, Joel D, et al. 2007. Reinforcement learning signals in the human striatum distinguish learners from nonlearners during reward-based decision making. Journal of Neuroscience, 27 (47): 12860-12867.

Schultz W. 2010. Dopamine signals for reward value and risk: basic and recent data. Behavioral and Brain Functions, 6 (1): 1-9.

Schultz W. 2016. Dopamine reward prediction-error signalling: a two-component response. Nature Reviews Neuroscience, 17 (3): 183-195.

Schultz W, Apicella P, Ljungberg T. 1993. Responses of monkey dopamine neurons to reward and conditioned stimuli during successive steps of learning a delayed response task. Journal of Neuroscience, 13 (3): 900-913.

Schultz W, Dayan P, Montague P R. 1997. A neural substrate of prediction and reward. Science, 275 (5306): 1593-1599.

Sutton R S, Barto A G. 1987. A temporal-difference model of classical conditioning. In Proceedings of the Ninth Annual Conference of the Cognitive Science Society, 355-378.

Thorndike E L. 1927. The law of effect. The American Journal of Psychology, 39 (1/4): 212-222.

Tobler P N, Fiorillo C D, Schultz W. 2005. Adaptive coding of reward value by dopamine neurons. Science, 307 (5715): 1642-1645.

Wise R A. 2002. Brain reward circuitry: insights from unsensed incentives. Neuron, 36 (2): 229-240.

Zhang Z, Chandra S, Kayser A, et al. 2020. A hierarchical Bayesian implementation of the experience-weighted attraction model. Computational Psychiatry, 4: 40-60.

第三篇：社会决策

第 10 章 共情与决策

人是具有社会情感的动物，我们在这个社会的生活、工作的过程中，不囿于时间、场合和地点，都可能对他人产生共情，共情在我们日常生活中具有重要意义。本部分尝试回答人们为什么会共情，如何共情，以及什么时候会共情？本章将对共情相关的研究包括认知神经科学的研究进行介绍，以期让读者明确目前关于共情定义的理解、形成机制以及对于管理决策的重要价值。

10.1 共情的定义

共情（empathy）一词起源于德语，这一名词在神经科学的文献中 MacLean（1967）提出，是指站在对方的视角，设身处地为他人考虑的一种能力。作为社会中的个体，如何正确地识别和理解他人的意图及行动，对于我们的生存和发展都至关重要。在人际互动与交往的过程中，需要我们能够高效地识别对方的情绪，体会他人的想法并能够站在他人的立场，从对方的视角来思考和处理问题。共情是指对他人情绪状态的理解和解读并对他人接下来行为进行判断，换句话说，共情就是感同身受。共情之所以受到管理学、经济学、心理学和神经科学领域的关注，是因为人作为社会性的动物，从远古时期的游牧狩猎，到现代社会的商业活动，无时无刻不在发生着人际之间的互动。而随着神经科学技术的快速发展，使得我们探究共情的认知神经机制以及更好理解共情的内涵提供了可能。

虽然对于共情的研究历史悠久，但是对于共情的概念定义目前仍存在不少的争议。首先，共情的狭义定义是：个体要处于某种特定的情感状态，这是共情产生的前提条件。而心理理论（theory of mind）不认同这一点，心理理论认为共情指的是推断和表征他人意图、欲望或信仰的能力，心理理论中的共情不是分享他人的情感，而是对他人意图或信念的认知理解。例如，根据我对他人的了解，从他的行为中推断他有些焦虑，但我不感到焦虑。其次，个体的情感状态和他人的情感状态是一致的，即同态。再次，个体的情感状态是由观察或想象他人的情感状态引起的。最后，个体知道自己的情感状态来源于他人的情感状态。之所以强调这点，是为了把共情与情绪感染的概念区别开，情绪感染是一种自动接受他人情绪状态的现象，也涉及情感分享，但不满足自我—他人区分的条件（de Vignemont and Singer, 2006）。

区别于心理理论，共情可以分为两类：情感共情和认知共情（Walter，2012；Marsh，2018）。情感共情是对他人状态的情感体验，包括负性的情感与正性的情感共情；而认知共情是对他人心智的理解过程。其他研究者又有不同的见解，他们认为，共情是大脑的双系统，自下而上的情绪分享过程和自上而下的认知调节过程，这两个相互独立又密不可分的系统在共情中都至关重要（Gladstein，1983）。Decety 和 Svetlova（2012）认为，共情包括许多相互作用和分离的神经生物学系统，情感意识、共情关怀和情感唤起之间的相互作用是在一系列嵌套的进化过程中运作的，这些过程与社会、情境和动机的偶发事件交织在一起。de Waal 和 Preston（2017）的俄罗斯套娃模型（Russian doll model）指出，共情不是全或无的现象，其核心是感知-行动机制，基本的表现是动作模仿和情绪感染；中层是同情关注，外层是观点采择，依赖大脑前额叶的功能。

共情可以促进人与人之间的沟通，帮助我们了解他人的心理状态，从而推测他人的行为。共情也使我们站在他人的角度，以他人的方式体验事件和情绪，出于纯粹的善心而做出帮助等亲社会行为（Batson，1987），这对构建情感纽带非常重要。共情能促使个体快速地与别的社会个体建立情感联系，这对于那些提供亲代照顾并为实现共同目标而通力合作的物种，特别是我们人类来说是不可或缺的。

无论是心理理论对于共情的定义，亦或是情感共情、认知共情，再或是双系统的共情等，正是因为共情可以发生在我们每个人的身上，涉及多个专业的内容，因此对于共情至今没有界限清晰的定义。但不可否认的是，鉴于共情在人们生活中的重要性以及研究共情的重要意义，仍需研究者们继续深入地进行探索。

10.2 共情的神经与内分泌机制

10.2.1 共情的神经机制

近年来，随着神经科学技术的发展，研究者利用神经成像等认知神经科学的方法，对共情产生的神经机制进行了系统研究。针对上文提到的情感共情和认知共情，研究发现，情感共情和认知共情分别有其所对应的不同的神经基础。

情感共情是一种与人们自发的模仿过程有关的情感共鸣现象，通过观察低级情绪信息（如语言、表情、动作等）便可自动诱发。那么，这种基于具身模仿的共情是如何产生的呢？理论认为，个体用自身的心理作为模板来理解他人的心智，镜像神经元及共享环路的发现为其提供了佐证。镜像神经系统最早发现于猴子的前运动皮层 F5 区，在当一只猴子做动作或者看另一只猴子做同样的动作时有同样的放电活动（Rizzolatti and Craighero，2004）。目前发现，在人类大脑中也有类似的结构，主要包括顶下小叶的喙侧、中央前回的下部和额下回的后部。镜像神经元支持了共情的知觉-动作模型（perception-action model）。该模型认为当个体观察或想象他人的情绪状态时，会自动激活大脑对那个情绪状态的表征，并伴随相关的自主和躯体反应。在这个过程中，除非主动控制，情绪分享则不需要意识和努力就会自动发生（Preston and de Waal，2002）。知觉-动作模型假定在识别另一个人的情感状态时，自我和他人有一个共享的、分布式的神经表征。该表征是自我在经验中发展起来的，这就解释了为什么共情的准确性会随着他人与自我过去经历的相关性、相似性和熟悉性而增加。在观察者直接感知到他人的情绪状态时（如悲伤的面部表情），自下而上的情感共情就会发生，激活观察者对他人状态的分布的、个人的表征。这些表征（如相关的记忆、语义概念、身体状态和表达）在观察者的生活中会随着时间的推移而发展。共享环路假说认为，自我与他人之间的"共享表征"是共情和情感分享现象的核心，即个体对他人情绪的感知，是基于大脑表征该情绪的部位被激活，因而使得个体产生了相同的情绪表征（Decety and Sommerville，2003）。许多 fMRI 的研究表明，观察他人的情绪状态会激活神经元网络中处理自身情绪状态的部分，如厌恶（Wicker et al.，2003）、触摸（Keysers et al.，2004）或疼痛（Singer et al.，2004）。一些研究者认为像这样的共享回路是由联想学习或 Hebbian 学习机制（突触可塑性的基本机制，突触效能的增加源于突触前细胞对突触后细胞的重复和持续的刺激）而形成的。共享回路可能是由同时放电、同时激活的神经元之间的联系造成的。每当知觉（如看到一张愤怒的脸）或象征线索（如"痛苦"这个词）伴随着某种情感、内脏或躯体感觉的激活时，该线索与内部感觉的神经表征之间就会形成联系。之后，仅仅是感知到线索就能自动触发共情反应。

情感共情的神经基础主要涉及镜像神经系统（包括顶下小叶、额下回、前运动皮层）、前脑岛和前扣带回皮层。Singer 等（2004）使用 fMRI，以配偶为被试组，对配偶双方进行电刺激并同步观察大脑的活动。结果发现，无论是自己受到电击还是看到配偶受到电击，女性被试情感加工的脑区，即双侧前岛叶（anterior insula，AI）、前扣带回皮层（ACC）都被激活。同时，AI 和 ACC 激活与个体共情得分呈现正相关。AI 在负性的社会情绪中起着重要作用，而 ACC 位于连接"情绪"边缘系统和"认知"前额皮质的中间过渡位置。这表明对他人痛苦感受的共情与自身亲历痛苦的感觉是类似的（Singer et al.，2004）。Lamm 等进行的一项元分析研究发现，由双侧前岛叶皮层和中/前扣带回皮层组成的核心网络与对疼痛的共情有关，这些区域的激活与直接体验疼痛时的激活是重叠的。共情网络与直接体验疼痛的神经网络的重叠进一步佐证了将共享的神经表征作为理解他人的理论解释（Lamm et al.，2011）。

与情感共情不同，认知共情是个体利用自己过去的经历，将自我投入他人所处情境中，将心比心地理解他人情绪状态产生的原因，它需要有意识地评估不能直接观察到的信息，如利用以往的知识对他人的观点或状态进行推理。当共情以自上而下的认知方式进行时，支持工作记忆、执行功能、情绪调节和视觉空间过程的神经区域将影响情感共情表征。自上而下的想象会激活与情感共情有关的情感表征，这为想象提供了有关他人情感状态的信息。认知共情主要涉及的脑区包括内侧前额叶皮层、颞上沟、颞顶联合区和颞极（Frith and Singer，2008）。

综上所述，共情可以分为情感共情和认知共情。情感共情指个体对他人情绪的"感同身受"，其神经基础包括：参与模仿过程的镜像神经元系统，包括额下回和顶下小叶；以及参与疼痛和情绪共情的前扣带回皮层、脑岛和杏仁核等。认知共情指个体理解他人的想法和意图，其神经基础主要是内侧前额叶皮层、颞上沟、颞顶联合区和颞极。情感共情和认知共情有着不同的神经定位脑区，为共情的理论研究拓展打下了扎实的基础。

10.2.2 共情的神经内分泌调节

人脑中的一些神经递质与共情密切相关，如催产素（oxytocin，OXT）。催产素是一种肽类激素，由大脑下丘脑产生，并由垂体后叶分泌，既是一种内分泌激素，亦是一种神经递质。对于人类来说，外周的催产素作为一种内分泌激素，对于胎儿的分娩很重要，它可以促进分娩，刺激乳汁产生。顾名思义，中文称为催产素或缩宫素。作为一种神经递质，在中枢神经系统中，催产素在爱、信任和人际关系中发挥着重要作用，可以促进人类的亲社会行为。

一方面，研究人员发现，内源性催产素水平与共情体验的产生密切相关。Barraza 和 Zak（2009）通过研究指出，共情体验会提高催产素水平，并影响随后对陌生人的慷慨程度。实验中被试首先观看情绪化视频和中性情绪视频，并对自己的情绪进行评分，然后玩最后通牒游戏。结果发现，与观看中性情绪视频相比，观看情绪化视频的被试催产素水平比基线水平高出47%；在随后的最后通牒游戏中，共情体验越高的被试对陌生人越慷慨。这表明催产素是共情体验的生理信号，而共情会影响慷慨行为。

另一方面，相较于上文提到的内源性催产素，外源性催产素的干预研究也发现了催产素影响共情的证据。例如，在 Domes 等（2007）的研究中，研究者向健康男性经鼻腔喷入催产素或安慰剂对照，并通过"眼睛读心测试"（reading the mind in the eyes test）来检测他们推断他人心理状态的能力。结果发现，催产素提高了被试在"眼睛读心测试"中的正确率。这表明催产素可以提高人从眼睛线索中推断他人精神状态的能力。除了健康个体，外源性催产素也可以提高共情缺陷个体的共情能力。Averbeck 等（2012）的研究发现，鼻吸催产素提高了精神分裂症患者的情绪识别能力。Palgi 等（2016）的研究也发现，催产素增加了创伤后应激障碍患者对女性的同情（而不是对男性），这表明鼻吸催产素对创伤后应激障碍患者可能是一种有效的药物干预。

在基因研究方面，Rodrigues 等（2009）研究了催产素受体基因与共情的关系。结果发现，与 GG 型等位基因个体相比，拥有 AA/AG 型等位基因的个体表现出较低的共情反应，共情是通过"眼睛读心测试"和共情量表测量的。这说明催产素受体的基因多态性与人类的共情能力密切相关。

综上所述，不论是内源性催产素或外源性催产素都会对共情产生一定的影响，增强社会适应行为，影响人类的共情反应，在共情缺陷治疗中有重要的应用前景（岳童等，2018）。然而，要将催产素的干预作为临床疗法加以推广，还需要更多的研究和进一步的探讨分析。

10.3 共情的模型

正如上文提到的，共情体验可以分为情感共情和认知共情。从认知科学的角度来看，情感共情是自下而上的加工过程，个体观察他人的情感，共情脑区自发激活，产生共情反应；而认知共情是自上而下的加工过程。在认知共情的加工中，共情会受到认知评价的调节，使人类可以灵活地调节对他人的共情反应。

10.3.1 自上而下

但是，当我们看到别人表现出情绪时，共情真的会自动触发吗？在现实生活中，我们显然不会实时或者经常性地同情我们周边的个体。共情不仅仅是被动观察情感线索的结果，它还受制于情境的调节和主观的评价。一些因素包括共享情感的特征（情绪的效价、凸显性等）、共情者和共情对象间的关系（情感联系、相似性、熟悉度等）、共情对象的特质（性别、个性、年龄、情绪控制能力等）和情景（公平性等）等都会影响共情体验，调节共情的强度（de Vignemont and Singer，2006）。尽管共情存在自下而上刺激驱动的路径，但从现实的观察来看，共情不可能对所有的他人无差别地产生。共情需要付出相当可观的成本和代价，日常生活中，人们不可能对所有的人产生共情并对他们提供帮助。一个更加客观的现实是，针对不同情境下不同亲疏远近的他人，人们会灵活地给予与场景适应的共情应答。简而言之，共情不是对他人的情绪和感受的简单拷贝，在真实的共情中，认知因素不断自上而下地对情绪产生调节。

1. 共享情感的特征

他人表现出的情绪的强度、显著性和效价（积极与消极）可能会影响我们共情体验的强度。相比嫉妒等次级情绪，我们对恐惧、高兴、悲伤等初级情绪更容易产生共情。例如，在 Saarela 等（2006）的研究中，被试观看了慢性病患者的痛苦表情和经受剧烈疼痛的表情。fMRI 的结果表明，看到剧烈疼痛表情时，人们的前脑岛和前扣带回区域有更大的激活，即人们对他人遭受的更强烈痛苦会产生更强的共情反应。

2. 共情者和共情对象间的关系

研究发现，共情者和共情对象间的情感联系、相似性、熟悉程度，以及共情对象需要的关心程度等可能也是关键的调节因素。由于脑电实验研究在这方面的便捷性，有不少相关的研究。例如，Fukushima 和 Hiraki（2006）让双人配对玩金钱竞技游戏，发现男女在针对他人损益的反馈相关负波（FRN）有明显不同。女性会表现出对方的损失的负性应答，即使这种损失对她本人而言是收益，而男性则没有表现出这一规律，提示两性在共情上存在差异。Fukushima 和 Hiraki（2009）在研究中让成对的朋友和计算机轮流玩赌博游戏，并观察其他参与者的表现。结果发现，看朋友的游戏表现引发的 FRN 跟自己相似，看计算机的游戏表现引发的 FRN 情况却大不相同。Itagak 和 Katayama（2008）也采用金钱赌博任务，在实验中设置了两种情景，一种情景下自己和对方的收益或损失相同，另一种情境下自己和对方的收益或损失相反。结果发现，观察者大脑的 FRN 波幅仅在自己身上体现了输钱时大于赢钱时的特征。Singer 等发现，共情者和共情对象间的情感联系可能会起到调节作用。在实验中，被试成对地进行信任博弈游戏，随后让被试看到先前公平或不公平对待自己的搭档受到电击的环节。结果发现，看到公平搭档受到疼痛电击时，男性和女性的前扣带回和岛叶都被激活，即产生了对疼痛的共情。然而，当看到线索提示不公平搭档要受到疼痛电击时，男性与共情相关的脑区活动减少，而与奖赏相关伏隔核和眶额叶皮层激活增加，甚至会产生报复的想法。这表明社会互动中的不公平会损害人们之间的情感联结，并对我们不认同的人产生相反的共情反应（Singer et al., 2006）。综上所述，共情者和共情对象间的情感联系、相似性、熟悉程度，以及共情对象需要的关心程度等都可能在一定程度上对共情产生影响，当然不局限于这些方面，新的影响因素需要研究人员进一步开展探索。

3. 共情对象的特质

性别、个性、年龄和经历可能会影响共情体验（Fukushima and Hiraki, 2006；

Eisenberg and Morris，2001），例如，一个从未有过眩晕经历的人很难对恐高的人产生共情。Decety 等（2010）采用事件相关电位技术，向医生组和对照组呈现身体被针刺（疼痛）或被棉签触摸（无疼痛）的视觉刺激。结果发现，相比普通人，医生对于他人的疼痛在早期 N1 成分上更加不敏感。这表明由于长期的工作经历，医生的情绪调节抑制了对他人疼痛的感知，因此可以释放必要的认知资源，以帮助他人。Sheng 和 Han（2012）记录了中国成年人在对带有疼痛或中性表情的亚洲人和高加索人进行种族判断时的事件相关电位信号。结果发现，相比同种族（ingroup）成员，观察者看到其他种族成员的疼痛表情时会诱发更小的 P2 波幅，这表明群体内偏见会影响对于疼痛刺激的共情，人类对来自同一种族成员的感受更敏感。颜志强和苏彦捷（2018）通过一项元分析研究考察了共情的性别差异，结果发现女性的共情能力高于男性。Luo 等（2015）也发现，相对于男性，女性在看到他人的悲伤表情时诱发了更大的 P2 波幅，这说明女性对他人的悲伤表情更敏感，更善于识别和分享他人的情绪。综上所述，个体的性别、个性、年龄和自身经历等因素确实会对共情体验产生不同的影响。

4. 背景

如果我知道你获得的快乐是不合理的，我还能分享你的喜悦吗？如果你突然无缘无故地开始哭，我会同情你还是会更惊讶？多项研究发现，人们对他人的共情反应会受到背景因素的调节。Lamm 等（2007）发现，当人们知道他人是为了治疗疾病而忍受疼痛时，与疼痛有关的脑区激活会减弱，这表明人类对他人痛苦的反应可以被认知和动机过程调节。关于疼痛经历发生的背景信息，为自上而下的认知评价提供了重要线索，这会影响人们在看到另一个需要帮助的人时是否会产生共情关注。Gu 和 Han（2007）的研究支持了自上而下的注意力对疼痛共情的调节作用；他们发现，被试看到他人的手被伤害时，注意他人的疼痛程度比注意手指的数量时前扣带回和额中回的激活更强。

10.3.2 自下而上

我们无意识地分享了他人的情感。当个体接触到他人的情绪时，会自动地分享他人的情绪。共情是对他人情绪的分享，这种情绪分析是不由自主地产生的，人们无法随意控制其发生和强度，从这个意义上来说，共情是刺激驱动的自动化的过程，是一个自下而上的过程。自下而上的过程要经过两个阶段：第一个阶段是对于情绪是否感人的判断，第二个阶段是在情绪感人的基础上形成的有意识情绪分享。当人们看见他人处于一定的动作状态或者情绪状态时，感觉输入会自动激活个体的镜像匹配系统，从而产生自动化模仿和情绪的感染，这可能是共情最基础的形式。如观察者会对他人的表情、声调、姿势和动作进行自动模仿，产生同步动作。出生仅几个小时的婴儿就能够跟随成年人的面部表情产生嘴部和面部的运动。实验中给成年人快速呈现低视觉阈值的高兴、愤怒、恐惧等面部表情，使被试无法意识到刺激的存在，但依然能够在被试的面部记录到相应表情的肌电，这说明人类能够快速地"捕捉"到环境中的情绪信息对其做出自动化的反应。

10.4 共情调节的模型

针对调节作用是在共情过程的哪个阶段发生的，de Vignemont 和 Singer（2006）提出了共情的早期调节模型和晚期调节模型。早期调节模型认为，人们感知到情绪刺激后共情不会自动激活，情绪刺激会在内、外部信息的背景下被评估，对情境的评估结果决定了是否会产生共情反应。因此，默认规则是共情反应不会自动被激活，但共情反应可能会作为评估的结果而被激发。与之相反，晚期调节模型则认为情绪刺激会自动激活共情反应，背景同样会被评估，但是评估结果只在晚期抑制或放大非自愿激发的共情反应。因此，默认规则是共情反应一定会发生，但在后期可能会被调节或抑制。在晚期调节模型中，关于一般背景的信息和个人背景的信息是并行处理的；情境评估对共情的调节既可以通过自上而下的调控过程，也可以通过不同动机过程之间的横向竞争来实现，共情体验和评估过程并行发生。事件相关电位这一时间分辨率较为敏感的研究方法为区分早期调节模型和晚期调节模型提供了可能的途径。过去不同的研究对于早期调节模型和晚期调节模型都有发现支持，这种存在的分歧可能是由不同的范式和刺激材料造成的。

在支持早期调节模型的证据方面，Cui 等（2016）以献血者、杀手分别作为高、低道德评价的启动词，考察道德评价是否会影响疼痛共情。结果发现，在面对高道德者（献血者）时，被试观看疼痛图片比非疼痛图片诱发了更大的 N2 波幅；而在面对低道德者（杀手）时，被试观看疼痛图片和非疼痛图片诱发的 N2 波幅差异不显著。这表明道德评价对于疼痛共情的影响发生在共情反应早期，人们会增强对高道德者疼痛的情感投入。程家萍等（2017）用不同长度的数字串记忆任务形成高/低认知负荷，以探究认知负荷对疼痛共情的影响。结果发现，在高认知负荷下，疼痛图片诱发的早期成分 P2 和 N2 波幅显著大于非疼痛图片；而低认知负荷下差异不显著。这表明高认知负荷下被试会对分心刺激产生更强烈的自动情感分享，认知负荷对疼痛共情的调节作用主要发生在早期阶段。Ma 等（2011）通过二项实验研究了人与人之间亲密度与潜在的竞争关系对共情的调节作用。在实验一中，3 人为一组进行金钱赌博游戏。其中，被试 A 与 B 是同性朋友，A、B 均与 C 不相识。被试 A、B、C 在实验中轮流玩赌博游戏，并同步记录 A 和 B 的脑电（详见图 10-1）。实验二中，实验流程基本与实验一相类似，唯一不同的是，同性朋友仅有一人完成游戏，另一位作为观察者。研究一中我们发现 P300 在不同亲疏远近的个体中表现出梯度性的下降，反馈相关负波（FRN）仅在自我他人间表现出差异，在朋友和陌生人之间没有存在不同；而在将个体设置成被动的观察者后，发现无论是 P300 还是 FRN，都表现出了明显的不同。也就是说对于朋友的共情，仅在个体不涉及自身利益时才会表现出明显的应答。一种可能的解释是，在人类进化的过程中，有一种追求在社会环境中占据主导的本能，因此使得人们在社会经济的情境中，有意无意进行社会比较，特别是在相识的人际关系之间显得更为明显。根据实验结果，早期出现的事件相关电位（ERP）成分明显地受到了熟悉度和竞争关系这两种情景因素的调节，表明共情的产生及强度受到了社会背景因素的影响，而这种影响在早期已经发生，说明在认知加工的早期，大脑通过自上而下的加工调节了我们对别人的共情程度，一定程度上也支持了前面提到的早期调节模型。

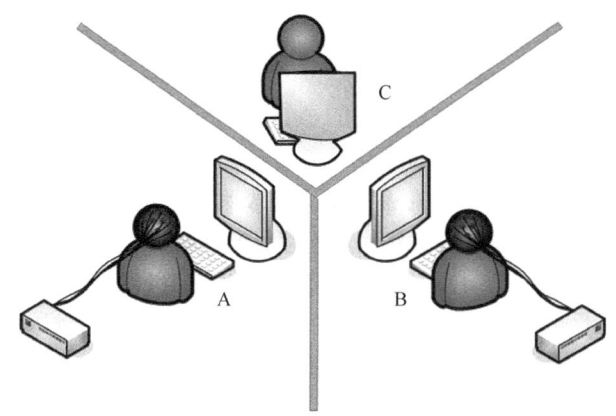

图 10-1 联机实验示例（Ma et al., 2011）

另外，一些研究也提供了对晚期调节模型的支持证据。Fan 和 Han（2008）在研究中让被试观看人的手受伤的图片，发现晚期出现在中央顶部区域的 P300 成分与任务相关，在被试被要求评估图片中人的手疼痛程度以及所带来的伤害的情况下与被试判断手的数量的情况下，该晚期成分有明显区别；而约 140 ms 时出现在前额叶的早期成分则没有受到注意的调节。对疼痛刺激产生共情而激发的晚期成分受到了自上而下的调节，这在一定程度上支持了晚期调节模型。李想等利用 ERP 考察了道德评价对疼痛共情早期成分 N100 等和晚期成分 P300 的调节作用。结果发现高道德故事情境下的疼痛图片比非疼痛图片诱发了更强的 P300 波幅，而低道德故事情境下未发现类似现象，这表明疼痛共情晚期加工会受道德评价的影响（李想等，2018）。周海波等（2019）利用 ERP 考察了自我—他人重叠对疼痛共情的影响。结果发现在疼痛条件下，密友比熟人、陌生人诱发了更强的晚期 P300 波幅。这表明自我—他人重叠程度对于疼痛共情的影响发生在反应晚期，并调节自上而下认知控制加工，从而影响对他人疼痛的感知。因此，对于共情的早期和晚期调节模型，目前还存在不少的争议，未来的研究可以利用不同的研究工具，特别是高时间分辨率的研究工具来进一步探讨需要共情调节的加工机制。

10.5 共情和利他行为

共情几乎发生在每个人的身上，并且，不受时间、地点的约束，那么，我们为什么会共情呢？共情具有认识论（epistemology）和社会作用。在认识论的作用方面，共情不仅使我们更快、更准确地预测他人的需要和行动，还能提供有关环境属性的知识。例如，当我们看到某人因某物而受伤时，我们就会给某物附加一个消极的回避值，而无须自己先体验痛苦。在社会作用方面，共情是亲社会行为和合作动机的来源，它在社会交往中扮演着重要的角色。人们实施共情时会考虑共情背后的成本和收益，无论是外在的金钱动机还是内部的社会动机都存在成本和收益的评估。只有当个体评估到共情具有一定的主观价值后，才会更愿意付出资源去选择共情。然而，共情虽然存在认知成本，但动机对共情的影响也很大。具体而言，金钱奖励和亲密关系都是激励我们选择共情的动机因素。尽管共情时需要付出认知上的脑力活动，但物质的奖励和亲密关系的获得却会让个体觉得共情是有收益的，尤其在对亲密的人共情时，所以，人们更可能对亲密的他人的喜乐哀惧感同身受。而道德框架如何对人们共情产生影响，还需研究者在未来的研究中继续探索。

亲社会行为指为他人带来直接或者间接的利益的行为，包括助人、分享、安慰、捐赠和合作等行为（Eisenberg and Miller, 1987）。亲社会行为具体可分为非利他亲社会行为和利他行为。由于往往无法确定人们亲社会行为的动机，所以通常很难对二者进行严格的区分。非利他的亲社会行为是指一切有利于他人的行为，包括期待回报的行为；而利他行为是指有意帮助他人的自愿行为，而不是为了获得奖励或避免惩罚。

在有关亲社会行为的理论中，研究者一直都很关注共情在其中所扮演的角色。Batson（1987）提出了共情–利他假说，根据该假说，当旁观者看到他人处于困境时，会把自己置于他人的位置，以他人的方式体验事件，产生共情、同情、怜悯等情绪，而且会纯粹为了解除他人的困境而帮助他人，以至于不管代价是什么。旁观者的共情水平越高，采取帮助行为的可能性也越大。de Waal 和 Preston（2017）认为，通过情绪转移，他人的痛苦会引起观察者的痛苦；观察者会帮助或安慰他人；他人的痛苦得到缓解后，观察者也感到温暖；从而获得内在奖励。一定程度上来说，通过共情模糊了自己和他人之间的界限，从而削弱了自私动机和利他动机的区别。Hoffman 因此评价说，共情也许是唯一可以弥合利己主义和利他主义鸿沟的，因为它可以把他人的不幸转化为自己的痛苦，这就是共情的美妙之处（Hoffman，1981）。

此外，大量研究表明共情与亲社会行为之间存在紧密的联系，它能够激发个体的亲社会动机（de Waal and Preston，2017）。在现实生活中，人类经常会选择牺牲物质利益来支持公益事业，慈善捐赠行为是这一能力在当代的突出表现。例如，Harbaugh 等（2007）通过税收和自愿捐赠的实验任务，考察了慈善捐赠的动机。研究结果发现，自己得到金钱、观察慈善机构得到金钱以及自愿捐赠都会激活奖赏相关的脑区，这表明纯粹的利他主义和温暖的情绪是进行慈善捐赠的重要动机。买晓琴等（2019）采用 ERP 技术探讨了共情关怀对利他决策结果评价影响的神经机制，结果发现，共情关怀调节了与结果评价相关的早期 FRN 和晚期 P300 波幅。Morelli 等（2014）通过考察被试对不同社会场景图片的共情应答，发现大脑的隔区参与了对疼痛、焦虑和幸福的共情加工，并且该脑区的活动可以预测真实场景下的利他行为。

10.6 共情研究小结与展望

作为人类社会经济、管理活动中的常见现象，共情一直为研究者所重视。共情对人类社会关系的形成和发展具有重大意义，它可以帮助人们更好地与人沟通和相处，促进社会成员之间的和谐共生。因此，对共情这一议题的探索，不仅能推动管理决策、经济决策等相关理论的发展，也能指导我们进一步了解现实世界的各种社会现象，为共情这一概念在现实社会中的应用提供对策与建议。

共情这一主题涉及经济学、管理学、认知科学、神经科学等多个交叉学科领域，虽然目前已经取得了许多研究成果，但仍存在很多问题有待解决。例如，de Vignemont 和 Singer（2006）、Zaki 和 Ochsner（2012）、Marsh（2018）对未来的研究方向做出了展望：共情大脑反应及其调节的动态变化是什么？神经科学如何解释调节因素对共享情感网络的影响？共情、同情、亲社会行为和心理理论如何相互区别与联系？大脑结构与共享情感网络之间的关系？大脑如何区分自我和他人？共情反应中意识如何产生？它与共享大脑网络中的激活阈值的大小或神经激活的模式有关吗？是否有证据表明共情等社交情绪领域中神经元可塑性？不同场景下的共情，可以在多大程度上预测和反映亲社会行为等问题，未来研究者们可以考虑在前人研究发现的基础上，对这些问题上做进一步探讨，来更全面地认识共情现象,并将理论研究的成果应用于现实的管理决策中,如在组织内部的人文关怀,组织间的交流互动中提供有益参考。

参 考 文 献

程家萍,罗跃嘉,崔芳. 2017. 认知负荷对疼痛共情的影响:来自 ERP 研究的证据. 心理学报, 49(5): 622-630.

李想,黄煜,罗禹,等. 2018. 好人更值得怜悯?道德评价影响疼痛共情的 ERP 研究. 中国临床心理学杂志, 26(1): 47-51.

买晓琴,刘鑫,时勘. 2019. 共情关怀对利他决策结果评价影响的神经机制. 杭州:第二十二届全国心理学学术会议.

颜志强,苏彦捷. 2018. 共情的性别差异:来自元分析的证据. 心理发展与教育, 34(2): 129-136.

岳童,黄希庭,刘光远. 2018. 催产素对共情反应的影响及其作用机制. 心理科学进展, 26(3): 442-453.

周海波,甘烨彤,易靓靓,等. 2019. 自我–他人重叠影响疼痛共情的 ERP 研究. 心理科学, 42(5): 1194-1201.

Averbeck B B, Bobin T, Evans S, et al. 2012. Emotion recognition and oxytocin in patients with schizophrenia. Psychological Medicine, 42(2): 259-266.

Barraza J A, Zak P J. 2009. Empathy toward strangers triggers oxytocin release and subsequent generosity. Annals of the New York Academy of Sciences, 1167: 182-189.

Batson C D. 1987. Pro-social motivation-is it ever truly altruistic. Advances in Experimental Social Psychology, 20: 65-122.

Cui F, Ma N, Luo Y-J. 2016. Moral judgment modulates neural responses to the perception of other's pain: an ERP study. Scientific Reports, 6(1): doi: 10.1038/srep20851.

Decety J, Sommerville J A. 2003. Shared representations between self and other: a social cognitive neuroscience view. Trends in Cognitive Sciences, 7(12): 527-533.

Decety J, Svetlova M. 2012. Putting together phylogenetic and ontogenetic perspectives on empathy. Developmental Cognitive Neuroscience, 2(1): 1-24.

Decety J, Yang C-Y, Cheng Y W. 2010. Physicians down-regulate their pain empathy response: an event-related brain potential study. NeuroImage, 50(4): 1676-1682.

de Vignemont F, Singer T. 2006. The empathic brain: how, when and why? . Trends in Cognitive Sciences, 10(10): 435-441.

de Waal F B, Preston S D. 2017. Mammalian empathy: behavioural manifestations and neural basis. Nature Reviews Neuroscience, 18(8): 498-509.

Domes G, Heinrichs M, Michel A, et al. 2007. Oxytocin improves "mind-reading" in humans. Biological Psychiatry, 61(6): 731-733.

Eisenberg N, Miller P A. 1987. The relation of empathy to prosocial and related behaviors. Psychological Bulletin, 101(1): 91-119.

Eisenberg N, Morris A S. 2001. The origins and social significance of empathy-related responding. A review of empathy and moral development: implications for caring and justice by M. L. Hoffman. Social Justice Research, 14(1): 95-120.

Fan Y, Han S. 2008. Temporal dynamic of neural mechanisms involved in empathy for pain: an event-related brain potential study. Neuropsychologia, 46(1): 160-173.

Frith C D, Singer T. 2008. The role of social cognition in decision making. Philosophical Transactions of the Royal

Society B: Biological Sciences, 363 (1511): 3875-3886.

Fukushima H, Hiraki K. 2006. Perceiving an opponent's loss: gender-related differences in the medial-frontal negativity. Social Cognitive and Affective Neuroscience, 1 (2): 149-157.

Fukushima H, Hiraki K. 2009. Whose loss is it? Human electrophysiological correlates of non-self reward processing. Social Neuroscience, 4 (3): 261-275.

Gladstein G A. 1983. Understanding empathy: integrating counseling, developmental, and social psychology perspectives. Journal of Counseling Psychology, 30 (4): 467.

Gu X, Han S. 2007. Attention and reality constraints on the neural processes of empathy for pain. NeuroImage, 36 (1): 256-267.

Harbaugh W T, Mayr U, Burghart D R. 2007. Neural responses to taxation and voluntary giving reveal motives for charitable donations. Science, 316 (5831): 1622-1625.

Hoffman M L. 1981. Is altruism part of human nature? Journal of Personality and Social Psychology, 40 (1): 121.

Itagaki S, Katayama J. 2008. Self-relevant criteria determine the evaluation of outcomes induced by others. NeuroReport, 19 (3): 383-387.

Keysers C, Wicker B, Gazzola V, et al. 2004. A touching sight: SII/PV activation during the observation and experience of touch. Neuron, 42 (2): 335-346.

Lamm C, Batson C D, Decety J. 2007. The neural substrate of human empathy: effects of perspective-taking and cognitive appraisal. Journal of Cognitive Neuroscience, 19 (1): 42-58.

Lamm C, Decety J, Singer T. 2011. Meta-analytic evidence for common and distinct neural networks associated with directly experienced pain and empathy for pain. NeuroImage, 54 (3): 2492-2502.

Luo P, Wang J F, Jin Y, et al. 2015. Gender differences in affective sharing and self-other distinction during empathic neural responses to others' sadness. Brain Imaging and Behavior, 9 (2): 312-322.

Ma Q G, Shen Q, Xu Q, et al. 2011. Empathic responses to others' gains and losses: an electrophysiological investigation. NeuroImage, 54 (3): 2472-2480.

MacLean P D. 1967. The brain in relation to empathy and medical education. Journal of Nervous and Mental Disease, 144 (5): 374-382.

Marsh A A. 2018. The neuroscience of empathy. Current Opinion in Behavioral Sciences, 19: 110-115.

Morelli S A, Rameson L T, Lieberman M D. 2014. The neural components of empathy: predicting daily prosocial behavior. Social Cognitive and Affective Neuroscience, 9 (1): 39-47.

Palgi S, Klein E, Shamay-Tsoory S G. 2016. Oxytocin improves compassion toward women among patients with PTSD. Psychoneuroendocrinology, 64: 143-149.

Preston S D, de Waal F. 2002. Empathy: its ultimate and proximate bases. Behavioral and Brain Sciences, 25 (1): 1.

Rizzolatti G, Craighero L. 2004. The mirror-neuron system. Annual Review of Neuroscience, 27: 169-192.

Rodrigues S M, Saslow L R, Garcia N, et al. 2009. Oxytocin receptor genetic variation relates to empathy and stress reactivity in humans. Proceedings of the National Academy of Sciences, 106 (50): 21437-21441.

Saarela M V, Hlushchuk Y, de C Williams A C, et al. 2006. The compassionate brain: humans detect intensity of pain from another's face. Cerebral Cortex, 17 (1): 230-237.

Sheng F, Han S. 2012. Manipulations of cognitive strategies and intergroup relationships reduce the racial bias in empathic neural responses. NeuroImage, 61 (4): 786-797.

Singer T, Seymour B, O'Doherty J, et al. 2004. Empathy for pain involves the affective but not sensory components of pain. Science, 303 (5661): 1157-1162.

Singer T, Seymour B, O'Doherty J, et al. 2006. Empathic neural responses are modulated by the perceived fairness of others. Nature, 439 (7075): 466-469.

Walter H. 2012. Social cognitive neuroscience of empathy: concepts, circuits, and genes. Emotion Review, 4 (1): 9-17.

Wicker B, Keysers C, Plailly J, et al. 2003. Both of us disgusted in my insula: the common neural basis of seeing and feeling disgust. Neuro, 40 (3): 655-664.

Zaki J, Ochsner K N. 2012. The neuroscience of empathy: progress, pitfalls and promise. Nature Neuroscience, 15 (5): 675-680.

第11章 信任研究

信任是人类社会中合作的前提,也是经济正常运行的重要条件。信任非常重要,往小了说,信任的存在可以用来维系人们之间的关系,比如朋友关系、经济关系、家庭关系、上下级关系等。往大了说,社会的信任氛围与整个国家的经济健康发展相关,也是国际贸易顺利开展的基石。本章将对信任相关的研究进行介绍,以期让读者明确信任的含义、形成的机制以及在我们日常生活中的重要价值。

11.1 信任的定义

本章所介绍的信任主要是指微观层面的信任,具体为人的主观感知和相应的行为表现。我们将分别从心理学、经济学和管理学视角来介绍信任的定义。信任在人们的生活中有举足轻重的作用,从心理学视角看,信任是这样的一种心理状态,是对其他人意图或者行为的积极期望,同时愿意接受这种期望所具有的脆弱性(Rousseau et al.,1998)。

从行为经济学角度,Fehr(2009)提出"如果一个人(委托人)在另外一方(受托人)没有给出任何法律上的承诺的情况下,还自愿将资源交给对方处置的行为就被看作信任"。

从管理学研究角度,信任被看作一个多维度的构念,而且由于管理情境比较多样化,所以对信任的定义要看具体处于哪一种情境。比如在网购情境下,关于消费者对卖家信任的定义,则包含了可信性(credibility)和善意(benevolence)两个维度(Dimoka,2010)。而针对消费者对产品的信任,有研究则将信任定义为对这个产品所有积极特征的集合(Riedl et al.,2010)。

综上,心理学、经济学、管理学对于信任有不同的定义,把握信任在不同专业的定义和内涵,有助于我们多角度、全方面地去理解信任。

11.2 信任的测度

对信任的测度主要包括行为测量、问卷测量和认知神经科学的方法。

11.2.1 行为测量

在行为测量方面，目前使用最为广泛的实验范式是行为经济学中的信任博弈游戏（trust game），它是由美国艾奥瓦大学的实验经济学家 Joyce Berg 等设计的（Berg et al., 1995），模拟了在没有契约机制保障情况下的经济交易行为。在典型的信任博弈实验中，有两位玩家分别作为投资人（trustor）和委托代理人（trustee），他们不直接接触，而是通过电脑或者实验人员来进行信息的传递。每一位玩家都会有一笔初始资金。实验中，作为投资人的玩家首先在投资和保留初始资金之间进行选择。如果投资人选择投资金额 X，那么代理人就能得到 $3X$ 的金额。然后，代理人可以决定从 0 到 $3X$ 中选择一定数量的金额返还给投资人。与经典博弈论中双方互不信任的"纳什均衡"相悖，大量使用信任博弈的实验发现，投资人一般会选择资金的一半进行投资，而代理人则会返回多于投资金额的金钱（马庆国等，2009）。在单次博弈中，投资人做出的投资行为反映了他对代理人的信任（trust），而代理人的返还行为则反映了他的可信赖性（trustworthiness）（Tabibnia and Lieberman，2007；Krueger and Meyer-Lindenberg，2019）。

从上面的介绍中，我们可以看出信任博弈范式的实验过程是比较简单的，操作和进程的可控性强，既能够比较好地模拟我们现实生活中的有关信任的场景，同时也能尽可能地控制其他无关的因素。信任博弈范式在不同学科领域中都有广泛的应用，研究者会根据研究问题对信任博弈中的一些设计进行修改，比如对投资金额的乘数进行修改，设定代理人是否是真人等。Johnson 和 Mislin 整理了 162 篇使用信任博弈范式开展的研究，通过对结果的元分析，他们发现投资者愿意投资的资金量主要受到最终的报酬是否随机支付和代理人是否是真人的影响。可信赖性，也就是代理人返还的金钱，则受到投资金钱的乘数、被试是否同时担任两种角色以及被试是否是学生的影响（Johnson and Mislin，2011）。我们可以看出，信任博弈的范式虽然被广泛应用，但是在范式参数上一些细微的改变，都有可能引起被试行为上比较大的变化，这个问题使得这个范式在测量人们的动机方面并不是一直很可靠，这就是这个范式的不足之处（Alós-Ferrer and Farolfi，2019）。

11.2.2 问卷测量

除了用信任博弈这样的行为实验方法来测量人的信任之外，另外一种较为常见的方法就是问卷调查的方式。目前应用比较广泛的问卷是美国国家舆论研究中心综合社会调查问卷（General Social Survey of the U.S. National Opinion Research Center，http://gss.norc.org）。这个问卷测量得到的是比较宏观的、社会层面的信任感知。而在一些具体的学科领域中，一些研究开发了相应的问卷来测量特定情境下的信任感知，比如在线购物时对卖家的信任（Dimoka，2010）。问卷调查虽然在测量信任方面具有便利性的优势，但是也存在着一定的问题，比如被试在回答问题时具有主观性，受到其自身对问题的理解偏差和个人经历的影响。

那通过问卷测量出来的信任水平是否与实际中的信任行为相关呢？为了检验这个问题，Glaeser 等（2000）最早研究了问卷测量得到的信任是否能够预测信任博弈中投资者的行为。出人意料的是，作者未发现两者之间的关系。但是也有一些研究发现了两者之间存在联系。所以，目前关于行为测量和问卷测量得到的信任之间到底存在何种关系还不清楚。存在不一致的结果可能是由于信任博弈范式衡量的是一个非常具体的、在策略性情境下的信任行为，属于一种狭义的信任。而问卷调查测量出来的信任则更加宽泛，信任本身是一个多维度的构念，行为测量不一定能够完全覆盖所有的信任内涵，这就导致目前两种方式测量出来的信任之间的关系比较模糊（Alós-Ferrer and Farolfi，2019）。

11.2.3　认知神经科学方法

除了上述两种方法之外，第三种测量信任的方法是通过挖掘信任所对应的客观生理基础。这方面的研究主要可以分为两部分，一类是研究激素，尤其是催产素与信任行为之间的关系；另外一类是神经成像的研究，揭示了信任的神经关联。我们将在接下来的内容中对有关信任的认知神经科学研究进行详细的介绍。

11.3　信任的认知神经科学研究

本节主要对信任决策背后的认知神经机制进行介绍，包括激素研究和神经成像研究。

11.3.1　信任的激素研究

神经经济学的提出者 Zak 等学者最早对信任和催产素之间的关系进行了系列研究（Zak et al.，2004，2005；Zak and Fakhar，2006；Zak，2008）。他们测量了参与者在完成信任博弈时血液中催产素水平的变化情况，结果显示，当代理人收到投资人的投资资金后，他们血液中的催产素浓度会提高，而且提高的程度与资金的数量成正比。此外，那些催产素水平较高的代理人同样会返还给投资人更多的金钱。另外一项研究则直接操纵被试的催产素水平来探究其与信任行为之间的关系，作者发现，在吸入催产素之后，相比吸入安慰剂的对照组，实验中的投资人会选择投资更多的资金给代理人，说明具有高催产素水平的投资人表现出了对代理人更高的信任（Kosfeld et al.，2005）。Baumgartner 等（2008）进一步挖掘了催产素在出现信任背叛情况时的作用。具体而言，他们发现，吸入催产素的投资人面对代理人的背叛，并未改变对代理人的信任水平，而那些吸入安慰剂的投资人，则在受到背叛之后，显著地降低了对代理人的信任。这表明催产素的作用是降低了人们对他人信任行为过程中出现的背叛厌恶（betrayal aversion）。综上，催产素被认为是一种信任激素，能够提高人际关系中的信任水平（Kirsch et al.，2005；Zak，2008）。然而，近期越来越多的研究却没有发现催产素和信任之间的联系，所以有关信任激素的研究还有待进一步的开展（Nave et al.，2015）。

11.3.2 信任的神经成像研究

在使用认知神经科学的方法开展的信任研究中多以信任博弈及其变式作为研究范式，可以考察信任博弈不同阶段的大脑认知加工活动，包括投资人做出投资金额决策（trust stage）、委托代理人决定回报多少金额（reciprocity stage）以及投资人看到回报结果（feedback stage）这三个阶段。此外，研究者还关注了开展单轮信任博弈和多轮重复信任博弈时大脑机制的异同。

根据信任博弈过程中的三个阶段，可以分别从投资人的角度和委托代理人的角度去解读信任形成的大脑机制。信任的 fMRI 研究发现，在投资人投资金额决策阶段，主要激活的脑区是前脑岛，这个与潜在的背叛规避引起的负性情绪加工相关（Aimone et al.，2014）。而在反馈阶段，主要激活的是纹状体，这个与强化学习的过程相关（Delgado et al.，2005）。以上两个阶段主要针对投资人的大脑活动，而回报决策阶段主要针对的是委托代理人，有研究也发现该阶段激活了前脑岛，而这主要是由需要服从社会规范的压力所引起的（Montague et al.，2015）。接下来我们将进行详细的介绍。

从投资人角度，在决定是否进行投资时，即是否相信某人，事实上是一种高风险的行为。因为对方的行为是不可预测的，尤其是在单轮博弈情况下，这种不确定性更高，就容易引起投资人的背叛厌恶，这种负性体验进而引起前脑岛的激活（Aimone et al.，2014；Bohnet and Zeckhauser，2004）。Bellucci 等（2017）通过元分析发现，在多轮博弈情况下，投资人投资金额决策阶段的大脑激活情况与单轮博弈情况下存在比较大的差异。具体来说，在多轮博弈下激活了腹侧纹状体（Fareri，2015），这是与奖励预测误差相关的脑区，反映了对实际结果与预期结果之间的差别的加工（O'Doherty et al.，2004；Pessiglione et al.，2006）。所以腹侧纹状体的激活说明了在多轮博弈时投资人对另外一方行为的持续判断过程

(Sanfey，2007)。Wang 等利用事件相关电位（ERP）技术探究了对陌生人的初始信任形成的认知过程。研究发现，在决策阶段，和信任的投资相比，不信任的投资行为诱发了更多的 N2 成分，说明做出不信任决策需要付出更多的认知控制。此外，他们还发现了高低信任度的被试的差异。具有高信任度的被试不容易受到前面行为结果的影响而改变之后的信任行为。但是，信任度比较低的被试却会在博弈双方互惠之后变得更加保守，在对方"背叛"之后变得更加冒险（Wang et al.，2016）。

在回报反馈阶段，也就是投资人对代理人返回金额的结果进行评估时，主要激活了背侧纹状体，该脑区与社会交互过程中的强化学习过程相关，尤其是没有预先知道代理人信誉的情况下会更加明显（Fouragnan et al.，2013）。所以该脑区的激活反映了对代理人行为结果的评估，投资人通过多轮博弈的结果来评估代理人的可信赖性。一项 ERP 研究探讨了在信任博弈过程中，投资人对代理人的信誉的学习过程（Li et al.，2017）。实验中，被试通过代理人回报的情况进行学习，来区分代理人是可信任的还是不可信任的。脑电结果显示，不可信任的人脸引起了更大的反馈相关负波 FRN，这个主要出现在重复博弈的后期阶段。该研究揭示了人脸线索诱发的 FRN 能够用来追踪投资人对代理人信誉，也就是可信任水平的学习过程。

另外有研究揭示了性别在信任水平上的差异。一项 fMRI 研究发现，在信任博弈中，男生比女生表现出更高的信任水平，而且男生在不同水平的回报条件中（高水平的回报意味着高社会风险，因为背叛所带来的金钱损失会更加高）都表现出了相似的信任度，而女生在高回报情况下的信任度比较低。作者进一步发现了男女这种差异背后的神经基础，即男生在左额下回和右楔前叶的激活程度更高，说明了男生花了更多的精力去抑制回报相关的信息，主要是通过参考自己的判断来推断对方的策略。此外，对男生来说，不同回报水平引起的亚属前扣带皮层的激活程度是一样的，而对女生来说，随着回报水平的增加，该脑区的激活程度是下降的，说明了在信任过程中，女生对社会风险会更加敏感（Wu et al.，2020）。另外一项研究则探讨了在网购情境下，男女消费者对产品信任的差异。具体来说，Riedl 等（2010）使用 fMRI 技术研究了男女消费者对在线产品信任的差异及其背后的神经机制，结果表明在评估具有不同信任感水平的产品时，男女所激活的脑区不同，女性消费者会激活更多的脑区。

从委托代理人角度，代理人在做出是否回报的决策时，可能会受到自利动机和互惠的社会规范的共同影响。如果代理人做出背叛的行为，那么往往会产生愧疚感，这也是一种负性的情绪，使得代理人做出回报的行为，这个过程中会诱发前脑岛的激活（Chang et al.，2011）。另外有研究发现顶内沟也会在回报决策阶段激活，这个脑区与数学计算相关，所以主要反映了代理人对返还多少金额所进行的评估（Bellucci et al.，2017；Chang et al.，2011；Fehr and Gächter，2000）。

此外，也有 fMRI 研究同时对博弈双方的大脑活动进行了研究。比如 King-Casas 等用 fMRI 对重复信任博弈过程中的投资人和代理人的大脑进行了超扫描（hyperscanning）。他们发现代理人的回报决策是根据投资人的声誉和上一轮的表现共同决定的。当投资人在代理人做出背叛的行为后还进行投资，那么代理人在之后就会表现出积极互惠；而当投资人表现得吝啬时，代理人也会相应地表现出消极互惠。fMRI 的结果显示，在积极互惠情况下，投资人的尾状核会比消极互惠情况下有更多的激活，而且激活的程度与代理人的回报金额是正相关。此外，作者还发现了该脑区激活的峰值时间会随着博弈任务的进程发生变化。具体而言，在任务开始阶段，博弈双方彼此之间还不了解，此时激活的峰值出现在对方做出信任行为的时候，而随着对方逐渐建立其声誉，激活的峰值就会提前到预期到对方会做出信任行为的时候。该研究从时间维度为我们展示了信任形成的认知机制（King-Casas et al.，2005）。Sun 等则用脑电技术进行了信任博弈下的超扫描实验，他们发现如果把信任博弈描述成权力游戏（power game）后，投资人和代理人的行为策略和神经活动就会发生改变。具体来说，在行为上，信任博弈框架下每一轮的收益会更多，被试对金钱交换的预测准确率会更高。而且，双方决策时间和策略性的思考在不同框架下是不一样的。在脑电表现上，大脑 alpha 波的同步性在权力游戏框架下增强了，说明此时双方的策略是进行了更强的换位思考（Sun et al.，2019）。

除了使用信任博弈的范式之外，管理学领域的一些研究者尝试构建信任的不同维度与神经活动之间的联系，从而对信任的神经机制进行更为详细的解构。比如 Dimoka 发表在 *MIS Quarterly* 上的研究，借助 fMRI 技术对消费者关于网购卖家信任和不信任这两个构念进行了神经层面的剖析。首先，作者发现在问卷层面上，通过探索性/验证性因子分析，无法区分信任与不信任为独立构念。但是，基于构念特异性的神经建模发现，信任与不信任的构念分别激活了不同的、独立的大脑区域。在更进一步区分构念的不同维度时，每个维度都对应了不同脑区的激活，神经科学的结果表明信任与不信任是两个不同构念，加深了研究者对信任的理解（Dimoka，2010）。

最后，研究者还关注了人们在神经层面的特质性是否能够预测人的信任倾向。比如 Hahn 等（2014）发现，静息态下的大脑功能网络连接能够预测个体对陌生人的初始信任水平。Lu 等（2019）使用静息态下基于全脑的功能连接来预测人们的信任倾向，结果发现尾状核、杏仁核、外侧前额叶、颞顶连接和颞极这些关键节点之间的功能连接能够预测信任倾向的变化，此外，这些神经机制还受到个体对集体主义重视程度的调节。

综上所述，目前大多数研究者利用认知神经科学技术手段，尤其是 fMRI 技术，探究了信任博弈过程中双方的信任行为及其认知神经机制，也有一些研究者在更为具体的管理决策情境下揭示了特定信任的形成机制。

11.4 信任研究小结与展望

信任是人类社会重要的行为，得到了来自管理学、经济学、社会学、心理学等领域研究者的广泛关注，因此也存在不同学科给出的多种定义，既有从认知心理层面的定义，也有从社会资本、行为层面的定义。对信任的测度包括行为测量、问卷调查以及认知神经科学这三种方法。已有研究对问卷调查和行为测量、问卷调查和认知神经科学测量以及行为测量和认知神经科学测量得到的信任之间的关系进行了探讨，考虑到信任的多维度特点，将来可以进一步挖掘信任的行为测量—问卷—神经机制之间的联系，找到信任更为具体的神经基础，对不同情境下的信任行为进行更好地区分。此外，未来研究者可采用多导生理记录仪探讨人们在信任博弈过程中皮肤电、心率等指标的变化，并将这些生理指标与 fMRI、ERP 等结果进行对比、整合，以期更加全面地揭示信任的神经机制。还可以将上述工具与信任的激素研究结合，从而更深入地揭示催产素等激素在信任中的作用。

参 考 文 献

马庆国，沈强，李典典，等. 2009. 社会神经经济学：社会决策和博弈的神经学基础. 浙江大学学报（人文社会科学版），39（2）：53-63.

Aimone J A, Houser D, Weber B. 2014. Neural signatures of betrayal aversion: an fMRI study of trust. Proceedings of the Royal Society B: Biological Sciences, 281: 1-6.

Alós-Ferrer C, Farolfi F. 2019. Trust games and beyond. Frontiers in Neuroscience, 13: 1-14.

Baumgartner T, Heinrichs M, Vonlanthen A, et al. 2008. Oxytocin shapes the neural circuitry of trust and trust adaptation in humans. Neuron, 58（4）: 639-650.

Bellemare C, Kröger S. 2007. On representative social capital. European Economic Review, 51（1）: 183-202.

Bellucci G, Chernyak S V, Goodyear K, et al.2017. Neural signatures of trust in reciprocity: a coordinate-based meta-analysis. Human Brain Mapping, 38（3）: 1233-1248.

Berg J, Dickhaut J, McCabe K. 1995. Trust, reciprocity, and social history. Games and Economic Behavior, 10: 122-142.

Bohnet I, Zeckhauser R. 2004. Trust, risk and betrayal. Journal of Economic Behavior and Organization, 55（4）: 467-484.

Chang L J, Smith A, Dufwenberg M. 2011. Triangulating the neural, psychological, and economic bases of guilt aversion. Neuron, 70（3）: 560-572.

Delgado M, Frank R H, Phelps E A. 2005. Perceptions of moral character modulate the neural systems of reward during the trust game. Nature Neuroscience, 8（11）: 1611-1618.

Dimoka A. 2010. What does the brain tell us about trust and distrust? Evidence from a functional neuroimaging study. MIS Quarterly, 34（2）: 373-396.

Fareri D S. 2015. Computational substrates of social value in interpersonal collaboration. Journal of Neuroscience,

35（21）：8170-8180.

Fehr E. 2009. On the economics and biology of trust. Journal of the European Economic Association, 7（2/3）：235-266.

Fehr E, Gächter S. 2000. Fairness and retaliation: the economics of reciprocity. Journal of economic perspectives, 14（3）：159-181.

Fouragnan E, Chierchia G, Greiner S, et al. 2013. Reputational priors magnify striatal responses to violations of trust. Journal of Neuroscience, 33（8）：3602-3611.

Glaeser E L, Laibson D, Scheinkman J, et al. 2000.Measuring trust. Quarterly Journal of Economics, 115（3）：811-846.

Hahn T, Notebaert K, Anderl C, et al. 2014. How to trust a perfect stranger: predicting initial trust behavior from resting-state brain-electrical connectivity. Social Cognitive and Affective Neuroscience, 10（6）：809-813.

Johnson N D, Mislin A A. 2011.Trust games: a meta-analysis. Journal of Economic Psychology, 32（5）：865-889.

King-Casas B, Tomlin D, Anen C, et al. 2005. Getting to know you: reputation and trust in a two-person economic exchange. Science, 308（5718）：78-83.

Kirsch P, Esslinger C, Chen Q, et al. 2005. Oxytocin modulates neural circuitry for social cognition and fear in humans. Journal of Neuroscience, 25（49）：11489-11493.

Kosfeld M, Heinrichs M, Zak P J, et al. 2005. Oxytocin increases trust in humans. Nature, 435（7042）：673-676.

Krueger F, Meyer-Lindenberg A. 2019. Toward a model of interpersonal trust drawn from neuroscience, psychology, and economics. Trends in Neurosciences, 42（2）：92-101.

Li D D, Meng L, Ma Q G. 2017.Who deserves my trust? Cue-elicited feedback negativity tracks reputation learning in repeated social interactions. Frontiers in Human Neuroscience, 11：1-10.

Lu X, Li T, Xia Z C, et al. 2019. Connectome-based model predicts individual differences in propensity to trust. Human Brain Mapping, 40（6）：1942-1954.

Montague P R, Lohrenz T, Dayan P. 2015. The three R's of trust. Current Opinion in Behavioral Sciences, 3：102-106.

Nave G, Camerer C, McCullough M. 2015. Does oxytocin increase trust in humans? A critical review of research. Perspectives on Psychological Science, 10（6）：772-789.

O'Doherty J, Dayan P, Schultz J, et al. 2004. Dissociable roles of ventral and dorsal striatum in instrumental conditioning. Science, 304（5669）：452-454.

Pessiglione M, Seymour B, Guillaume Flandin G, et al. 2006. Dopamine-dependent prediction errors underpin reward-seeking behaviour in humans. Nature, 442（7106）：1042-1045.

Riedl R, Hubert M, Kenning P H. 2010. Are there neural gender differences in online trust? An fMRI study on the perceived trustworthiness of ebay offers. MIS Quarterly, 34（2）：397-428.

Rousseau D M, Sitkin S, Burt R S, et al. 1998. Not so different after all: a cross-discipline view of trust. Academy of Management Review, 23（3）：393-404.

Sanfey A G. 2007. Social decision-making: insights from game theory and neuroscience. Science, 318（5850）：598-602.

Sun H Y, Verbeke W J M I, Pozharliev R, et al. 2019. Framing a trust game as a power game greatly affects interbrain synchronicity between trustor and trustee. Social Neuroscience, 14（6）：635-648.

Tabibnia G, Lieberman M D. 2007. Fairness and cooperation are rewarding: evidence from social cognitive neuroscience. Annals of the New York Academy of Sciences, 1118：90-101.

Wang Y, Jing Y M, Zhang Z, et al. 2016. How do we trust strangers? The neural correlates of decision making and outcome evaluation of generalized trust. Social Cognitive and Affective Neuroscience, 11（10）：1666-1676.

Wu Y, Hall A S M, Siehl S, et al. 2020. Neural signatures of gender differences in interpersonal trust. Frontiers in Human Neuroscience, 14：1-11.

Zak P J. 2008. The neurobiology of Trust. Scientific American, 298 (6): 88-95.

Zak P J, Borja K, Matzner L, et al. 2005. The neuroeconomics of distrust: sex differences in behavior and physiology. American Economic Review, 95 (2): 360-363.

Zak P J, Fakhar A. 2006. Neuroactive hormones and interpersonal trust: international evidence. Economics and Human Biology, 4 (3): 412-429.

Zak P J, Kurzban R, Matzner W T. 2004. The neurobiology of trust. Annals of the New York Academy of Sciences, 1032: 224-227.

第 12 章 公 平 研 究

公平是人们最重视的社会规范之一，对人们的行为有着重要的影响。从古代孔子训导"不患寡而患不均"的公平思想，到习近平总书记在 2015 年两会期间强调"让人民群众在日常生产生活中都能感受到公平正义"①，都说明了公平问题的重要性。当今社会，人们之间的交际互动增强，高效的分工协作都是以公平规范为基础的，然而现实中还有诸多不公平的现象，比如常见的教育资源和医疗资源的分配不均问题。这些都会对受到不公平对待的人产生负性的影响，进而影响社会的正常运行。本章将对公平相关的研究进行介绍，以期让读者明确公平的含义、形成机制以及公平在我们日常生活中的重要价值和研究意义。

12.1 公平研究概述

关于公平的研究有非常悠久的历史，在学界，1965 年 Adams 就对分配公平问题开启了研究，发展至今已经成为管理学和经济学研究中一个重要的研究内容（Colquitt and Zipay，2015；张志学等，2014）。在组织管理研究中，关于公平的研究经历了四个"浪潮"，分别是分配公平、程序公平、互动公平和综合公平，而当前正在经历第五个"浪潮"——侧重将公平看作结果变量来进行研究（Brockner et al.，2015）。此外，目前公平研究主要从两类人的视角开展，一个是不公平事件的当事人，主要是指受害者；另外一个是与事件无关的第三方，探究这两类人在不公平事件中的公平感知和行为反应（Skarlicki et al.，2015）。

经典的公平研究大多数都是从当事人（即受害者）视角开展的，探讨当事人的公平感知以及（不）公平事件对其情绪、认知和行为的影响。后来研究者发现，与不公平事件没有直接关系的第三方也会受到事件的影响，形成不公平感知，并以此做出相应的行为，这就是第三方公平（Skarlicki et al.，2015；赵书松等，2018）。所谓的第三方，是指那些通过直接或者间接的渠道了解到不公平事件，并做出认知或者情感评价（即不公平感知）的个体，包括组织内部的同事、上级、下属等，以及组织外部的消费者、投资者、公共部门的成员、政府官员等（O'Reilly and Aquino，2011）。

---

① 习近平谈全面依法治国，http://news.cnr.cn/native/gd/20191208/t20191208_524889009.shtml。

目前关于不公平的行为反应有两种动机假说，第一种是自利的动机，包括关系动机（relational motives）和工具动机（instrumental motives）。关系动机认为个体关注公平是为了满足他们的自我价值和归属感，以及获得良好的人际关系（Tyler and Lind，1992）；工具动机认为个体关心公平主要是出于对维护自己长久利益、获得更优结果的考虑（Barclay et al.，2017）。第二种是道德的动机，认为个体有一种道德义务和责任去维护公平，因为这样做是一件正确的事情，其中道德愤怒是驱动行为的主要因素（Cropanzano et al.，2017；Folger，2001）。

在面对违反公平规范的事件时，人们会做出不同的行为反应来维护公平规范，对于当事人，主要会对施害者，也就是做出不公平行为的人进行惩罚，比如金钱上的惩戒（Kahneman et al.，1986）、拒绝合作（刘燕君等，2016）。而对于第三方，除了惩罚施害者之外，他的另外一个行为选择就是补偿受害者。不管是惩罚还是补偿，都会以牺牲自身的部分利益为代价，学界将这种惩罚称为利他惩罚（Fehr and Gächter，2002），包括了受害者和第三方做出的惩罚行为。此外，补偿行为一般是由第三方做出的，所以称这种补偿为第三方补偿或者利他补偿（van Prooijen，2010）。

以瑞士苏黎世大学 Ernst Fehr 为代表的学者最先提出利他惩罚的概念并对该问题进行了系统的研究。在一项发表在 *Nature* 上的研究中，他们用实验验证了利他惩罚的存在及其对促进人们合作的重要作用（Fehr and Gächter，2002）。该研究发现，人们会对那些"搭便车"、不合作的人进行惩罚，即使这样做需要惩罚者付出一定的成本，但是对他人或者群体来说，惩罚行为使得合作得以延续，维护了社会规范。所以，利他惩罚的定义就是对违反社会规范的人做出惩罚，给他人或者社会带来收益，但同时对自己是无益的甚至是有损失的（Fehr and Gächter，2002）。

利他惩罚按照惩罚者的利益是否直接受到违反规范行为的影响可以分为第二方惩罚（second-party punishment）和第三方惩罚（third-party punishment）（Fehr and Fischbacher，2004）。最开始的利他惩罚研究主要从当事人，也就是受害者角度展开，研究在不公平分配、搭便车、不守信用的情况下，当事人如何对违规者做出惩罚，这种惩罚就是第二方惩罚。第二方惩罚最常见的例子就是在最后通牒博弈中，响应者拒绝提议者提出的不公平方案，使得双方的收益都为0元，这种惩罚就是牺牲自己的利益，来维护公平规范（Güth et al.，1982）。在之后的研究中，人们发现除了当事人，作为旁观者的第三方（自身利益并没有因为他人的违规受到损害）也会对违反社会规范的人做出惩罚，这种惩罚称作第三方惩罚（Fehr and Fischbacher，2004；Krueger and Hoffman，2016）。在遵守公平规范的研究中，已经发现了第三方惩罚的存在（Fehr and Fischbacher，2004；Kahneman et al.，1986；Turillo et al.，2002）。比如 Fehr 和 Fischbacher（2004）研究发现第三方在看到提议者给出不公平方案的行为后，会愿意付出一些金钱来惩罚提议者，即减少提议者的钱。第三方惩罚的存在，同样能促进社会规范的执行（Lergetporer et al., 2014; 陈思静等, 2015）。虽然第二方惩罚和第三方惩罚都属于利他惩罚，但是两者还是存在一些区别的。比如，由于是直接的受害者，第二方对违规者的惩罚动机会比第三方更强（Fehr and Fischbacher, 2004; Kriss et al., 2016）。第二方做出惩罚可能是因为自身利益受损而产生的愤怒情绪，而第三方惩罚则可能是因为违背社会规范所产生的道德愤怒和对受害者的同情（陈思静和马剑虹, 2011）。

除了利他惩罚，还有利他补偿这种方式来维护社会规范（Okimoto et al., 2012; van Prooijen, 2010），补偿的方式是弥补受害者的损失，比如金钱补偿，也可以对受害者表达情感上的支持。关于补偿的研究多是从第三方视角进行的，所以也称为第三方补偿（third-party compensation）。一项关于第三方补偿的研究发现个体的共情关心特质会对第三方惩罚和补偿选择产生影响，结果显示，共情关心水平越高的被试，就越会选择补偿受害者的方式；反之，则更倾向选择惩罚违规者（Leliveld et al., 2012）。第三方补偿现象已经被证实是一种常见的第三方应对不公平事件的行为方式，但是对第三方补偿形成机理的研究目前还不多（Chavez and Bicchieri, 2013; Hu et al., 2015; Liu et al., 2017; Lotz et al., 2011; van Prooijen, 2010）。

12.2 公平研究的实验范式

在实验室中，目前常用的研究公平问题的实验范式主要是结合行为经济学中的博弈游戏范式，比如最后通牒博弈、独裁者博弈，以及假想的违反社会规范的场景，即情景实验。经济博弈游戏相比情景实验的好处是能够给被试更加真实的动机，参与度高，而且经济学博弈范式有很强的灵活性，能够根据实验要求进行变式。此外，还能够很好地与认知神经科学的方法结合，更易于探索公平决策行为的神经机制；但是不好之处在于道德和合法性不够明显（Krueger and Hoffman, 2016）。在管理学研究中，也有很多实验采用经济学博弈的范式或者其改编的范式（Murnighan and Wang, 2016）。接下来，本节将对最常用到的关于公平实验的经济博弈范式和假想场景进行介绍。

12.2.1 最后通牒博弈

最后通牒博弈（ultimatum game）用于公平规范的研究，最早由德国洪堡大学的 Güth 等学者设计，是一种双人博弈。在实验中有两个角色，分别是提议者（proposer）和响应者（responder），提议者一开始会得到一笔钱或者游戏筹码（筹码等价于一定比例的收益),然后提议者能够决定如何与响应者分配这笔钱,而响应者则根据提议者提出的分配方案,决定是否接受,如果接受,则按分配方案双方得到相应的报酬,如果选择拒绝,则双方都得到 0 元(Güth et al., 1982)。按照传统理性经济人假设,提议者给响应者的钱应该是 0,而对响应者来说,只要能够得到大于 0 的金钱,就会接受分配方案。但是实际上,大量的研究发现,提议者分给响应者的金额大概占到分配总金额的 30%~40%,而绝大多数的响应者会拒绝金额少于总金额 30%的分配方案(陈叶烽,2014)。显然,响应者的拒绝行为,可以看成对提议者有代价的惩罚,可能是出于维护公平规范的考量。最后通牒博弈也是研究第二方惩罚最重要的范式之一。

12.2.2 独裁者博弈

独裁者博弈(dictator game)是最后通牒博弈的一种变式,是用来测量个体公平偏好的范式。在最后通牒博弈中,提议者给出相对公平的方案可能是由于其本身的公平感,此外,还有一种动机是担心响应者拒绝而所做出的一种策略性行为。针对这个问题,诺贝尔经济学奖获得者 Kahneman 和 Thaler 共同设计了一个类似于最后通牒博弈的实验,也就是独裁者博弈的雏形。在该实验中,原来的响应者的拒绝权被剥夺,只能无条件地接受提议者给出的分配方案,因此,提议者此时就变成了"独裁者"(dictator),而响应者成为"接受者"(recipient)。在他们的实验中,独裁者需要在一个公平方案和一个不公平方案中进行选择,结果发现绝大多数的人选择了公平的方案,这就说明了独裁者做出分配方案时会考虑公平原则(Kahneman et al., 1986)。Forsythe 等设计了更一般化的独裁者博弈,即独裁者可以按照其意愿,自由决定给接受者多少金钱,而接受者同样只能无条件接受方案(Forsythe et al., 1994)。在全球范围用独裁者博弈的实验结果发现,独裁者大约会把 20%的金额分给接受者,这验证了 Kahneman 和 Thaler 的发现,说明了人存在利他偏好。

独裁者博弈很适用于第三方惩罚的研究,因为第二方的惩罚权被剥夺了,所以赋予了第三方惩罚的权力。比如在 Fehr 和 Fischbacher(2004)的研究中,研究者在独裁者博弈的基础上,加入了第三方这个角色,来探究第三方在面对违反公平规范行为后的反应。在公平规范违反实验中,两名玩家 A 和 B 分别担任独裁者和接受者的角色,然后玩家 A 会有 100 单位的筹码(筹码最后能换取相应的金钱),并决定如何与玩家 B 分这笔筹码,而玩家 B 只能接受玩家 A 提出的分配方案,获得相应数量的筹码。但实验中还存在第三方玩家 C 这个角色,玩家 C 一开始会有 50 单位的筹码,在看到玩家 A 给出的分配方案后,可以决定是否从自己的 50 筹码里拿出部分去减少玩家 A 的筹码,即惩罚玩家 A。玩家 C 每拿出 1 单位的筹码,玩家A将减少3单位的筹码。在这个实验中，作者发现了违反理性人假设的结果，当玩家A给出不公平的方案时，大约60%的第三方，即玩家C至少会拿出1单位的筹码去惩罚玩家A。而且，随着不公平规范违反程度的增加，惩罚的力度也依次增加。

独裁者博弈也是第三方补偿研究常用的范式（Hu et al., 2016；Leliveld et al., 2012；Liu et al., 2017；Stallen et al., 2018），比如在Leliveld等（2012）的研究中，实验1采用了独裁者博弈，作为第三方的被试看到由独裁者做出的不公平方案后，决定是否要拿出金钱去补偿受害者。

12.2.3　假想情景

假想情景（hypothetical scenarios）的方式在动机上会比直接的经济博弈范式弱，但是好处是能够对违规行为提供更丰富的描述（Krueger and Hoffman, 2016）。这种方式是向被试提供不同程度的违反规范或者犯罪行为的情景描述，然后让被试根据所阅读的内容，对材料中的违规者的惩罚程度进行打分（Krueger et al., 2014），或者报告对受害者进行补偿和帮助的意愿（Hershcovis et al., 2017）。目前，该类范式多是用在第三方惩罚的研究中，一般来说，违规者所造成的后果越严重、越是有意地做出违规行为，第三方的惩罚力度越强（Buckholtz et al., 2008；Glass et al., 2015；Treadway et al., 2014；van Prooijen, 2010；Wiltermuth and Flynn, 2013；齐玲等, 2018）。有些研究中的情节描述是基于上述经济博弈范式，比如在最后通牒博弈的基础上，对分配不公平这个事件进行描述，然后问被试是否愿意进行惩罚以及惩罚的金额（Eriksson et al., 2017；Maas and van den Bos, 2009；陈思静和马剑虹, 2011）。此外，还有研究对人际不公平和信息不公平进行情景描述（Skarlicki and Rupp, 2010）。

12.3　公平研究现状

本节主要对公平决策行为的形成机制和公平决策背后的认知神经机制这两块内容进行介绍。公平决策行为的形成机制主要围绕情绪和认知来展开讨论，而公平决策背后的认知神经机制主要围绕使用fMRI技术和事件相关电位技术的研究来展开讨论。

12.3.1　公平决策行为的形成机制：情绪-认知机制

面对不公平的事件，不管是当事人还是第三方，都会做出利他惩罚来维护公平规范。那为什么人们会牺牲自己的利益而做出利他惩罚呢？利他惩罚形成的心理机制又是什么呢？管理学、经济学、心理学和认知神经科学的学者都对该问题进行了研究。

很多学者关心的一个主要的问题是，在利他惩罚形成过程中，情绪和认知到底起到了什么作用？目前比较公认的是从双系统加工角度去解释。双系统理论认为，人们在对不公平现象进行加工和做出惩罚决策的过程中，大脑中有两个系统参与，一个是快速、自动的直觉系统，比如情绪；而另外一个是复杂、精细的理性系统，两个系统相互作用，形成公平感知和最后的惩罚决策（Hallsson et al.，2018；张慧等，2018）。接下来，本小节将从双系统理论角度，介绍情绪和认知在人们做出利他惩罚和利他补偿决策时的作用。

1. 情绪的作用

研究发现，不公平的感知往往与负性情绪相关（Barsky and Kaplan, 2007）。情绪在人们做出利他惩罚决策时具有重要的作用，违反公平规范的行为会引起人们的负性情绪，然后在负性情绪的驱动下，做出惩罚行为（Zheng et al., 2017）。Pillutla 和 Murnighan（1996）最早发现，在最后通牒博弈中，响应者看到提议者给出的不公平方案后会产生愤怒情绪，而且这种愤怒情绪比感知到的不公平更能预测响应者的拒绝行为，即惩罚行为。Chapman 等（2009）发现，由不公平方案产生的道德厌恶情绪能够预测响应者对不公平方案的拒绝行为。有学者认为，人们做出惩罚是一种负性情绪的表达。比如 Xiao 和 Houser（2005）的研究中，一组响应者能够向提议者表达情绪，另外一组响应者不能表达情绪，结果发现，面对不公平的分配方案，当响应者将自己的愤怒情绪表达给提议者后，拒绝不公平方案的概率就会降低。Yamagishi 等（2009）对最后通牒博弈的规则进行了修改，在实验中响应者虽然能够拒绝提议者不公平的方案，但是并不能实际减少提议者的收益，反而会损失自己的收益。研究结果显示，即使在这种情况下，作为响应者的被试在看到不公平的方案时，仍然会做出拒绝的选择，说明拒绝是一种愤怒情绪的表达。Wang 等（2011）也发现，当响应者和第三方看到不公平方案后，如果不让其立刻做出决策，而是延迟决策，他们做出的惩罚程度会降低，这主要是因为在延迟的这段时间内，响应者和第三方的负性情绪减弱了。但是，如果在这段时间内让被试进行情绪沉思，那么在接下来的决策中，被试选择的惩罚力度就会增加。

虽然第三方做出惩罚行为也有可能是因为负性情绪，但是这种情绪可能与当事人的不一样。不公平引起的第三方情绪是一种因为社会规范被破坏而产生的道德情绪（谢娉，2013）。而解释第三方行为的一个重要的理论就是道义公正理论（deontic justice theory）（Rupp and Bell, 2010；Skarlicki and Kulik, 2005；任巍和王一楠, 2016）。道义公正理论指出，人们面对一些不公平的行为，会产生道德愤怒情绪，并会感到一种道德义务和责任去纠正这样的行为，比如惩罚违规者（Cropanzano et al., 2017；Folger, 1998, 2001；Rupp and Bell, 2010；Turillo et al., 2002）。Turillo 等（2002）发现，按照道德准则，维护公平规范而做出惩罚行为，本身就具有奖赏性。O'Reilly 等（2016）从道义公正角度，发现第三方对人际不公平的道德愤怒程度要强于对程序和分配不公平的愤怒程度，进而对违规者做出更多的惩罚。此外，具有更高道德认同水平的第三方对不公平的反应会更强烈。Jordan 等（2016）发现，第三方并不是因为自己初始禀赋少，产生嫉妒情绪才对违规者进行惩罚，而是因为违反规范导致的愤怒情绪使其做出惩罚的。Umphress 等（2013）研究发现，违反公平规范的人的意图会影响第三方对不公平的反应，尤其是故意做出不公平的行为会引起第三方观察者更加强烈的负性情绪和惩罚行为。

愤怒情绪不仅影响着惩罚行为，而且影响第三方的补偿行为（Thulin and Bicchieri, 2016）。有研究发现，看到违规行为后，第三方对违规者的道德愤怒情绪会引起惩罚和补偿行为，此外，自我聚焦的情绪，包括焦虑、紧张、内疚和困惑，能够预测第三方的补偿行为（Lotz et al., 2011）。第三方除了愤怒情绪外，还会产生对受害者的同情情绪，而这种同情情绪，会让第三方做出补偿行为（马露露，2016）。另外，有研究发现，与同情相关的个体特质也与第三方的补偿行为有关。Zhao 等（2017）发现个体大五人格的宜人性特质中的同情能够预测第三方做出补偿行为和惩罚行为，而且对补偿行为的作用会更强一点。Weng 等（2015）和 Hu 等（2015）的研究发现，具有高共情关心水平的第三方会做出更多的帮助行为，但是对惩罚的影响并不显著。可见，情绪对于公平决策行为可以产生非常重要的影响，不同的情绪对公平有着不一样的影响程度。

2. 认知的作用

以情绪反应为代表的系统 1 是一种自动、快速的加工方式，它说明人们面对不公平的现象所做出的惩罚行为是一种自动反应。另外有研究发现，虽然情绪对惩罚行为有着重要的作用，但是这个过程会受到认知的调节。为了揭开认知在公平感知和惩罚行为中的作用，目前的研究主要通过实验操纵被试的认知资源的方法。

第一种方式是时间压力和延迟决策。时间压力需要被试在短时间内做出决策，来不及深思熟虑，而只能调用系统 1，采用自动加工的模式；而延迟决策，则是让被试能够有充分的时间进行详细的认知加工。Sutter 等（2003）采用最后通牒博弈的范式，在实验中设置了两种反应时间，在时间压力组，作为响应者的被试需要在 10 秒内做出决策，在无时间压力组，响应者可以在 100 秒内做出决策。结果显示，时间压力组的被试对不公平方案的拒绝率显著高于无时间压力组的被试。在另外一项研究中，一组响应者在看到分配方案后能够立刻做出决策，而另外一组响应者在看到分配方案后,先需要完成一份大约 10 分钟的问卷,然后再决定接受还是拒绝。结果显示,决策延迟的情况下,被试对不公平方案的接受率显著增加(Grimm and Mengel,2011)。Neo 等(2013)和 Wang 等(2011)的研究也都发现了在延迟决策情况下,对不公平方案的拒绝率会降低,而且这与负性情绪的降低相关。但也有研究发现了相反的结果,Hochman 等(2015)的研究发现,在时间压力下,被试对不公平方案的接受率反而更高,而且,他们第二个实验显示被试首先关注的是自己的收益信息。这说明公平偏好是深思熟虑的结果,需要去抑制自利的冲动。

第二种方式是认知损耗/自我损耗,在开始最后通牒博弈或者其他社会决策任务前,让被试先完成一个有认知负荷的任务,使被试在正式实验的时候没有足够的认知资源进行加工,而依赖于直觉的加工方式。Halali 等(2014)让被试先完成斯特鲁普(Stroop)实验,对损耗组的被试来说,他们要完成 20 轮难度大的任务,会消耗比较多的认知控制资源;对非损耗组的被试来说,只需要完成 20 轮简单的任务,消耗的认知资源少。完成 Stroop 任务后,被试作为响应者完成最后通牒实验。结果显示,损耗组的被试对不公平方案的拒绝率更高。Liu 等(2015)用同样的方式操纵了被试的认知资源,研究了认知对第三方惩罚的影响。结果发现,认知资源损耗高的第三方对做出不公平分配方案的独裁者的惩罚比损耗低的第三方多。此外,个体自身在认知能力上的差异也会影响其惩罚行为。比如 Calvillo 和 Burgeno(2015)的研究显示,认知反思能力高的被试对不公平方案的接受率高。de Neys 等(2011)也发现,响应者的认知控制能力越高,越会接受不公平的方案。这说明,惩罚行为是直觉的过程,而接受分配方案是深思熟虑地理性加工的结果。但是有研究也发现了相反的结果,Mussel 等(2013)研究了认知需求这个个体因素对接受/拒绝的影响,认知需求反映了人们在理性基础上做出决策的程度。他们的结果显示,认知需求越高的响应者,对不公平方案的拒绝率比认知需求低的响应者更高。

第三种方式则是启动直觉或者理性的加工模式,然后观察在这两种加工模式下的行为结果。在 Maas 和 van den Bos(2009)的研究中,对比了启动被试经验加工模式(experiential mindsets)和理性加工模式(rationalistic mindsets)之后,被试对自己受到的不公平对待的情绪反应。结果显示,在经验加工模式下,被试的负情绪更加强烈。Skarlicki 等(2010)则进一步研究了经验加工模式和理性加工模式对第三方惩罚的影响。结果显示,在经验加工模式下,不公平事件引起的第三方惩罚会比理性加工模式下的第三方惩罚更强烈。此外,研究者还发现,对道德认同水平高的第三方来说,信息加工模式对惩罚的影响会变弱。刘燕君(2016)也发现,经验加工模式启动后,不公平的对待所引起的负性情绪更加强烈,进而导致被试的合作意向降低。Bieleke 等(2017)研究了社会价值取向和加工模式的相互作用。结果显示,在理性加工模式下,亲社会的人对不公平方案的接受率大于在直觉加工模式下的接受率,但是对亲自我的人来说,在不同加工模式下的决策没有差异。

从上述研究结果可以看出,绝大多数的研究支持做出利他惩罚是直觉的、受到情绪驱动的,而认知加工则会减弱利他惩罚的程度。但是也还存在一些研究发现了相反的结论。因此,情绪与认知这两个系统到底如何相互作用其实还有待研究人员进行进一步探究。

12.3.2 公平决策的认知神经科学研究

认知神经科学在管理学研究中的应用有利于从微观层面揭示管理决策形成的过程,为我们研究和理解个体的行为提供了崭新的视角。已有学者使用认知神经科学方法对公平问题进行研究,通过对大脑情绪和认知系统的解构为公平研究带来了新的发现和新的解释(Becker et al., 2011;李浩等,2016)。目前关于公平决策的认知神经机制的研究主要用到的方法是功能磁共振成像(fMRI)和事件相关电位(ERP)技术。

从脑神经层面揭示人们不公平感知的形成机制,相关成果已发表在 Science、Nature 等顶级期刊上。Sanfey 等(2003)首先使用 fMRI 探测了个体在处理不公平事件时的大脑活动。该研究采用最后通牒博弈的范式,被试作为响应者看到提议者给出的分配方案并决定是否接受,同时记录被试的大脑活动情况。结果发现,被试在看到不公平的方案后,激活了与负性情绪加工相关的前脑岛(anterior insula),脑岛的激活程度越强,则越有可能拒绝不公平的方案。另外,背外侧前额叶的激活程度也与不公平程度正相关,但是并不能预测被试的拒绝行为。还有研究发现了另外一个与负性情绪加工相关的脑区杏仁核(amygdala)也能预测拒绝行为,激活程度越高,拒绝率越高(Gospic et al., 2011)。在后续的很多研究中都发现了在利他惩罚的过程中,情绪加工的脑区激活了,验证了惩罚行为在一定程度上是由负性情绪驱动的结果(Hallsson et al., 2018;Rilling and Sanfey, 2011)。目前研究发现,公平感知的形成过程不仅仅受到情绪系统的作用,还会受到理性系统的调节(Feng et al., 2015;Rilling and Sanfey, 2011)。比如 Gilam 等(2015)发现,对负性情绪的调节能够缓解情绪对拒绝行为的影响,进而提高接受率,而这个过程跟腹内侧前额叶(ventro-medial prefrontal cortex, vmPFC)的激活程度相关。另外一项神经影像研究的结果发现,接受不公平的方案往往伴随着腹外侧前额叶的激活和前脑岛活跃程度的降低,前者是跟情绪调节相关,而后者是跟负性情绪加工相关(Tabibnia et al., 2008)。Koenigs 和 Tranel(2007)发现,情绪调节相关脑区受损的人,对不公平方案的接受率比控制组的人低。以上结果表明,与情绪调节相关的认知活动会影响情绪的作用。从神经科学的研究结果可以看出，利他惩罚是情绪和认知两个系统相互作用的结果。但是，认知控制调节的是情绪反应还是自利倾向目前还不清楚。最近的一项综述文章用元分析的方法，概括出了利他惩罚的过程：不公平事件一开始引起大脑直觉反应，产生惩罚的动机，主要涉及的脑区是腹内侧前额叶和前脑岛。然后直觉反应会与自利动机产生冲突，激活背侧前扣带回（dorsal anterior cingulate cortex，dACC），接着调用系统 2 中的认知控制资源来解决冲突，要么抑制直觉反应，激活脑区腹外侧前额叶、背内侧前额叶（dorsomedial prefrontal cortex）、左背外侧前额叶（left dlPFC）和喙扣带回（rostral ACC），要么抑制自利动机，激活脑区右背外侧前额叶（right dlPFC）（Feng et al.，2015）。

上述研究的结论基本上都来源于基于受害者视角的公平研究，而关于第三方公平的认知神经科学研究则相对比较少。Buckholtz 等（2008）首先用认知神经科学方法研究第三方惩罚，该研究采用的是假想犯罪情景的范式，用核磁共振采集被试在阅读不同情景材料时的大脑活动数据。不同材料中，主角对犯罪行为的责任程度不一样，被试的任务是在阅读完材料之后，给出对主角的惩罚程度。行为结果发现，主角对犯罪的责任程度越高，被试对其惩罚也越严厉。在神经层面，结果显示，犯罪行为同样引起了第三方的情绪反应，表现在负责情绪加工的脑区激活，比如杏仁核，而且激活程度与惩罚力度正相关。另外，右背外侧前额叶的活动表征了责任的作用，在全责情况下，右背外侧前额叶的激活程度比在低责任情况下的高。这些脑区与第二方惩罚的脑区相似，说明两种惩罚具有相似的神经基础。在不公平情境下，Strobel 等（2011）的研究证实了上述观点，只是第二方和第三方惩罚在脑区的激活程度上会有差异。Hu 等（2015）发现，面对不公平事件，第三方惩罚和第三方补偿会激活相同的脑区（双侧纹状体，bilateral striatum），说明做出惩罚和补偿都具有奖赏性，但是相比于对照组，第三方惩罚会比第三方补偿更显著地激活腹内侧前额叶。Stallen 等（2018）研究发现，不公平程度与前脑岛、前扣带回、背外侧前额叶、楔前叶和腹外侧前额叶的激活程度相关，而且，这些脑区的激活程度越高，惩罚和补偿的程度也越高。另外，作者还发现，相比补偿行为，被试更喜欢做出惩罚行为。神经活动显示，第三方做出惩罚决策所激活的腹侧纹状体水平会比第三方做出补偿决策时的更高，说明对被试而言，惩罚会比补偿更有价值。目前关于第三方补偿的大脑机制及其与惩罚的差异的研究还不多。

除了 fMRI 之外，很多学者也使用脑电技术（如 ERP）开展公平研究。跟不公平加工最相关的脑电成分是反馈相关负波（FRN）或者叫作内侧额叶负波。一般情况下，人们加工违反规范的行为相比遵守规范的行为，会引起更大的 FRN 振幅，说明违反规范的行为不符合人们的预期（Hewig et al.，2011；Li et al.，2017；

Ma et al., 2016, 2017)。目前很多关于公平的 ERP 研究主要探究当事人的脑电反应。Hewig 等（2011）使用最后通牒博弈的范式，让被试担任响应者，在看到不同公平水平的方案后，决定是否接受，同时记录被试的脑电数据，结果发现不公平方案引起的 FRN 更大，而且 FRN 的大小能够预测被试的拒绝行为。Riepl 等（2016）发现，启动被试的负性情绪，会使其对不公平方案的反应更加强烈，表现在 FRN 变大，说明负性情绪启动后，被试对不公平更加敏感。但是 FRN 对不公平事件的响应模式会受到一些社会因素的调节。比如 Wu 等（2011）发现，来自朋友的不公平方案，相比来自陌生人的不公平方案，会引起更加负性的 FRN。在另外一项研究中，Wang 等（2017）发现内群体的成员给出的不公平方案引起的 FRN 比公平方案引起的 FRN 更大，但是外群体成员给出的不同的分配方案并没有引起 FRN 的差异。Ma 等（2015，2017）研究发现，高颜值的分配者会减弱人们对不公平的感知，表现在高颜值分配者给出的不公平和公平方案所引起的 FRN 没有差异。另外一项研究发现，做出不公平分配的意图好坏也会影响响应者的公平感知，在一项改编的最后通牒博弈任务中，提议者会在两个不同的分配方案中进行选择，如果提议者选择了其中一个相对公平的方案，那就被定义为好的意图，反之是坏的意图。被试作为响应者，对提议者选择的方案进行拒绝与否的决策。行为结果显示，好的意图会降低被试对不公平方案的拒绝率，在脑电结果上，相比坏的意图，好的意图也会降低不公平方案引起的 FRN 振幅（Ma et al., 2015）。

在第三方公平的脑电研究中，也发现了 FRN 的作用。一项关于第三方惩罚的研究发现第三方的利他倾向会影响其对分配方案的加工，行为结果显示，利他倾向高的第三方比利他倾向低的第三方更可能去惩罚给出不公平方案的独裁者。脑电结果显示，对利他倾向高的第三方来说，非常不公平的方案引起的 FRN 振幅大于中等不公平和公平的方案，而对利他倾向低的第三方来说，公平的方案反而引起了最大的 FRN 振幅，这说明高低利他倾向的人对公平的预期是不一样的（Sun et al., 2015）。另外一项关于第三方公平的 ERP 研究发现，由人做出的不公平方案相比由电脑做出的不公平方案会使第三方产生更强的情感动机，反映在 d-FRN 更大，而且 d-FRN 与被试给出的惩罚金额相关（Ma et al., 2016）。另外，Astolfi 等（2015）用超扫描的方法，分析了在第三方惩罚时，惩罚者与受害者脑功能连接情况，来揭示两者之间的共情程度，并比较了在人和电脑两种分配情境下的差异。结果显示，相比非社会情境（独裁者为电脑），社会情境下大脑之间的连接增强。此外，在面对不公平的方案时，大脑之间功能连接也增强了，说明了在不公平待遇下，第三方产生了更强的共情情绪。但这项研究还只是一个初步探索，需要进一步研究，使结果更加稳健，比如可以考虑个体的共情水平与脑功能连接之间的关系。目前关于第三方惩罚，尤其是第三方补偿的 ERP 研究还比较少。

还有学者研究大脑静息态活动的特异性来解释人们在公平决策行为倾向上的

差异。比如 Feng 等（2018）用大脑静息态时的功能连接来预测人们在完成最后通牒博弈任务过程中惩罚行为上的差异，他们通过机器学习的方法发现，大脑中能够有效区分利他惩罚倾向的脑区是凸显网络（包括背侧前扣带回和壳核）、心智网络（包括背内侧前额叶和颞顶联合区）和中央执行网络（外侧前额叶）。这些脑区基本上在之前的文章中被证实与人们利他惩罚决策相关(Feng et al., 2015; Krueger and Hoffman, 2016)。Knoch 等（2010）收集了被试在静息态时的脑电数据，通过频谱分析得到了不同频段脑电的能量，发现右侧前额皮层的 alpha 波与人们在最后通牒博弈中对不公平方案的接受率正相关。

12.4　公平研究小结与展望

本章介绍了目前公平研究的状况，重点对不公平情境下当事人和第三方做出利他惩罚和利他补偿决策的形成机制以及决策相关的认知神经科学研究进行了回顾。

对不公平事件的感知和判断是做出利他惩罚和补偿决策的前提，针对这个过程调用的是由情绪主导的直觉系统还是以推理、规则为主的理性系统一直是学界争论的焦点（Barsky et al., 2011; Colquitt and Zipay, 2015; Hallsson et al., 2018）。本章从双系统理论视角介绍了情绪和认知对利他惩罚的影响，很多研究基本上发现了由不公平事件引起的负性情绪，比如道德愤怒，会导致人们做出利他惩罚。另外，认知控制对惩罚的作用还没有完全明确，虽然绝大多数的行为研究发现，认知控制会对情绪的作用产生影响，进而降低惩罚，但是也有少数研究得到了相反的结论。不可否认的是，情绪与认知共同作用于利他惩罚决策，而系统 1 和系统 2 的相互作用可能会受到一些环境因素的影响，使得系统 1 和系统 2 的分工存在不一样（Rand et al., 2012, 2014）。比如在某些环境下，系统 1 中的直觉反应是拒绝不公平，惩罚违规者，那么系统 2 就是对情绪的控制，但是在另外一些环境下，系统 1 的直觉反应是自利，那么系统 2 就是对自利的控制（Feng et al., 2015; Hallsson et al., 2018; 张慧等, 2018）。但是利他补偿决策的形成机制目前还不清晰。

公平决策的认知神经科学的研究结果验证了利他惩罚过程中大脑双系统加工的过程，Feng 等（2015）对过去关于利他惩罚的核磁共振研究进行元分析，概括出了利他惩罚的大脑加工过程：不公平事件一开始引起大脑直觉反应，产生惩罚的动机，主要涉及的脑区是腹内侧前额叶和前脑岛，然后直觉反应会与自利动机产生冲突，激活背侧前扣带回，接着调用系统 2 中的认知控制资源来解决冲突，要么抑制直觉反应，激活脑区腹外侧前额叶、背内侧前额叶、左背外侧前额叶和喙扣带回；要么抑制自利动机，激活脑区右背外侧前额叶。

综上而言，行为和认知神经科学研究都验证了不公平情境下，利他惩罚决策的双系统加工过程，但是相应的结论主要来自第二方惩罚的研究，对于第三方惩罚，情绪和认知系统如何作用还需要更多的研究。此外，目前的研究对第三方补偿的形成机制和影响因素的关注还比较少。未来学者们可以以第三方惩罚或第三方补偿为出发点，深入探究公平决策行为的形成机制和影响因素。

参 考 文 献

陈思静, 何铨, 马剑虹. 2015. 第三方惩罚对合作行为的影响：基于社会规范激活的解释. 心理学报, 47（3）：389-405.
陈思静, 马剑虹. 2011. 第三方惩罚与社会规范激活——社会责任感与情绪的作用. 心理科学, 34（3）：670-675.
陈叶烽. 2014. 最后通牒实验与人类的公平感. 南方经济, 6：81-86.
李浩, 马庆国, 董欣. 2016. 神经组织学：概念解析、理论发展和研究展望. 管理世界, 8：164-173.
刘燕君, 马红宇, 梁娟, 等. 2016. 理性-经验加工对不公正情绪和行为反应的影响：公正敏感性的调节作用. 心理科学, 39（4）：942-948.
马露露. 2016. 第三方公正：惩罚与补偿及其情绪前因. 武汉：华中师范大学.
齐玲, 马红宇, 张慧, 等. 2018. 权力对第三方惩罚的影响：基于权力的社会距离理论的视角. 心理研究, 11（1）：36-42.
任巍, 王一楠. 2016. 道义公平研究述评与展望. 外国经济与管理, 38（12）：103-112.
谢姆. 2013. 第二方惩罚与第三方惩罚的产生机制差异比较——基于情绪和规则的研究. 杭州：浙江大学.
赵书松, 张一杰, 赵君. 2018. 第三方组织公平：研究视角、内容与设计. 心理科学进展, 26（12）：2216-2229.
张慧, 马红宇, 徐富贵, 等. 2018. 最后通牒博弈中的公平偏好：基于双系统理论的视角. 心理科学进展, 26（2）：319-330.
张志学, 鞠冬, 马力. 2014. 组织行为学研究的现状：意义与建议. 心理学报, 46（2）：265-284.
Adams J S. 1965. Inequity in social exchange. Berkowitz L. Advances in Experimental Social Psychology. Vol. 2. New York：Academic：267-299.
Astolfi L, Toppi J, Casper C, et al. 2015. Investigating the neural basis of empathy by EEG hyperscanning during a Third Party Punishment. Proceedings of the Annual International Conference of the IEEE Engineering in Medicine and Biology Society：5384-5387.
Barclay L J, Bashshur M R, Fortin M. 2017. Motivated cognition and fairness：insights, integration, and creating a path forward. Journal of Applied Psychology，102（6）：867-889.
Barsky A, Kaplan S A. 2007. If you feel bad, it's unfair：a quantitative synthesis of affect and organizational justice perceptions. Journal of Applied Psychology，92（1）：286-295.
Barsky A, Kaplan S, Beal D J. 2011. Just feelings? The role of affect in the formation of organizational fairness judgments. Journal of Management，37（1）：248-279.
Becker W J, Cropanzano R, Sanfey A G. 2011. Organizational neuroscience：taking organizational theory inside the neural black box. Journal of Management，37（4）：933-961.
Bieleke M, Gollwitzer P M, Oettingen G. 2017. Social value orientation moderates the effects of intuition versus reflection on responses to unfair ultimatum offers. Journal of Behavioral Decision Making，30（2）：569-581.
Brockner J, Wiesenfeld B M, Siegel P A, et al. 2015. Riding the fifth wave：organizational justice as dependent variable. Research in Organizational Behavior，35：103-121.

Buckholtz J W, Asplund C L, Dux P E, et al. 2008. The neural correlates of third-party punishment. Neuron, 60 (5): 930-940.

Calvillo D P, Burgeno J N. 2015. Cognitive reflection predicts the acceptance of unfair ultimatum game offers. Judgment and Decision Making, 10 (4): 332-341.

Chapman H A, Kim D A, Susskind J M, et al. 2009. In bad taste: evidence for the oral origins of moral disgust. Science, 323 (5918): 1222-1226.

Chavez A K, Bicchieri C. 2013. Third-party sanctioning and compensation behavior: findings from the ultimatum game. Journal of Economic Psychology, 39: 268-277.

Colquitt J A, Zipay K P. 2015. Justice, fairness, and employee reactions. Annual Review of Organizational Psychology and Organizational Behavior, 2 (1): 75-99.

Cropanzano R S, Massaro S, Becker W J. 2017. Deontic justice and organizational neuroscience. Journal of Business Ethics, 144 (4): 733-754.

de Neys W, Novitskiy N, Geeraerts L, et al. 2011. Cognitive control and individual differences in economic ultimatum decision-making. PLoS ONE, 6 (11): e27107.

Eriksson K, Strimling P, Andersson P A, et al. 2017. Costly punishment in the ultimatum game evokes moral concern, in particular when framed as payoff reduction. Journal of Experimental Social Psychology, 69: 59-64.

Fehr E, Fischbacher U. 2004. Third-party punishment and social norms. Evolution and Human Behavior, 25 (2): 63-87.

Fehr E, Gächter S. 2002. Altruistic punishment in humans. Nature, 415 (6868): 137-140.

Feng C, Luo Y J, Krueger F. 2015. Neural signatures of fairness-related normative decision making in the ultimatum game: a coordinate-based meta-analysis. Human Brain Mapping, 36 (2): 591-602.

Feng C, Zhu Z Y, Gu R L, et al. 2018. Resting-state functional connectivity underlying costly punishment: a machine-learning approach. Neuroscience, 385: 25-37.

Folger R. 1998. Fairness as moral virtue. Schminke M. Managerial Ethics: Moral Management of People and Processes. New York: Lawrence Erlbaum Associates Publishers: 23-44.

Folger R. 2001. Fairness as deonance. Gilliland S, Steiner D, Skarlicki D. Theoretical and Cultural Perspectives on Organizational Justice. Greenwich: Information Age Publishing: 3-33.

Forsythe R, Horowitz J L, Savin N E, et al. 1994. Fairness in simple bargaining experiments. Games and Economic Behavior, 6 (3): 347-369.

Fortin M, Cojuharenco I, Patient D, et al. 2016. It is time for justice: how time changes what we know about justice judgments and justice effects. Journal of Organizational Behavior, 37: 30-56.

Gilam G, Lin T, Raz G, et al. 2015. Neural substrates underlying the tendency to accept anger-infused ultimatum offers during dynamic social interactions. NeuroImage, 120: 400-411.

Glass L, Moody L, Grafman J, et al. 2015. Neural signatures of third-party punishment: evidence from penetrating traumatic brain injury. Social Cognitive and Affective Neuroscience, 11 (2): 253-262.

Gospic K, Mohlin E, Fransson P, et al. 2011. Limbic justice—Amygdala involvement in immediate rejection in the ultimatum game. PLoS Biology, 9 (5): 1-8.

Grimm V, Mengel F. 2011. Let me sleep on it: delay reduces rejection rates in ultimatum games. Economics Letters, 111 (2): 113-115.

Güth W, Schmittberger R, Schwarze B. 1982. An experimental analysis of ultimatum bargaining. Journal of Economic Behavior & Organization, 3 (4): 367-388.

Halali E, Bereby-Meyer Y, Meiran N. 2014. Between self-interest and reciprocity: the social bright side of self-control failure. Journal of Experimental Psychology: General, 143 (2): 745-754.

Hallsson B G, Siebner H R, Hulme O J. 2018. Fairness, fast and slow: a review of dual process models of fairness. Neuroscience and Biobehavioral Reviews, 89: 49-60.

Hershcovis M S, Neville L, Reich T, et al. 2017. Witnessing wrongdoing: the effects of observer power on incivility intervention in the workplace. Organizational Behavior and Human Decision Processes, 142: 45-57.

Hewig J, Kretschmer N, Trippe R H, et al. 2011. Why humans deviate from rational choice. Psychophysiology, 48 (4): 507.

Hochman G, Ayal S, Ariely D. 2015. Fairness requires deliberation: the primacy of economic over social considerations. Frontiers in Psychology, 6: 1-7.

Hu Y, Scheele D, Becker B, et al. 2016. The effect of Oxytocin on third-party altruistic decisions in unfair situations: an fMRI study. Scientific Reports, 6: 1-10.

Hu Y, Strang S, Weber B. 2015. Helping or punishing strangers: neural correlates of altruistic decisions as third-party and of its relation to empathic concern. Frontiers in Behavioral Neuroscience, 9 (24): 1-11.

Jordan J, McAuliffe K, Rand D. 2016. The effects of endowment size and strategy method on third party punishment. Experimental Economics, 19 (4): 741-763.

Kahneman D, Knetsch J L, Thaler R H. 1986. Fairness as a constraint on profit seeking: entitlements in the market. American Economic Review, 76 (4): 728-741.

Kahneman D, Thaler R H. 1986. Fairness and the assumptions of economics. Journal of Business, 59 (4): 285-300.

Knoch D, Gianotti L R R, Baumgartner T, et al. 2010. A neural marker of costly punishment behavior. Psychological Science, 21 (3): 337-342.

Koenigs M, Tranel D. 2007. Irrational economic decision-making after ventromedial prefrontal damage: evidence from the Ultimatum Game. Journal of Neuroscience, 27 (4): 951-956.

Kriss P H, Weber R A, Xiao E. 2016. Turning a blind eye, but not the other cheek: on the robustness of costly punishment. Journal of Economic Behavior and Organization, 128: 159-177.

Krueger F, Hoffman M. 2016. The emerging neuroscience of third-party punishment. Trends in Neurosciences, 39 (8): 499-501.

Krueger F, Hoffman M, Walter H, et al. 2014. An fMRI investigation of the effects of belief in free will on third-party punishment. Social Cognitive and Affective Neuroscience, 9 (8): 1143-1149.

Leliveld M C, van Dijk E, van Beest I. 2012. Punishing and compensating others at your own expense: the role of empathic concern on reactions to distributive injustice. European Journal of Social Psychology, 42 (2): 135-140.

Lergetporer P, Angerer S, Glätzle-Rützler D, et al. 2014. Third-party punishment increases cooperation in children through (misaligned) expectations and conditional cooperation. Proceedings of the National Academy of Sciences, 111 (19): 6916-6921.

Li D D, Meng L, Ma Q G. 2017. Who deserves my trust? Cue-elicited feedback negativity tracks reputation learning in repeated social interactions. Frontiers in Human Neuroscience, 11: 1-10.

Liu Y, He N, Dou K. 2015. Ego-depletion promotes altruistic punishment. Open Journal of Social Sciences, 3 (11): 62-69.

Liu Y, Li L, Zheng L, et al. 2017. Punish the perpetrator or compensate the victim? Gain vs. Loss context modulate third-party altruistic behaviors. Frontiers in Psychology, 8: 1-11.

Lotz S, Okimoto T G, Schlösser T, et al. 2011. Punitive versus compensatory reactions to injustice: emotional antecedents to third-party interventions. Journal of Experimental Social Psychology, 47 (2): 477-480.

Ma Q G, Meng L, Shen Q. 2016. Deliberate or unintended: intentions modulate empathic responses to others' economic payoffs in social interactions. Social Neuroscience, 12 (6): 1-12.

Ma Q G, Meng L, Zhang Z X, et al. 2015. You did not mean it: perceived good intentions alleviate sense of unfairness. International Journal of Psychophysiology, 96 (3): 183-190.

Ma Q G, Qian D, Hu L F, et al. 2017. Hello handsome! Male's facial attractiveness gives rise to female's fairness bias in ultimatum game scenarios-an ERP study. PLoS ONE, 12 (7): 1-23.

Ma Q G, Yu Y, Jiang S S, et al. 2015. The undermining effect of facial attractiveness on brain responses to fairness in the ultimatum game: an ERP study. Frontiers in Neuroscience, 9: 1-9.

Maas M, van den Bos K. 2009. An affective-experiential perspective on reactions to fair and unfair events: individual differences in affect intensity moderated by experiential mindsets. Journal of Experimental Social Psychology, 45 (4): 667-675.

Murnighan J K, Wang L. 2016. The social world as an experimental game. Organizational Behavior and Human Decision Processes, 136: 80-94.

Mussel P, Göritz A S, Hewig J. 2013. Which choice is the rational one? An investigation of need for cognition in the Ultimatum Game. Journal of Research in Personality, 47 (5): 588-591.

Neo W S, Yu M, Weber R A, et al. 2013. The effects of time delay in reciprocity games. Journal of Economic Psychology, 34: 20-35.

Okimoto T G, Wenzel M, Feather N T. 2012. Retribution and restoration as general orientations towards justice. European Journal of Personality, 26 (3): 255-275.

O'Reilly J, Aquino K. 2011. A model of third parties' morally motivated responses to mistreatment in organizations. Academy of Management Review, 36 (3): 526-543.

O'Reilly J, Aquino K, Skarlicki D. 2016.The lives of others: third parties' responses to others' injustice. Journal of Applied Psychology, 101 (2): 171-189.

Pillutla M M, Murnighan J K. 1996. Unfairness, anger, and spite: emotional rejections of ultimatum offers. Organizational Behavior and Human Decision Processes, 68 (3): 208-224.

Rand D G, Greene J D, Nowak M A. 2012. Spontaneous giving and calculated greed. Nature, 489 (7416): 427-430.

Rand D G, Peysakhovich A, Kraft-Todd G T, et al. 2014. Social heuristics shape intuitive cooperation. Nature Communications, 5: 1-12.

Riepl K, Mussel P, Osinsky R, et al. 2016. Influences of state and trait affect on behavior, feedback-related negativity, and P3b in the Ultimatum Game. PLoS ONE, 11 (1): 1-16.

Rilling J K, Sanfey A G. 2011. The neuroscience of social decision-making. Annual Review of Psychology, 62: 23-48.

Rupp D E, Bell C M. 2010. Extending the deontic model of justice: Moral self-regulation in third-party responses to injustice. Business Ethics Quarterly, 20 (1): 89-106.

Sanfey A G, Rilling J K, Aronson J A, et al. 2003. The neural basis of economic decision making in the Ultimatum Game. Science, 300 (5626): 1755-1758.

Skarlicki D P, Kulik C T. 2005. Third-party reactions to employee (mis) treatment: a justice perspective. Research in Organizational Behavior, 26: 183-229.

Skarlicki D P, O'Reilly J, Kulik C T. 2015. The third-party perspective of (in) justice. Cropanzano R S, Ambrose M L. The Oxford Handbook of Justice in the Workplace. Oxford: Oxford University Press: 235-256.

Skarlicki D P, Rupp D E. 2010. Dual processing and organizational justice: the role of rational versus experiential processing in third-party reactions to workplace mistreatment. Journal of Applied Psychology, 95 (5): 944-952.

Stallen M, Rossi F, Heijne A, et al. 2018. Neurobiological mechanisms of responding to injustice. The Journal of

Neuroscience, 38 (12): 2944-2954.

Strobel A, Zimmermann J, Schmitz A, et al. 2011. Beyond revenge: neural and genetic bases of altruistic punishment. NeuroImage, 54 (1): 671-680.

Sun L, Tan P, Cheng Y, et al. 2015. The effect of altruistic tendency on fairness in third-party punishment. Frontiers in Psychology, 6: 1-11.

Sutter M, Kocher M, Strauß S. 2003. Bargaining under time pressure in an experimental ultimatum game. Economics Letters, 81 (3): 341-347.

Tabibnia G, Satpute A B, Lieberman M D. 2008. The sunny side of fairness: preference for fairness activates reward circuitry (and disregarding unfairness activates self-control circuitry). Psychological Science, 19 (4): 339-347.

Thulin E W, Bicchieri C. 2016. I'm so angry I could help you: moral outrage as a driver of victim compensation. Social Philosophy and Policy, 32 (2): 146-160.

Treadway M T, Buckholtz J W, Martin J W, et al. 2014. Corticolimbic gating of emotion-driven punishment. Nature Neuroscience, 17 (9): 1270-1275.

Turillo C J, Folger R, Lavelle J J, et al. 2002. Is virtue its own reward? Self-sacrifical decisions for the sake of fairness. Organizational Behavior and Human Decision Processes, 89 (1): 839-865.

Tyler T R, Lind E A. 1992. A relational model of authority in groups. Advances in Experimental Social Psychology, 25 (2): 115-191.

Umphress E E, Simmons A L, Folger R, et al. 2013. Observer reactions to interpersonal injustice: the roles of perpetrator intent and victim perception. Journal of Organizational Behavior, 34 (3): 327-349.

van Prooijen J W. 2010. Retributive versus compensatory justice: observers' preference for punishing in response to criminal offenses. European Journal of Social Psychology, 40: 72-85.

Vavra P, van Baar J, Sanfey A. 2011. The neural basis of fairness. Li M, Tracer D P. Interdisciplinary Perspectives on Fairness, Equity, and Justice. Berlin: Springer: 9-31.

Wang C S, Sivanathan N, Narayanan J, et al. 2011. Retribution and emotional regulation: the effects of time delay in angry economic interactions. Organizational Behavior and Human Decision Processes, 116 (1): 46-54.

Wang Y W, Zhang Z, Bai L Y, et al. 2017. Ingroup/outgroup membership modulates fairness consideration: neural signatures from ERPs and EEG oscillations. Scientific Reports, 7: 1-11.

Weng H Y, Fox A S, Hessenthaler H C, et al. 2015. The role of compassion in altruistic helping and punishment behavior. PLoS ONE, 10 (12): 1-20.

Wiltermuth S S, Flynn F J. 2013. Power, moral clarity, and punishment in the workplace. Academy of Management Journal, 56 (4): 1002-1023.

Wu Y, Leliveld M C, Zhou X L. 2011. Social distance modulates recipient's fairness consideration in the dictator game: an ERP study. Biological Psychology, 88 (2-3): 253-262.

Xiao E, Houser D. 2005. Emotion expression in human punishment behavior. Proceedings of the National Academy of Sciences of the United States of America, 102 (20): 7398-7401.

Yamagishi T, Horita Y, Takagishi H, et al. 2009. The private rejection of unfair offers and emotional commitment. Proceedings of the National Academy of Sciences, 106 (28): 11520-11523.

Zhao K, Ferguson E, Smillie L D. 2017. Politeness and compassion differentially predict adherence to fairness norms and interventions to norm violations in economic games. Scientific Reports, 7 (1): 1-11.

Zheng Y, Yang Z, Jin C L, et al. 2017. The influence of emotion on fairness-related decision making: a critical review of theories and evidence. Frontiers in Psychology, 8: 1-10.

第 13 章 从 众 研 究

13.1 从众研究概述

人类在社会交互过程中往往会受到群体规范或者其他人的态度和行为的影响而使自己在态度或者行为上做出改变，这种现象我们称为社会影响（social influence）（Kelman，1961）。从众（conformity）是社会影响下比较常见的行为，主要表现为"个人按照他人的行为而行为"，从众行为是我们日常生活和管理决策中比较普遍的个体行为。本章将对从众行为的相关研究进行介绍，以期让读者了解从众行为的形成机制和影响。

13.1.1 从众的定义

由于从众广泛存在于购买交易、经济决策、社交活动等不同行为中，所以不同学科从自身视角对从众行为进行了定义，比如在市场营销学领域中，从众行为被定义为消费者受到其他人的产品评价和购买行为的影响而改变自己对产品的评价和购买行为（Lascu and Zinkhan，1999）。在经济学和金融学领域中，从众行为一般也称为羊群行为（herd behavior），是指决策者或者投资者忽略自身私有信息而跟随其他人的决策或者行为（Banerjee，1992）。在社会心理学领域中，从众行为被定义为调整自己的态度、观念或者行为以保持与其他人一致（Cialdini and Goldstein，2004）。综上而言，关于从众的核心内容，我们可以概括为从众是群体态度和行为影响下个体的跟随和模仿行为，会使得群体最终的行为趋向一致。

13.1.2 从众的类型

社会影响可以分为规范类的社会影响（normative social influence）和信息类的社会影响（informational social influence），相应的从众行为可以分为规范类从众和信息类从众（Burnkrant and Cousineau，1975；Toelch and Dolan，2015），而且这两类从众行为背后的动机也是不同的。规范类的从众是指人们为了符合群体或者其他人对自己的正性期待而做出跟其他人一致的行为（Kelman，1961）。该类从众行为背后的动机是为了迎合群体以免被孤立或者排斥（Cialdini and Goldstein, 2004；Kelman, 1961；Lascu and Zinkhan, 1999）。而信息类的从众是指人们将别人的观点和行为作为一种信息，并认为别人做出了比自己更好的判断，所以会跟随其他人做出相同的决策（Celen and Kariv, 2004；Lascu and Zinkhan, 1999）。该类型从众行为背后的动机主要是期望能够做出正确的判断和行为（Kelman, 1958）。对规范类的从众来说，人们会担忧可能因偏离群体规范而受到排挤，这是一种痛苦的体验，因为这使得人们迫于压力而做出与群体一致的行为（Klucharev et al., 2009）。对于信息类的从众，人们会倾向相信其他人的选择，尤其是在很多人都是做出同样的选择的情况下，人们甚至会忽略自己掌握的信息而盲目地跟随。比如我们常常会选择菜单上最受欢迎的菜品（Cai et al., 2009），或者选择已下载量最多的软件（Duan et al., 2009），这都是不顾自己掌握的信息而盲目从众的表现。

Kuan 等（2015）的一项研究同时对这两类社会影响进行了研究。具体而言，该研究探讨了在团购情境下，信息类社会影响和规范类社会影响对消费者团购的从众行为的影响。作者将团购产品的已购买人数作为信息类的社会影响，将 Facebook 朋友对该产品的点赞数作为规范类的社会影响，研究结果显示，已购买人数信息会影响消费者对产品的购买意愿和购买行为，而点赞数主要影响购买意愿。

13.1.3　从众研究的实验范式

有关从众的研究，目前使用的研究方法主要包括数据挖掘和建模以及实验研究方法。前者主要通过对二手数据进行爬取和挖掘分析来研究影响从众行为或者羊群行为的因素。比如 Ye 等（2013）通过对淘宝上产品交易的数据进行挖掘和分析，发现产品历史销量会正向影响产品当前销量，验证了网购中的从众行为。Herzenstein 等（2011b）对美国借贷平台 Prosper 上的投资数据进行分析，发现如果一个款项已有比较多的投标者，那么这个款项就越容易获得新的投标。

后者使用实验方法来研究从众行为的一项比较经典的研究就是 Asch（1955）的线长判断实验，在该实验中，被试与实验者安排的多名假被试共同对线的长度进行判断，当被试独立完成任务时，其准确率非常高，而与其他人一起完成任务时，当之前的多名假被试给出错误的判断之后，大约有 37% 的被试会遵从其他人的行为而给出同样错误的判断。之后很多从众的实验研究基本是以此范式为基础开展的，主要过程就是针对某项任务，先让被试给出自己的判断或者选择，然后向被试呈现群体的判断或者选择，通过操控两者的不一致的程度来研究社会影响下的从众行为。比如 Klucharev 等（2009）的颜值判断实验，在第一阶段，被试首先对一系列人脸的美丽程度进行 1～8 的评分，接着会呈现群体对人脸的评分，然后在第二阶段，被试需要重新对人脸颜值进行判断，这样可以探究在自身评分和群体评分存在差异的情况下，被试是否会改变原来的判断而重新给出与群体相一致的分数，通过在第二阶段给出的评分的变化来判断被试的从众程度，详细的流程见图 13-1。该范式可以用来研究规范类的从众行为，而且在从众的认知神经科学研究中应用比较广泛（Toelch and Dolan，2015）。

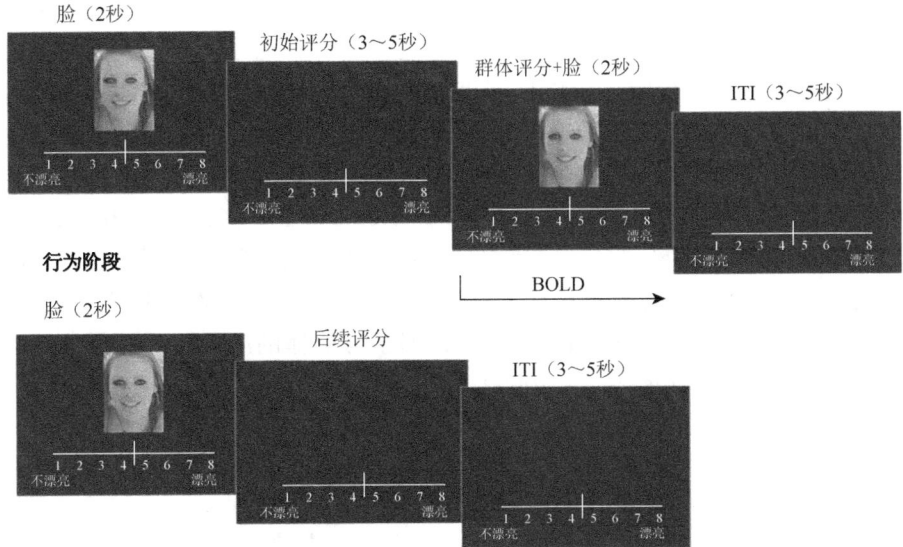

图 13-1 颜值判断任务（Klucharev et al.，2009）

在第一阶段的 fMRI 实验中，被试先观看人脸 2 秒，接着对其颜值进行初始评分（initial rating），然后显示群体评分（group rating），最后显示 3～5 秒的试次间隔（intertrial interval）之后进入下一个试次。在第二阶段的行为实验中，被试同样先看人脸，然后再次进行颜值的评分（subsequent rating），最后显示 3～5 秒的间隔之后进入下一个试次。

13.2 从众研究的理论视角

从众行为在不同领域中都有广泛的研究，不同领域的学者从多种理论视角对从众行为形成背后的机制做出了解释。

在经济学领域中，由 Bikhchandani 等（1992）提出的信息瀑布（information cascade）理论可以比较好地解释羊群行为（从众行为）。该理论认为，自有的信息和前人的行为是人们进行决策时主要参考的两类信息，对信息不完全的人来说，如果前面有很多人都做出了同样的选择，那么后来的人可能会忽略自有的信息而跟从前人的选择，此时就形成了信息瀑布，使得最后所有人都是一样的选择。

在社会心理学和认知神经科学领域中，关于从众行为解释的理论主要包括强化学习理论和情绪调节理论（郑杰慧，2018）。强化学习理论认为，当个体的选择或者判断与群体的选择或者判断是一样的时候，就会产生一个正性的预期信号，用来强化后续的行为。而当两者存在不一致的时候，则会产生一个预期错误的信号，用来指导后续行为的调整，这样在不断地强化下，人们的行为会越来越趋向一致（Klucharev et al.，2009）。这个理论解释得到了认知神经科学研究证据的支持（详见本书第 9 章）。情绪调节理论则认为人们之所以从众主要是因为违背社会规范所引起的负性情绪和认知失调，所以需要通过保持与群体的一致来减少这种负性的情绪和认知失调（Berns et al.，2005，2010；van Veen et al.，2009）。同样，该理论解释也得到了认知神经科学研究证据的支持，比如有研究发现，个体判断与群体判断的不一致所引起的杏仁核激活程度是最高的，而杏仁核主要与负性情绪的加工相关，说明了与群体的冲突加工过程中伴随着负性的情绪体验（Berns et al.，2005）。

13.3 从众的研究现状

13.3.1 不同决策情境下的从众研究

在很多决策情境下，都会出现从众行为，接下来我们将围绕经济决策、消费决策和社会决策这三种情境下的从众研究进行介绍。

1. 经济决策

经济决策和金融投资中的从众行为也被称为羊群行为，其产生的两个重要条件是决策者自身信息的不完整和不确定性以及他人行为信息的易获性（Bikhchandani et al.，1992）。金融市场中存在着严重的信息不对称性，对于投资者来说，尤其是新手，更倾向于通过观察别的投资者的投资选择来进行决策，这就容易引发从众行为的产生。

最近几年，随着互联网的腾飞，在线金融市场日益蓬勃壮大，线上金融投资的从众研究也越来越受到关注。其中，与网络投资和借贷相关的研究是最多的。以 P2P 借贷（peer-to-peer lending）为例，该金融产品之所以受到欢迎，一个重要的原因是能够实现个体之间的金钱借贷，免去了中间环节，使得个体和小微企业能够迅速获得融资。但是，这种模式在促进金融活动的同时，也存在一些问题。首先就是投资者需要自己去评估借款项目的好坏，而许多投资者本身缺乏相关的专业知识，这就非常容易使得投资者的行为受到外部因素的影响，比如他人的投资决策行为，进而产生从众行为（郑杰慧，2018）。此外，投资者只能通过 P2P 平台提供的信息来了解借款方，而这些信息往往是有限的，甚至可能存在误导性和欺骗性，这样就会加剧从众行为的产生。目前已有很多研究通过行为测量、问卷调查、数据挖掘等方法发现了互联网金融投资决策中从众行为的存在（Berkovich，2011；Herzenstein et al.，2011a），即人们会更倾向选择很多人已经投资的项目进行投资（Zhang and Liu，2012；Zhang and Chen，2017）。比如，Herzenstein 等（2011b）对 Prosper 借贷平台上的交易数据进行挖掘，通过建模发现投资者更加愿意投资那些已经有很多投标者的项目。这样的从众行为在其他借贷平台，例如 Popfunding、Kiva、人人贷上都存在（Lee E and Lee B，2012；冯博等，2017；吴佳哲，2015）。

以往经济决策中从众行为的研究主要采用面板数据挖掘和行为实验的研究方法，虽然都验证了从众行为的存在，但是存在着两个问题：①数学建模过程中，一些干扰因素不能很好地得到控制；②行为测量不能完整、实时、准确地揭示从众行为产生的过程。因此，研究结论可能存在偏差。由于上述方法都无法直接探测金融投资决策中从众行为形成背后的认知加工过程，因此一些研究采用认知神经科学的方法对从众行为背后的认知过程进行测量，以期更深层次地揭示从众的形成机制。比如本团队开展的一项针对 P2P 借贷的脑电研究，发现了从众行为形成背后的认知机制（Yu et al.，2018）。在该实验中，有两种类型的投资项目，一类是高参与比例的投资项目（high participation proportion），指的是筹资比例比较高的项目，意味着前期已经很多人投资了该项目；另外一类是低参与比例的投资项目（low participation proportion），指的是筹资比例比较低的项目，意味着前期投资该项目的人比较少。在实验设计中，高比例的项目筹资比例范围是在 90%~100%，而低比例的项目的筹资比例范围是在 0~10%。每一个实验试次的进程见图 13-2。首先呈现的是项目的筹资比例，然后被试的任务是决定投资 1000 元还是 5000 元，在被试做出决策后，最后会反馈这个项目是否按时还款。被试总共需要进行 240 轮决策，实验过程中同时记录被试的脑电数据。之后研究者主要针对决策阶段和反馈阶段的认知加工过程进行分析，使用的指标包括决策阶段的错误相关负波（ERN）和反馈阶段的反馈相关负波（FRN）。

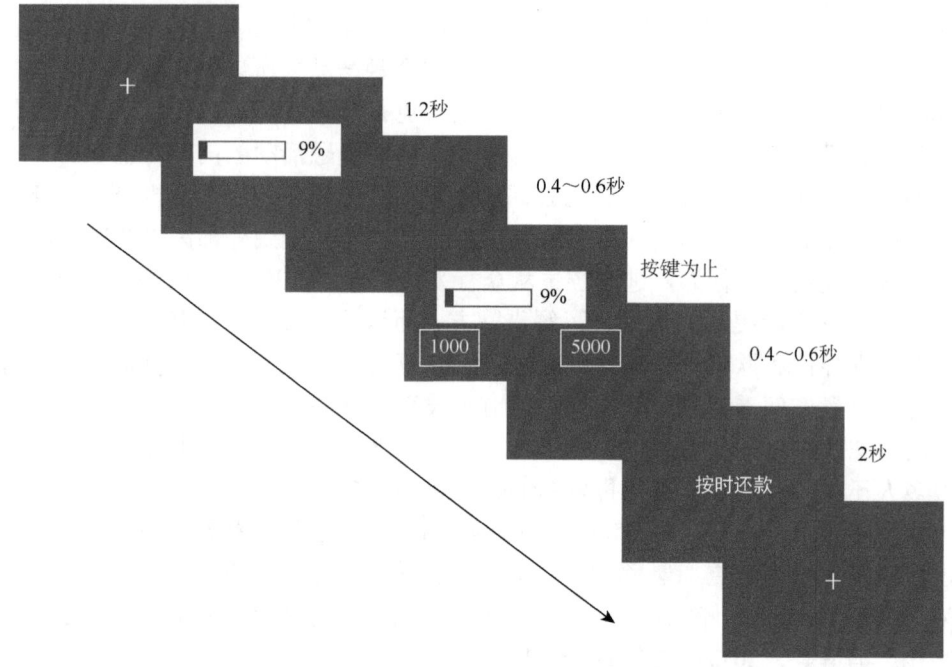

图13-2 在线投资实验任务流程（Yu et al., 2018）

实验中，被试要求根据项目的筹资比例（高、低）做出投资决策，最后会反馈项目是否按时还款（repay on time or not）。行为结果显示，面对低筹资比例的项目，被试的投资决策时间要比高筹资比例的项目更长。脑电结果显示，在进行决策时，低比例的项目引起的 ERN 振幅更大。在投资结果反馈阶段，研究发现，高比例项目的正负反馈，即按时还款和未按时还款引起的 FRN 没有明显的差异，而在低比例的项目中，负反馈引起的 FRN 要显著大于正反馈引起的 FRN。根据以上结果，研究者认为在 P2P 借贷中投资决策过程事实上是对风险的评估过程。对高筹资比例项目的投资行为所感知到的风险程度更低，表现在 ERN 的振幅更小。此外，从众行为还能够降低投资失败所带来的负性情绪，表现在从众的投资行为之后，按时还款和未按时还款的结果所引起的 FRN 没有明显的差异。

上述研究成果说明了从众行为在经济决策中能够充当情绪缓冲器的作用，另外一些研究发现了类似的结论。比如在 Yu 和 Sun（2013）的脑电研究中，被试和另外两名"伙伴"一起完成一项赌博任务，他们需要在两个选项中进行选择，其中一个选项会输钱，另外一个选项会赢钱。三个人先分别给出自己的选择，然后电脑将所有人的选择以及选择的结果呈现给被试。事实上另外两个"伙伴"是虚假的，决策已经提前设置好了。行为结果显示，被试更可能选择之前群体选择的选项。脑电结果显示，相比单独的选择，即被试与另外两个"伙伴"的选择都不一样，与群体做出一样的选择之后，损失和收益结果所引起的 FRN 之间的差异更小，这意味着从众行为会降低不好的决策结果所带来的负性情绪。

另外一类比较常见的网络投资形式是众筹（crowdfunding），它也是通过网络平台来向投资者获取资金以支持需要资金的个体或者企业开展各种形式的活动。比如开发一个新的产品、创业、艺术创作、科学研究等。另外还存在一些不以营利为目的的公益类众筹项目，比如购买助农产品。投资者对网上自己感兴趣的众筹项目进行投资，而众筹的回报方式往往是获得实物，也可以是服务。研究发现在对众筹项目进行投资决策的过程中，同样存在着从众行为。比如在本书作者的一项研究中，通过脑电实验探究了在众筹项目投资情境下的从众行为及其背后的认知机制，并找到了能够预测人们投资偏好改变的神经信号（Wang et al., 2019）。该实验参考了颜值判断任务的范式，探究被试对众筹项目的投资意愿是否会受到其他投资者投资意愿的影响而改变（Klucharev et al., 2009）。实验中所采用的众筹项目都来自中国众筹网中的真实项目，为了排除干扰因素，我们只选取了众筹项目的图片以及基本的介绍信息，总共筛选出了 135 个项目，其中 125 个用于正式实验，另外 10 个用于前测。实验过程中每个试次的流程见图 13-3，总共包括两

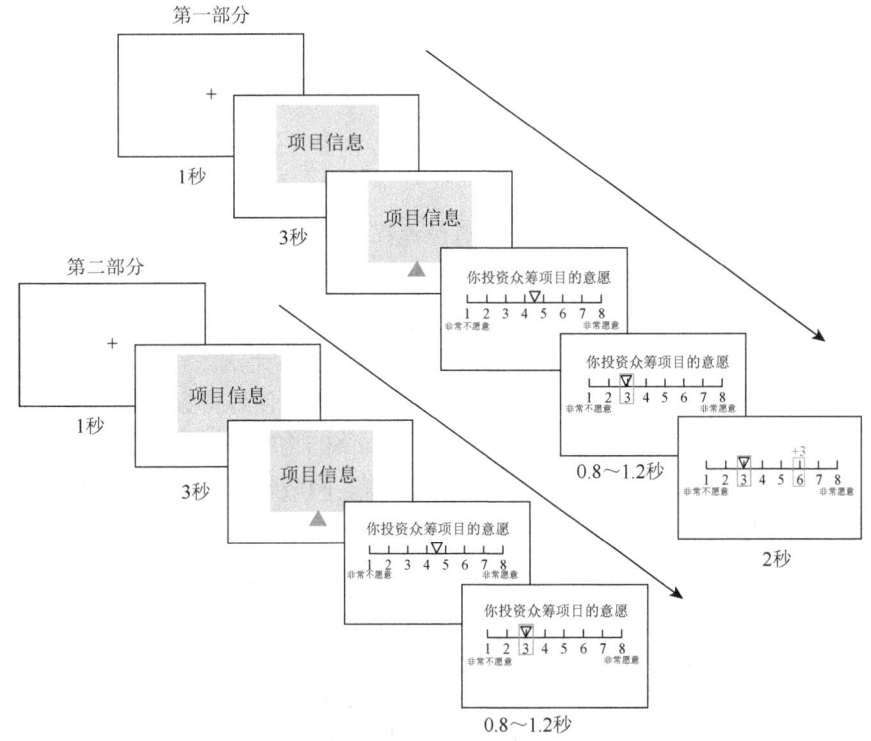

图 13-3 众筹实验任务流程（Wang et al., 2019）

个部分,在第一部分中,被试依次浏览众筹项目的图片,并给出他们的投资意愿,进行1~8打分,然后会呈现大众对该项目投资意愿的评分数据。在第二部分中,被试需要重新对众筹项目的投资意愿进行评分,但不再呈现大众的评分。需要说明的是,在实验开始前,我们并没有告诉被试会重新对项目的投资意愿进行评分,这样就避免了被试在第一部分实验中刻意地去记住自己的评分分数。实验过程中我们记录被试的脑电数据。我们主要关注第二部分实验中被试投资意愿的变化程度,以及在呈现大众评分阶段时的神经活动,使用的指标是FRN和P300这两个脑电成分。

在实验的第一部分,被试先浏览众筹项目信息,接着对项目的投资意愿进行评分,最后会显示大众的投资意愿评分。在第二部分,被试同样先浏览众筹项目信息,然后重新对项目的投资意愿进行评分。行为结果显示,被试众筹投资决策过程中确实存在从众行为,即被试的投资意愿会朝接近大众投资意愿的方向进行改变,大众评分与自己的评分冲突越大,这种变化趋势就越明显。脑电结果显示,被试的投资意愿与大众评分的差异越大,引起的FRN就越明显。此外,我们根据被试是否表现出从众行为对试次进行分类,并分析P300的差异。结果显示,做出从众行为的情况下引起的P300比没有做出从众行为的P300更大,而且P300的振幅能够预测每个试次中被试的从众行为。该研究首次通过脑电数据分析揭示了众筹情境下的从众行为及背后的认知机制,构建了神经活动与投资行为之间的联系。

2. 消费决策

不管是传统市场还是网络市场,消费者都存着从众行为(Duan et al., 2009; Ye et al., 2013)。相比传统市场,网络市场更容易产生消费的从众效应。由于网络市场的虚拟性,消费者既不能通过当面观察来评价商家的好坏,也不能通过亲身体验来感知产品的质量;双方信息的不对称使消费者无法完整地了解产品质量,产生了较高的不确定性。此外,从购物网站上可以很方便地得到像历史销量、点评数量等反映以前购买者行为的信息。因此,在网络购物时,消费者更容易跟从别人的购买行为,从而诱发从众行为。已有研究发现,网络购物过程中的从众效应表现为消费者只集中购买几个历史销量最高的产品(Li and Wu, 2018; Ye et al., 2013)。

对很多购物平台来说,一个非常重要的策略就是提供产品以往的销量信息来影响潜在的消费者。比如Huang和Chen发现了在线购买图书时,消费者会更愿意购买评价高和历史销量高的图书(Huang and Chen, 2006; Chen, 2008)。Ye等(2013)和赵占波等(2013)利用来自淘宝的面板数据验证了产品历史销量会正向影响产品当前销量。Ye等(2013)还用眼动实验进一步发现对历史销量关注越高的消费者,越倾向购买高历史销量的产品,即更容易产生从众行为。Onnela

和 Reed-Tsochas（2010）发现，当一个在线应用软件的受欢迎程度达到一定阈值之后，就会引起更多的用户采纳。

在真实的环境中，消费者的购买决策还会受到一些社会规范的影响，最常见的就是别的消费者对产品的态度和购买行为（Lascu and Zinkhan，1999）。比如当担心来自家人或者朋友的批评或者不同意时，消费者很可能不会去购买自己喜欢的产品（Rook and Fisher，1995；Xu et al.，2004）。所以说，在市场中消费者的购买决策会受到朋友或者其他消费者购买态度和行为的影响，这种类型的社会规范会影响消费者的从众行为，我们也可以称之为社会风险，指的是其他人（尤其是家人或朋友）预期或潜在地不接受你的情况（Kim and Lennon，2000；Martín et al.，2011）。当消费者感知社会风险增加时，就会表现出对社会规范的遵从（Campbell and Goodstein，2001）。本团队的一项脑电研究探究了此类社会风险对产品购买意愿的影响（Shang et al.，2017）。实验分为社会风险组和控制组两个条件（图13-4），在风险组中，通过一些语句来表示社会风险，比如"朋友们可能会说这件 T 恤不适合我"。在控制组中，则会使用一些无意义的符号来代替。实验中的产品为 T 恤，被试在看完产品图片和社会风险信息或者符号之后，对产品的购买意愿进行 1~8 的评分。在实验过程中，同时记录了被试的脑电数据。

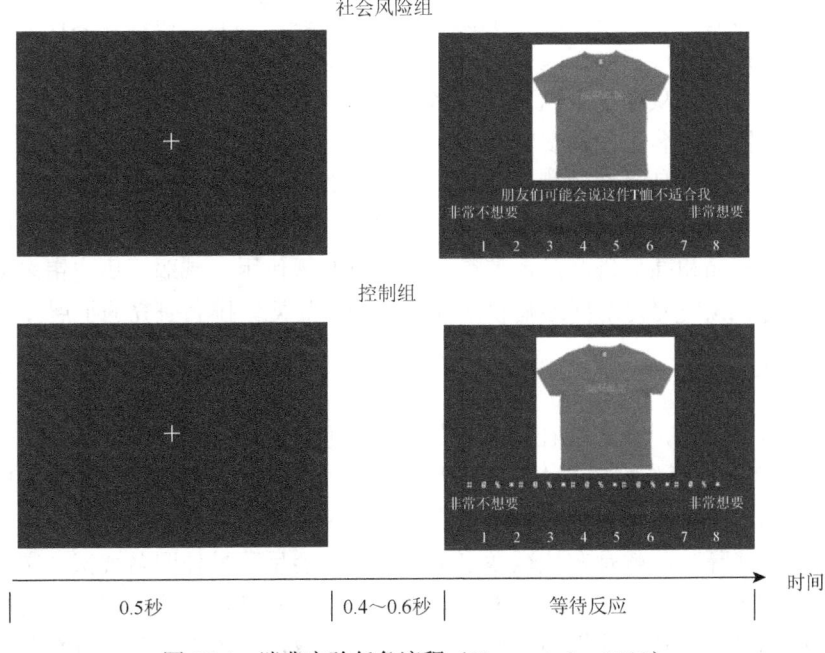

图 13-4　消费实验任务流程（Shang et al.，2017）

在社会风险组，会用语句来表示社会风险，比如"朋友们可能会说这件T恤不适合我"。在控制组，则会使用一些无意义的符号，比如"#@%"。被试在看完产品图片和社会风险信息或者符号之后，对产品的购买意愿进行1～8的评分。

行为结果显示，消费者对产品的购买意愿确实会受到社会风险的影响，在风险组的购买意愿要显著低于控制组的购买意愿。此外，脑电结果显示，风险组条件下引起的N2成分要显著大于控制组，这为社会风险对购买意愿的抑制效应提供了神经层面的证据，反映了消费者内心关于购买冲动和遵循社会规范的冲突。

一些研究还比较了历史销量和在线口碑信息对消费者的产品选择的影响。比如Cheung等（2014）的研究表明同伴的购买信息对消费者购买决策的作用比同伴关于产品口碑的作用更大。但是Li和Wu（2018）发现基于Facebook的口碑传播作用比历史销量的作用反而更大。也有研究发现，口碑信息和历史销量的作用既可以相互促进，比如Chen等（2011）发现在口碑信息数量比较多的情况下，历史销量的作用会变得更加明显，也可以相互抑制，比如Duan等（2009）发现对高下载量的软件，口碑的作用就不显著了。可见历史销量信息和口碑信息这两类信息的交互作用还没有得到统一的认识，对从众行为的作用也存在着更为复杂的过程，因此需要进行更深入的研究。

研究者还研究了网络购物过程中，按照不同方式排序的产品搜索结果对消费者的从众行为的影响（胡林枫和郑杰慧，2019）。具体而言，研究者设计了一项眼动实验来分析综合排名（无规律的排名）和销量排名下消费者对产品搜索结果的浏览和加工模式，从而揭示这两种排名方式对消费者从众行为形成的作用机制。研究发现在销量排名下，消费者会比在综合排名下表现出更多的从众行为，尤其是在购买体验型产品时两种排名下的行为差异会更加明显。眼动结果显示，在销量排名下，消费者主要关注高历史销量的产品，而在综合排名下，消费者同时关注了高销量产品和高口碑产品，使得口碑信息发挥作用，减弱了历史销量所引起的从众行为。该研究是对网络购物从众效应和产品搜索排名研究的扩展和补充。

3. 社会决策

已有研究发现，在一些社会偏好的决策中也会存在从众效应。比如Wei等（2013）发现在公平偏好中，人们会表现出从众行为。在其研究中，作者采用最后通牒博弈范式，被试作为响应者决定是否接受提议者给出的分配方案，但该实验还增加了一些环节，就是在被试做出决策之后，会呈现另外四名被试（实际上是假被试）的选择，被试在看完别人的选择之后，再次进行决策，可以维持或者更改原来的选择。同时，他们还进行了fMRI的测量。实验中，分配方案分为公平方案和不公平方案，而其他人的选择分为绝大多数人选择接受、绝大多数人选择拒绝、一半接受一半拒绝以及无信息（作为基线）。行为结果显示，当其他被试的选择与被试自己的选择不一致的时候,他们会改变自己原先的选择,表现出从众效应。脑成像结果显示,当决策选择存在冲突时,被试的脑岛、前额叶皮层等脑区激活程度更高,而在做出从众的试次中,相比于没有从众的试次,双侧颞中回、中脑、脑岛、前额叶皮层、双侧顶下小叶的激活程度更高。这个结果表明社会偏好决策中的从众行为产生背后的机制与违反社会规范和行为适应的机制相似,人们会在与群体存在冲突时来调整自己的行为并与其保持一致。其他研究发现,在信任、合作、利他这些社会偏好决策中都表现出了从众效应(Bardsley and Sausgruber, 2005; Nook et al., 2016; Wei et al., 2019)。

此外,还有研究者研究了社会价值倾向对社会偏好决策中的从众行为的影响(Wei et al., 2016)。在信任博弈和独裁者博弈中,被试的信任行为和利他行为的从众效应受到了被试社会价值倾向的影响。具体来说,在信任博弈中,相比于亲自我的被试,亲社会的被试不易受到其他人不信任行为的影响。在独裁者博弈中,亲社会的被试受到其他人更加慷慨的行为的影响要比自私行为的影响更大。总而言之,相比较于亲自我的人,亲社会的人更容易表现出亲社会的从众行为。

13.3.2 从众行为的认知神经科学研究

从众行为作为一种普遍存在的人类行为,关于其形成背后的认知机制一直是学者关心的问题。随着认知神经科学工具的发展,越来越多的学者使用认知神经科学的方法,比如 fMRI 和脑电技术对从众行为进行研究,主要关注人们对社会影响信息感知加工和相应的神经机理及其与从众行为之间的联系。

其中,一些 fMRI 研究根据实验结果提出了从众的强化学习解释(Huang et al., 2014; Klucharev et al., 2009; Toelch and Dolan, 2015),比如 Klucharev 等(2009)的颜值判断的从众研究,作者采用 fMRI 技术来收集被试看到自己对人脸美丽程度评分和群体评分时的大脑活动,结果显示,在评分冲突的情况下,前扣带回激活程度变高,而伏隔核的激活程度下降。这表明与其他人在观念上或者行为上的冲突所激活的脑区是与奖赏预期错误相关的脑区是一样的,而这正是强化学习的特征。另外,有 fMRI 研究发现,被试的选择与群体的选择存在不一致时,会引起负性情绪加工相关的脑区,因此认为从众行为是情绪调节的表现(Berns et al., 2005, 2010)。比如在 Berns 等(2010)的研究中,被试先听歌曲并进行喜欢程度的评分,然后给被试呈现歌曲的流行程度,最后再让被试重新对喜欢程度进行打分。行为结果显示,被试第二次对歌曲的评分会向大众的流行程度评分趋近,表现出从众效应。此外,神经活动的结果显示,当被试的评分与流行程度存在比较大的偏差时,被试的前脑岛和前扣带回的激活程度会明显增加,而这两个脑区往往与负性情绪的加工相关，而且，脑岛的激活程度与被试后续的评分的改变相关，激活程度越高，被试第二次的评分将越趋近大众的评分。Wu 等（2016）对社会从众的认知神经科学研究进行元分析后总结到，当个体自己的态度或者行为与群体的一致时，主要激活的是与奖赏相关的脑区，包括纹状体和眶额叶皮层，而在不一致的情况下，则会激活与负性情绪加工和冲突监测相关的脑区，包括背内侧额叶皮层和脑岛。

除了 fMRI 的研究外，一些学者也使用脑电生理技术来研究社会从众的问题，同样找到了从众行为中强化学习的证据。比如 Chen 等（2012）在一项线长判断的任务中，发现被试做出的判断与其他人的判断不同时会诱发一个更加明显的反馈相关负波（FRN），而且这个负波还能预测被试接下来的从众行为。FRN 被认为是起源于前扣带回的脑电成分，强化学习理论认为 FRN 与错误预期相关，反映了反馈结果与预期之间的差距（Cohen and Ranganath, 2007）。所以这个研究支持了从众行为背后的强化学习机制，即违反群体规范是一种错误的信号。此外，Shestakova 等（2013）也发现被试对颜值的评分与群体的评分存在冲突时会引起更大的 FRN 成分，此外，晚期 P300 成分能够反映之后被试对颜值评价的改变，即从众行为。正如上节所介绍的本书作者的一项众筹情境下的从众研究，也发现了被试的投资意愿与大众投资意愿之间的不一致程度越大，所引起的 FRN 就越明显，而且对冲突进行加工时的晚期 P300 振幅能够预测被试投资意愿的变化，即 P300 越大，被试投资意愿评分改变就越明显，越接近大众的评分（Wang et al., 2019）。另外一些 ERP 研究还发现了其他与冲突加工处理和从众行为相关的神经特征，比如 Huang 等（2014）发现，被试关于颜值的评分与群体的评分的偏差会引起 N400 成分变化。

13.4　从众研究小结与展望

从众行为作为人类社会中的一种普遍现象，得到了各个学科领域的广泛研究。从众行为可以分为规范类的从众和信息类的从众，虽然行为表现都是与群体保持一致，但是两种从众行为背后的动机是不同的，目前直接对这两类从众进行比较的研究还比较少，两者之间到底存在何种差异还不明确，需要我们进一步研究探讨相关机制作用。并且，在不同决策情境中，如何更明确地区分规范类的社会影响和信息类的社会影响的作用过程和作用效果需要我们继续研究。

在决策领域中，研究者已经发现了从众效应的存在，比如金融投资中人们会跟随其他投资者的选择而进行投资。在网上购物时，消费者只选择历史销量最高的几个产品进行购买。虽然我们知道这是从众的表现，但是这种从众行为到底是理性还是非理性的目前还没有明确统一的结论。未来要想解决这一问题，需要使用合适的研究方法来解决从众的理性和非理性之争，才能进一步明确从众行为最根本的解释。

目前对从众行为形成的解释机制存在多种理论，比如信息瀑布理论、强化学习理论、情绪调节理论，其中强化学习理论和情绪调节理论，都得到了认知神经科学研究的支持。但就总体而言，目前现有的研究对从众行为形成机制的解释还不统一，无法既系统又准确地说明从众行为的机制，未来需要更多的研究对从众行为背后的认知机理进行深入地挖掘，期待形成更为明确的研究说明。

参 考 文 献

冯博，叶绮文，陈冬宇. 2017. P2P 网络借贷研究进展及中国问题研究展望. 管理科学学报, 20（4）：113-126.

胡林枫，郑杰慧. 2019. 网络购物情境下产品搜索结果排名对羊群效应的影响：来自眼动实验的证据. 西安电子科技大学学报（社会科学版）, 29（4）：48-55.

吴佳哲. 2015. 基于羊群效应的 P2P 网络借贷模式研究. 国际金融研究,（11）：88-96.

赵占波，孙鲁平，苏萌. 2013. C2C 中产品浏览量和销量影响因素的对比研究. 管理科学, 26（1）：58-67.

郑杰慧. 2018. 互联网金融情境下社会影响对个体投资决策的作用机理研究. 杭州：浙江大学.

Asch S E. 1955. Opinions and social pressure. Scientific American, 193（5）：31-35.

Banerjee A V. 1992. A simple model of herd behavior. The Quarterly Journal of Economics, 107（3）：797-817.

Bardsley N, Sausgruber R. 2005. Conformity and reciprocity in public good provision. Journal of Economic Psychology, 26（5）：664-681.

Berkovich E S. 2011. Search and herding effects in peer-to-peer lending：evidence from prosper.com. Annals of Finance, 7（3）：389-405.

Berns G S, Capra C M, Moore S, et al. 2010. Neural mechanisms of the influence of popularity on adolescent ratings of music. NeuroImage, 49（3）：2687-2696.

Berns G S, Chappelow J, Zink C F, et al. 2005. Neurobiological correlates of social conformity and independence during mental rotation. Biological Psychiatry, 58（3）：245-253.

Bikhchandani S, Hirshleifer D, Welch I. 1992. A theory of fads, fashion, custom, and cultural change as informational cascades. Journal of Political Economy, 100（5）：992-1026.

Burnkrant R E, Cousineau A. 1975. Informational and normative social influence in buyer behavior. Journal of Consumer Research, 2（3）：206-215.

Cai B H, Chen Y Y, Fang H M. 2009. Observational learning：evidence from a randomized natural field experiment. The American Economic Review, 99（3）：864-882.

Campbell M C, Goodstein R C. 2001. The moderating effect of perceived risk on consumers' evaluations of product incongruity：preference for the norm. Journal of Consumer Research, 28（3）：439-449.

Celen B, Kariv S. 2004. Distinguishing informational cascades from herd behavior in the laboratory. American Economic Review, 94（3）：484-498.

Chen J, Wu Y, Tong G Y, et al. 2012. ERP correlates of social conformity in a line judgment task. BMC Neuroscience, 13：1-10.

Chen Y, Wang Q, Xie J H. 2011. Online social interactions：a natural experiment on word of mouth versus observational learning. Journal of Marketing Research, 48（2）：238-254.

Chen Y F. 2008. Herd behavior in purchasing books online. Computers in Human Behavior, 24 (5): 1977-1992.

Cheung C M K, Xiao B, Liu L B. 2014. Do actions speak louder than voices? The signaling role of social information cues in influencing consumer purchase decisions. Decision Support Systems, 65: 50-58.

Cialdini R B, Goldstein N J. 2004. Social influence: compliance and conformity. Annual Review of Psychology, 55 (1974): 59-621.

Cohen M X, Ranganath C. 2007. Reinforcement learning signals predict future decisions. Journal of Neuroscience, 27 (2): 371-378.

Duan W, Gu B, Whinston A B. 2009. Informational cascades and software adoption on the Internet: an empirical investigation. MIS Quarterly, 33 (1): 23-48.

Herzenstein M, Dholakia U M, Andrews R L. 2011a. Strategic herding behavior in peer-to-peer loan auctions. Journal of Interactive Marketing, 25 (1): 27-36.

Herzenstein M, Sonenshein S, Dholakia U, et al. 2011b. Tell me a good story and I may lend you money: the role of narratives in peer-to-peer lending decisions. Journal of Marketing Research, 48 (SPL), DOI: 10.1509/jmkr. 48.SPL.S138.

Huang J H, Chen Y F. 2006. Herding in online product choice. Psychology &Marketing, 23 (5): 413-428.

Huang Y, Kendrick K M, Yu R J. 2014. Social conflicts elicit an N400-like component. Neuropsychologia, 65: 211-220.

Kelman H C. 1958. Compliance, identification, and internalization: three processes of attitude change. Journal of Conflict Resolution, 2 (1): 51-60.

Kelman H C. 1961. Processes of opinion change. Public Opinion Quarterly, 25 (1): 57-78.

Kim M, Lennon S J. 2000. Television shopping for apparel in the United States: effects of perceived amount of information on perceived risks and purchase intentions. Family and Consumer Sciences Research Journal, 28 (3): 301-331.

Klucharev V, Hytönen K, Rijpkema M, et al. 2009. Reinforcement learning signal predicts social conformity. Neuron, 61 (1): 140-151.

Kuan K K Y, Zhong Y G, Chau P. 2015. Informational and normative social influence in group-buying: evidence from self-reported and EEG data. Journal of Management Information Systems, 30 (4): 151-178.

Lascu D N, Zinkhan G. 1999. Consumer conformity: review and applications for marketing theory and practice. Journal of Marketing Theory and Practice, 7 (3): 1-12.

Lee E, Lee B. 2012. Herding behavior in online P2P lending: an empirical investigation. Electronic Commerce Research and Applications, 11 (5): 495-503.

Li X, Wu L. 2018. Herding and social media word-of-mouth: evidence from Groupon. MIS Quarterly, 42(4): 1331-1351.

Martín S S, Camarero C, José R S. 2011. Dual effect of perceived risk on cross-national e-commerce. Internet Research, 21 (1): 46-66.

Nook E C, Ong D C, Morelli S A, et al. 2016. Prosocial conformity: prosocial norms generalize across behavior and empathy. Personality and Social Psychology Bulletin, 42 (8): 1045-1062.

Onnela J P, Reed-Tsochas F. 2010. Spontaneous emergence of social influence in online systems. Proceedings of the National Academy of Sciences of the United States of America, 107 (43): 18375-18380.

Rook D W, Fisher R J. 1995. Normative influences on impulsive buying behavior. Journal of Consumer Research, 22(3): 305-313.

Shang Q, Pei G X, Jin J. 2017. My friends have a word for it: event-related potentials evidence of how social risk inhibits purchase intention. Neuroscience Letters, 643: 70-75.

Shestakova A, Rieskamp J, Tugin S, et al. 2013. Electrophysiological precursors of social conformity. Social Cognitive and Affective Neuroscience, 8 (7): 756-763.

Toelch U, Dolan R J. 2015. Informational and normative influences in conformity from a neurocomputational perspective. Trends in Cognitive Sciences, 19 (10): 579-589.

van Veen V, Krug M K, Schooler J W, et al. 2009. Neural activity predicts attitude change in cognitive dissonance. Nature Neuroscience, 12 (11): 1469-1474.

Wang L, Li L, Shen Q, et al. 2019. To run with the herd or not: electrophysiological dynamics are associated with preference change in crowdfunding. Neuropsychologia, 134: 107232.

Wei Z Y, Zhao Z Y, Zheng Y. 2013. Neural mechanisms underlying social conformity in an ultimatum game. Frontiers in Human Neuroscience, 7: 1-7.

Wei Z Y, Zhao Z Y, Zheng Y. 2016. Moderating effects of social value orientation on the effect of social influence in prosocial decisions. Frontiers in Psychology, 7: 1-9.

Wei Z Y, Zhao Z Y, Zheng Y. 2017. The neural basis of social influence in a dictator decision. Frontiers in Psychology, 8: 1-13.

Wei Z Y, Zhao Z Y, Zheng Y. 2019. Following the majority: social influence in trusting behavior. Frontiers in Neuroscience, 13: 1-8.

Wu H, Luo Y, Feng C L. 2016. Neural signatures of social conformity: a coordinate-based activation likelihood estimation meta-analysis of functional brain imaging studies. Neuroscience and Biobehavioral Reviews, 71: 101-111.

Xu Y J, Summers T A, Belleau B. 2004. Who buys American alligator? Predicting purchase intention of a controversial product. Journal of Business Research, 57 (10): 1189-1198.

Ye Q, Cheng Z, Fang B. 2013. Learning from other buyers: the effect of purchase history records in online marketplaces. Decision Support Systems, 56 (1): 502-512.

Yu H H, Dan M H, Ma Q G, et al. 2018. They all do it, will you? Event-related potential evidence of herding behavior in online peer-to-peer lending. Neuroscience Letters, 681: 1-5.

Yu R, Sun S. 2013. To conform or not to conform: spontaneous conformity diminishes the sensitivity to monetary outcomes. PLoS ONE, 8 (5): 1-9.

Zhang J, Liu P. 2012. Rational herding in microloan markets. Management Science, 58 (5): 892-912.

Zhang K, Chen X. 2017. Herding in a P2P lending market: rational inference or irrational trust? Electronic Commerce Research and Applications, 23: 45-53.

第 14 章 亲社会经济决策——社会折现

14.1 社会折现的定义

社会折现由学者 Rachlin 和 Raineri 于 1991 年首次提出,用来描述当参与者的收益必须与他人分享时,该收益的参与者主观价值折损的现象,社会折现可以用双曲线型方程来描述(Rachlin and Rainerin, 1991)。进一步地,2006 年,Jones 等的研究采用行为学实验验证了双曲线模型在社会折现中的适用性;该项研究发现人们为了与他人分享一定额度的金钱而愿意放弃的金钱额度会随着人与人之间社会距离的增大而减少(Jones and Rachlin, 2006)。这里的社会距离特指情感性社会距离概念(affective social distance),即社会心理学视角下的社会距离,指个体感知到的自我(或自我所在群体)与他人(或他人所在群体)亲疏远近的心理距离,也可以理解为人们之间的亲密程度(closeness)。以下社会折现模型、影响因素、神经科学研究的梳理将基于上述社会折现概念。

14.2 社会折现模型

通过数理模型,可以更加直观地分析这些现象的内在关系,早期关于社会折现的研究,也是始于对社会折现数理模型的研究。同时,建立社会折现模型能够量化地考察不同的社会折现影响因素(自变量)从何种程度上来影响社会折现行为以及其内在关系,从而完善社会折现理论。Jones 和 Rachlin 的研究发现,双曲线型方程是拟合度最好的社会折现方程。此后,经济学家和行为学家相继在该双曲模型的基础上对社会折现理论进行了更深入的研究(Jones and Rachlin, 2006)。

事实上,社会折现方程是由时间折现模型和概率折现模型推导而来。描述时间折现(14-1)和概率折现(14-2)的双曲线型模型分别如下:

$$v = V / (1 + kD^s) \tag{14-1}$$
$$v = V / (1 + k\theta^s) \tag{14-2}$$

该模型表述了价值为 V 的收益经过折现后的价值:其中,v 和 V 分别表示折现后的价值和折现前的价值,方程(14-1)是时间折现模型,其折现变量是延迟期(D),方程(14-2)是概率折现双曲模型,θ 是对赔率($\theta = (1-p)/p$;p = 事件发生的概率),k 是折现率,s 表示折现变量的敏感程度。

在社会折现的研究中，学者 Raineri 和 Rachlin 推测：正如自己的收益大小和延迟期能够代入时间折现的双曲线型方程，给予有一定社会距离的他人的收益可能也可以作为变量代入该方程。为此，该双曲线方程的形式除了时间折现和概率折现外，还可以应用于社会折现，其方程如下（Raineri and Rachlin，1993）：

$$v = V / (1 + kN^s) \tag{14-3}$$

其中，v 和 V 与之前一样，分别表示折现后的价值和折现前的价值；N 表示社会距离的度量值；指数 s 和系数 k 分别表示敏感度和社会折现率。

Jones 和 Rachlin 通过行为实验验证了方程（14-3）在社会折现研究中的适用性。在实验中，他们让参与者在独享收益与他人（带有一定社会距离）各得 75 美元之间做出选择。实验结果表明，社会折现方程与一般的时间折现方程一样，是双曲线模型。即当参与者与他人的社会距离（N）越大，参与者愿意放弃的钱数越少。换言之，"慷慨程度"会被社会距离折现。

此后，双曲线模型的良好拟合度被不断验证。例如，Takahashi 认为非互惠性的利他决策适用于该社会折现方程的双曲线性质（Takahashi，2007）。Jones（2007）的行为实验也表明，时间折现、概率折现和社会折现都能很好地用双曲线模型表示，且双曲线型方程能很好地描述最后通牒博弈和独裁者博弈下的折现。Tina 等学者的关于文化对社会折现影响的研究也发现，双曲模型是对社会折现拟合得最好的模型（Strombach et al.，2014）。Jin 等学者的关于风险影响社会折现的研究，也同样证实了双曲模型的良好拟合度（Jin et al.，2017）。

14.3 社会折现的影响因素

14.3.1 金额

研究发现，金额大小对社会折现的影响是稳定存在的，在此基础上，研究者进一步探究了金额在不同决策条件下的效价（即正向或负向影响）。金额是影响社会折现最早被研究的一个因素，也是影响最大的一个因素。以往的研究结果发现，金额不仅能够影响社会折现率，也会影响不同决策背景下的社会折现行为。

2008 年，Jones 和 Rachlin 在其 2006 年的研究范式基础上进行修改，减小了自私选项的金额，同时使慷慨的选项变得更加无私。具体而言，参与者有两个选项，自私选项是参与者自己可以得到一定数额的金钱，金额从 85 美元开始，以差值 5 美元递减至 5 美元，慷慨选项为参与者与对方各得到 75 美元。结果表明，人们会对近社会距离的交互者更加慷慨，在实验中参与者愿意放弃 80 美元以给社会距离最近的另一个人 75 美元。该结果表明社会折现中存在"超慷慨"

（hyper-generosity）的现象（Rachlin and Jones，2008）。随后研究进一步探究自私和慷慨两个选项中金额同比例变化对社会折现的影响。在该实验中，慷慨选项和自私选项的金额在第一个实验的基础上都乘以相同比例，三种比例下慷慨选项分别为 7.5 美元、75 美元及 750 000 美元，自私选项也做相应改变，乘以相同的倍数。结果发现，随着金额的上升，社会折现率不断上升，说明人们的自私程度随着金额的增加而增加。

金额对社会折现的影响不仅体现在一般的决策环境下，也体现在博弈等决策环境中。Jones（2007）在博弈环境下研究了金额大小的改变对个体慷慨程度的影响。在三个不同的博弈环境下，参与者初始的金额分别为 10 美元、1000 美元及 10 000 美元。结果发现，个人在相同社会距离下的慷慨程度随着参与者初始金额的增加而下降。如在最终通牒博弈中，当参与者初始资金分别为 10 000 美元、1000 美元及 10 美元时，给予者的社会折现率随数目增加而降低，同时参与者愿意接受的最小分配比例也会随着金额的增大而减小，即在最后通牒博弈的背景下，面对同一社会距离的对象时，人们的慷慨程度会随着金额的增大而减小。

14.3.2 决策环境

经验表明，人们的决策行为易受到决策环境的影响。在金额影响研究的基础上，部分学者开始考虑决策环境对社会折现行为的影响。Jones 等在研究中营造了三种不同的决策环境——公共物品博弈、最后通牒博弈和独裁者博弈，以研究社会折现是否受到外部决策环境的影响。在公共物品博弈中，让参与者想象自己得到 100 美元，并拿出其中部分金钱放入纸盒，参与者可以放入任何金额且他人无法知晓具体数目，最终将盒子中的所有金钱进行相应加倍之后平均再分给各个参与者。实验结果发现，参与者愿意贡献给集体的金额数目与社会折现率直接相关，并且社会折现率越高的个体越不愿意在公共物品博弈中选择做出贡献（Jones，2007）。

2009 年 Jones 和 Rachlin 在公共物品博弈环境下，研究了社会折现、时间折现和概率折现。研究结果表明，一方面，折现率的大小和这三种折现都相关，但是只有社会折现和概率折现与公共物品贡献度有关；另一方面，随着参与者持有金额变大，仅社会折现率和公共物品的贡献度相关（Jones and Rachlin，2009）。此外，Jones（2007）等也研究了独裁者博弈及最终通牒博弈环境下社会距离对个体选择偏好的影响。实验结果综合表明，社会距离影响个体的慷慨程度，参与者作为金钱接受者时，对社会距离更近的人的不公平行为会表现得更加慷慨，并且决策环境的不同会影响在同一社会距离下个体的慷慨程度，个体在最后通牒博弈环境下比在独裁者博弈下更加慷慨。Locey 等则在囚徒困境博弈中研究了社会折现对合作行为的影响。结果发现，社会折现对合作行为产生明显的影响，他人的收益由社会折现函数决定（Locey et al.，2013）。

除博弈环境的影响，研究者继续探索了金钱用途、压力、团体决策等不同决策环境下的社会折现行为。例如，Osiński 学者探索了金钱用途用于社会折现的影响，即在决策者选择与一定社会距离的人分享所得的金钱时，分为两种情况，第一种是这笔钱由对方独自决定如何使用，第二种是由两人共同决定用途。实验结果表明，当金钱的用途由两人共同决定时，社会距离影响了社会折现率；但当金钱的用途由对方决定时，社会距离对社会折现率没有影响（Osiński，2010）。换言之，个人在近社会距离、金钱用途由双方共同决定且分享金额较小时，更愿意选择分享。Charlton 等则研究了团体决策背景对时间折现的影响。研究结果表明，个体奖赏和团体奖赏的时间折现率息息相关，但是参与者更愿意为团体奖赏而等待（Charlton et al.，2013）。这可能是由于延迟和社会折现的共同作用。在团体背景下，参与者认为未来奖赏和当前奖赏都有价值。Margittai 等发现压力会影响男性的社会折现行为，在压力情境下，男性会对近社会距离的他人更加慷慨，而对于远社会距离他人的慷慨程度不会随压力而变化（Margittai et al.，2015）。Strombach 等（2016）认为，人的认知资源是有限的，认知负荷会影响个体的社会决策，即可能影响社会折现行为。他们的研究发现，高认知负荷情况下，男性对于社会距离相对更不敏感，而女性的决策基本不受认知负荷的影响（Strombach et al.，2016）。

14.3.3 风险环境

研究证实风险因素会影响社会折现。研究方法主要采用二项选择法，实验设置为 2（风险：有 vs.无）×7（七种社会距离）×9（九种金额）。首先，整体研究结果与以往研究一致，有无风险情况下的社会折现数据均较好地拟合了双曲折线模型（Jones and Rachlin，2006）。即无论是否有风险因素存在，当个体与对方的社会距离越小，个体越可能做出慷慨决策。其次，研究进一步发现，风险对不同社会距离的慷慨程度有影响，这反映在风险情况下的整体折现程度较低。换言之，相对于非风险情况，风险情况下的参与者折现率 k 值更小，表明整体慷慨程度更高；从理论和风险偏好理论的角度解释（Atanasov，2015；Stellar et al.，2012；Taylor et al.，2000），个体倾向于在风险情况下更加慷慨，以获得支持和最大化交互伙伴的效用，以保持与交互伙伴的受益关系，这也意味着在风险条件下，折现率将会比较低。另外，研究还发现了在特定社会距离 10，有无风险两种情况有显著差异。该结果表明，当面对不远不近距离的交互伙伴时（社会距离 10），参与者被试对他有较高程度的信任度，并期望得到互惠的回报或支持，因此在风险情境下，参与者愿意放弃更多金额。该项研究的创新点在于：①首次直接关注风险对社会折现的影响；②考察单个特定社会距离的风险情况差异。

14.3.4 物质依赖

Jones 等研究个体对某种物质的依赖程度（如尼古丁等）对社会折现的影响（Jones，2007）。实验中，要求参与者回答关于个人行为的问卷，内容包括：是否吸烟，每周的抽烟数量；是否喝酒，喝酒的频率；是否有不健康饮食，每周节食的数量等。在数据分析上，比较不吸烟者与吸烟者社会折现率的差异。研究结果表明，吸烟者的社会折现率更高，意味着在同样的社会距离下，吸烟者愿意放弃的金额更少，这也与之前吸烟者时间折现的研究结果类似。进一步的研究证明，吸烟的严重程度与折现率的大小没有显著的相关关系，但是变化方向是相同的，即吸烟者的确更加自私，其社会折现曲线更陡峭。有研究发现，除了个人的生理状态会影响社会折现，个人的情绪状态也会对社会折现产生影响。例如，Osiński 对亲属利他和互助利他的研究发现，折现之后的价值和愉悦的心情呈正相关，而与焦虑的心情呈负相关（Osiński，2010）。

14.3.5 文化背景

研究者们探索了文化背景对社会折现的影响。如学者 Ito 等（2011）研究了日本和美国的文化差异是否影响社会折现率，研究结果表明日本学生的社会折现率高于美国学生，也就是说日本学生与美国学生相比更加自私，表现出明显的文化差异的影响因素。这一研究结果与之前所认为的日本相比美国更集体主义的观点相悖。Ito 等认为，青年在成长过程中受到不同历史时期的影响也是导致社会折现率不同的重要因素之一，可以通过建立实验对照组，对比不同时期出生的青年的选择来进行研究。2014 年，Strombach 等对德国和中国的文化差异影响社会折现的程度进行比较。他们的研究发现，在社会折现率上，中国人和德国人没有显著差异，但是对于社会距离较亲近的人，德国人更加慷慨；对于社会距离大的人，中国参与者则更加慷慨（Strombach et al.，2014）。此外，学者们还研究了社会折现行为中性别、心理、智力、个体成长区域的影响。由于不同影响因素对于人的影响不同，社会折现的行为也有不同的表现形式。

14.3.6 成长环境

成长环境包括生活环境、学习环境和居住环境等方面，与塑造个体特征密不可分的因素。Ma（2015）等关注了中国农村与城市居民的成长区域差异对社会折现的影响。研究表明，成长区域差异影响了被试对不同社会距离交互伙伴下的慷慨程度，相较于城市参与者，农村参与者的社会折现率较低，换言之，农村居民对他人的慷慨程度高于城市居民。中国城乡成长环境的文化差异可以解释该结果。在中国传统的农村社会（熟人社会），由于经济发展的相对滞后，人口流动较低，从人治到法治的转变是一个遥远的目标，对"关系"的依赖仍然是必不可少的，"关系"作为一种重要的社会资源，在农村社会中尤为重要。然而，随着市场经济的发展，城市居民已经习惯了按照规则、合同和法规来处理自己的事务，因此，社会资源"关系"的作用被削弱，使得城市居民对他人的关注较少，尤其是对那些社会距离较远的人（比如陌生人）。基于此，与城市环境相比，农村环境的社会融合程度更高，农村居民通常会有意识地培养和维持关系，使得在面对较远社会距离的交互伙伴时，农村居民更愿意表现出慷慨倾向。综上所述，决策性质、环境、个体等因素均对社会折现产生了广泛而深远的影响，同时上述研究丰富了社会折现理论。但是，仍存在可能会影响社会折现的客观因素尚未被研究，诸如种族、社会地位、收入以及教育程度等，未来关于社会折现的研究可以对这方面予以更多关注。

14.4 社会折现的神经科学研究

除了行为方面的影响因素研究之外，对社会折现的研究已逐渐扩展到神经活动和神经递质层面。近年来，认知神经科学工具与方法的发展，使得研究者可以更加直观科学地探索影响社会折现的内在机理。不过目前利用神经科学工具对社会折现的探讨还比较少，未来需要我们进一步深入研究社会折现的神经机制来探究社会折现的意义。

2015 年，Strombach 等学者运用 fMRI 对社会折现的神经机制进行研究。该实验仍然采用社会折现任务，全程扫描与记录参与者的神经活动。研究发现，当个体做出慷慨选择时，大脑的颞顶联合区（temporo-parietal junction，TPJ）参与加工。换言之，颞顶联合区的活动有助于实验参与者克服自私行为，做出亲社会选择。在神经递质的研究中，研究者主要关注催产素对社会折现的影响。这是由于催产素是由大脑下丘脑（hypothalamus）视上核分泌的一种化学物质，在过去，大量的动物和人类的实验研究证实催产素与亲社会行为密切关系。对催产素相关的基因研究也发现，该神经递质相关基因多态性调节着人们的亲社会行为。2019 年，Pornpattananangkul 等将参与者分为安慰剂组和催产素组分别进行社会折现实验，结果发现催产素对整体的折现率无影响，但是增加了参与者对最远社会距离对象（陌生人）的慷慨程度（Pornpattananangkul et al., 2019）。同年，Strang 等（2017）

发现催产素对慷慨行为的影响受到共情的调节，对于受催产素影响的参与者，共情特征和慷慨程度有正相关。

综上所述，关于社会折现的神经科学研究相对较少。未来的研究可以运用电生理、经颅直流电刺激、近红外光学成像等多种研究工具进一步探索社会折现的神经机制。

14.5 社会折现小结与展望

目前已有研究通过大量的实验探索了社会折现模型及其影响因素。对社会折现模型的研究发现：双曲线模型是目前描述社会折现行为最常使用的模型。对社会折现影响因素的研究揭示了人们对于不同社会距离人的慷慨程度受到金额、决策环境以及成长环境等个体因素的影响。除行为层面，现阶段的研究也开始关注社会折现行为背后的神经机制及催产素等神经递质的影响。但是，例如性格、社会地位、收入、教育程度以及民族等潜在影响因素仍未被研究。在实践应用层面，现阶段对社会折现的研究还停留在理论和模型研究阶段，未将相关的研究应用到实际经济管理活动中去（张武科和金佳，2019）。

综上所述，未来对于社会折现的研究除了对现有模型和影响因素继续进行深入研究之外，还可以开展社会折现行为机理的研究。例如，可结合认知神经科学工具（功能磁共振成像以及事件相关电位等），将现有的行为层面研究进一步推进至心理过程和大脑神经机制的层面，以更加深入地了解社会折现背后的机制。同时，也可以结合，生物遗传学领域的相关研究来探索由于个体差异导致的社会折现的不同是否与特定的基因相关。与其他领域结合开展交叉研究有助于解释先前关于社会折现研究中的一些困惑，例如 Rachlin 和 Jones 发现的"超慷慨"现象，以此加深学界对社会折现行为的理解，完善社会折现理论。另外，应加强社会折现理论的应用，更好地指导现实场景中的经济管理活动。

参 考 文 献

张武科，金佳.2019. 社会距离会影响人们的慷慨程度吗？——社会折现的研究综述. 财经论丛，248（7）：95-101.

Atanasov P D. 2015. Risk preferences in choices for self and others: meta analysis and research directions. Available at SSRN 1682569.

Charlton S R, Yi R, Porter C M, et al. 2013. Now for me, later for us? Effects of group context on temporal discounting. Journal of Behavioral Decision Making, 26（2）：118-127.

Green L, Myerson J. 2004. A discounting framework for choice with delayed and probabilistic rewards. Psychological Bulletin, 130（5）：769-792.

Ito M, Saeki D, Green L.2011. Sharing, discounting, and selfishness: a Japanese-American comparison. The Psychological Record, 61（1）：59-75.

Jin J, Pei G X, Ma Q G. 2017. Social discounting under risk. Frontiers in Psychology, 8: 392.
Jones B, Rachlin, H. 2006. Social discounting. Psychological Science, 17 (4): 283-286.
Jones B A. 2007. Social Discounting: Social Distance and Altruistic Choice. New York: Stony Brook University.
Jones B A, Rachlin H. 2009. Delay, probability, and social discounting in a public goods game. Journal of the experimental analysis of behavior, 91 (1): 61-73.
Locey M L, Safin V, Rachlin H. 2013. Social discounting and the prisoner's dilemma game. Journal of the Experimental Analysis of Behavior, 99 (1): 85-97.
Loewenstein G F, Thompson L, Bazerman M H. 1989. Social utility and decision making in interpersonal contexts. Journal of Personality and Social Psychology, 57 (3): 426.
Ma Q G, Pei G X, Jin J. 2015.What makes you generous? The influence of rural and urban rearing on social discounting in China. PloS ONE, 10 (7): e0133078.
Margittai Z, Strombach T, van Wingerden M, et al. 2015. A friend in need: time-dependent effects of stress on social discounting in men. Hormones and Behavior, 73: 75-82.
Osiński J. 2010. Social discounting: the effect of outcome uncertainty. Behavioural Processes, 85 (1): 24-27.
Pornpattananangkul N, Chowdhury A, Feng L, et al. 2019.Social discounting in the elderly: senior citizens are good samaritans to strangers. Journals of Gerontology Series B: Psychological Sciences and Social Sciences, 74(1): 52-58.
Rachlin H, Jones B A. 2008. Social discounting and delay discounting. Journal of Behavioral Decision Making, 21 (1): 29-43.
Rachlin H, Raineri A. 1991. Subjective probability and delay. Journal of the Experimental Analysis of Behavior, 55 (2): 233-244.
Raineri A, Rachlin H. 1993.The effect of temporal constraints on the value of money and other commodities. Journal of Behavioral Decision Making, 6 (2): 77-94.
Shang Q, Pei G X, Jin J. 2017. My friends have a word for it: Event-related potentials evidence of how social risk inhibits purchase intention. Neuroscience Letters, 643: 70-75.
Stellar J E, Manzo V M, Kraus M W, et al. 2012. Class and compassion: Socioeconomic factors predict responses to suffering. Emotion, 12 (3): 449-459.
Strang S, Gerhardt H, Marsh N, et al. 2017. A matter of distance—The effect of oxytocin on social discounting is empathy-dependent. Psychoneuroendocrinology, 78: 229-232.
Strombach T, Jin J, Weber B, et al. 2014. Charity begins at home: Cultural differences in social discounting and generosity. Journal of Behavioral Decision Making, 27 (3): 235-245.
Strombach T, Margittai Z, Gorczyca B, et al. 2016. Gender-specific effects of cognitive load on social discounting. PLoS ONE, 11 (10): e0165289.
Strombach T, Weber B, Hangebrauk Z, et al. 2015. Social discounting involves modulation of neural value signals by temporoparietal junction. Proceedings of the National Academy of Sciences, 112 (5): 1619-1624.
Takahashi T. 2007. Non-reciprocal altruism may be attributable to hyperbolicity in social discounting function. Medical Hypotheses, 68 (1): 184-187.
Taylor S E, Klein L C, Lewis B P, et al. 2000. Biobehavioral responses to stress in females: tend-and-befriend, not fight-or-flight. Psychological Review, 107 (3): 411.